职业院校

汽车类"十二五"规划教材

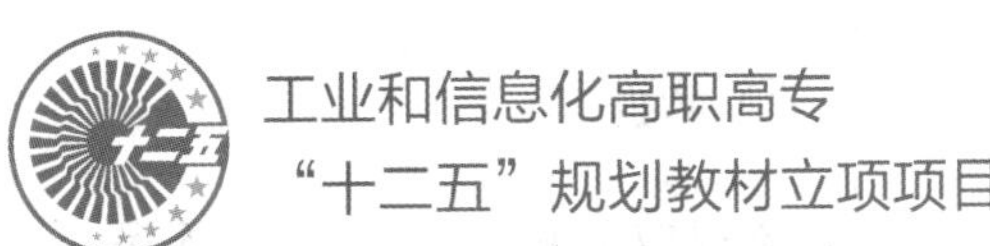

汽车综合故障诊断

Integrated Fault Diagnosis of Automobile

◎ 谷祖威 主编

◎ 孙春燕 杨连福 宋书广 张斌 副主编

人民邮电出版社

北京

图书在版编目（CIP）数据

汽车综合故障诊断 / 谷祖威主编. -- 北京 : 人民邮电出版社, 2013.5（2018.12重印）
职业院校汽车类“十二五”规划教材　工业和信息化高职高专“十二五”规划教材立项项目
ISBN 978-7-115-31013-2

Ⅰ. ①汽… Ⅱ. ①谷… Ⅲ. ①汽车－故障诊断－高等职业教育－教材 Ⅳ. ①U472.42

中国版本图书馆CIP数据核字(2013)第060257号

内容提要

本书共分7个学习情境，19个典型学习（工作）任务。其主要内容包括发动机不能运行的故障诊断，发动机动力不足的故障诊断，发动机过热、机油压力过低的故障诊断，汽车动力传输不良的故障诊断，汽车行驶安全不良的故障诊断，汽车异响的诊断，汽车检测线。书中对典型学习（工作）任务内容的故障现象、故障原因、诊断流程、故障检测与排除、专项技能、相关知识和能力进行了重点讲解，并附有相应的故障范例、任务工单和学习测试。

本书可作为高职院校汽车类相关专业的教材，也可作为汽车维修企业的技术人员参考用书。

工业和信息化高职高专“十二五”规划教材立项项目
职业院校汽车类“十二五”规划教材

汽车综合故障诊断

◆ 主　　编　谷祖威
　副 主 编　孙春燕　杨连福　宋书广　张　斌
　责任编辑　赵慧君
　执行编辑　王丽美

◆ 人民邮电出版社出版发行　　北京市丰台区成寿寺路11号
　邮编　100164　　电子邮件　315@ptpress.com.cn
　网址　http://www.ptpress.com.cn
　大厂聚鑫印刷有限责任公司印刷

◆ 开本：787×1092　1/16
　印张：16.25　　　　2013年5月第1版
　字数：381千字　　　2018年12月河北第10次印刷

ISBN 978-7-115-31013-2

定价：35.00元

读者服务热线：(010) 81055256　印装质量热线：(010) 81055316
反盗版热线：(010) 81055315

Forward

前言

本书是为适应高职院校专业建设与课程改革需要而编写的理论与实践一体化教材，适合以项目为导向、任务驱动的教学模式。本书基于工作过程和典型工作任务、校企合作共同开发。

本书的学习情境指的是用于学习的“情形”和“环境”，学习任务是用于学习的工作任务，学习的内容是工作和通过工作完成的学习任务。所以，在使用本书时，应理实一体并尽可能在课前设置故障，让学生处在一个真实的工作情境中，“先做后讲或边做边讲，做完后再总结”，以学生为主体，教师和学生共同学习如何完成工作任务，并取得成果（故障被排除）。

本书以综合故障诊断直到找到故障部位为主，以工作岗位所需的知识和技能为出发点，实训内容紧贴企业工作流程。本书以通用君威、凯越车型为主，以丰田威驰、卡罗拉为拓展车型，其他车型可参考进行。书中诊断流程采用结构框图的形式呈现，更具直观性，方便学生理解和掌握。书中包含大量的故障范例，每个范例结束后还有相应的点评，侧重检测和诊断结果的分析，以培养学生分析问题和解决问题的能力。

本书由烟台职业学院谷祖威任主编，烟台职业学院孙春燕、大连职业技术学院杨连福、烟台职业学院宋书广、山东华宇职业技术学院张斌任副主编，梅秀珍也参与了本书的编写。其中学习情境一、学习情境六由谷祖威编写，学习情境五、学习情境七由孙春燕编写，学习情境二由杨连福编写、学习情境三由张斌编写，学习情境四由梅秀珍编写，谷祖威、宋书广主持了全书的学习情境、学习任务、任务工单设计。

本书的编写得到了栾琪文高级工程师、王明才高级工程师和于京铎教授的指导和帮助，在此表示衷心的感谢。

由于编者水平有限，书中如有不足之处敬请广大读者批评指正。

编　者

2012年12月

目 录

学习情境一

发动机不能运行的故障诊断

发动机不能运行、动力不足（如怠速不良、加速不良）、发动机过热、机油压力过低等是汽油发动机的常见综合性故障。这些故障往往涉及发动机的多个系统，发动机不能运行的故障现象主要有以下几点。

① 发动机曲轴不转或转动困难，发动机不能起动。其故障原因为起动系统故障；防盗系统故障和曲轴本身转动困难等。

② 发动机曲轴转速正常，但发动机不能运行。其故障原因为防盗系统锁死，使发动机不能起动；发动机电控系统故障；点火系统故障；供油系统故障；进气、排气异常；气缸密封性不良等。

发动机不能运行故障在显现主要故障征兆的同时，还会有其他故障现象伴随出现，如排气管有“突突”声、放炮和冒烟（按颜色分为白烟、蓝烟和黑烟）、燃油消耗过大及异响等。

汽油机正常起动必须具备 5 个条件：①起动系统正常；②防盗系统无故障；③足够的点火电压及正确的点火正时；④恰当的混合气空燃比；⑤正常的气缸压缩压力。在进行发动机不能运行的故障诊断时，应紧紧围绕以上 5 个方面，按照“先思后行、故障码优先、先主后次、先简后繁、先外后内”的原则，选择适当的程序、方法、仪器和设备进行故障诊断操作，切忌盲目拆卸。

发动机不能运行故障的诊断流程如图 1-1 所示。

本学习情境分为 6 个学习任务，对发动机不能运行故障的故障现象、故障原因、诊断流程、故障检测与排除、专项技能、相关知识和能力等内容进行重点讲解。

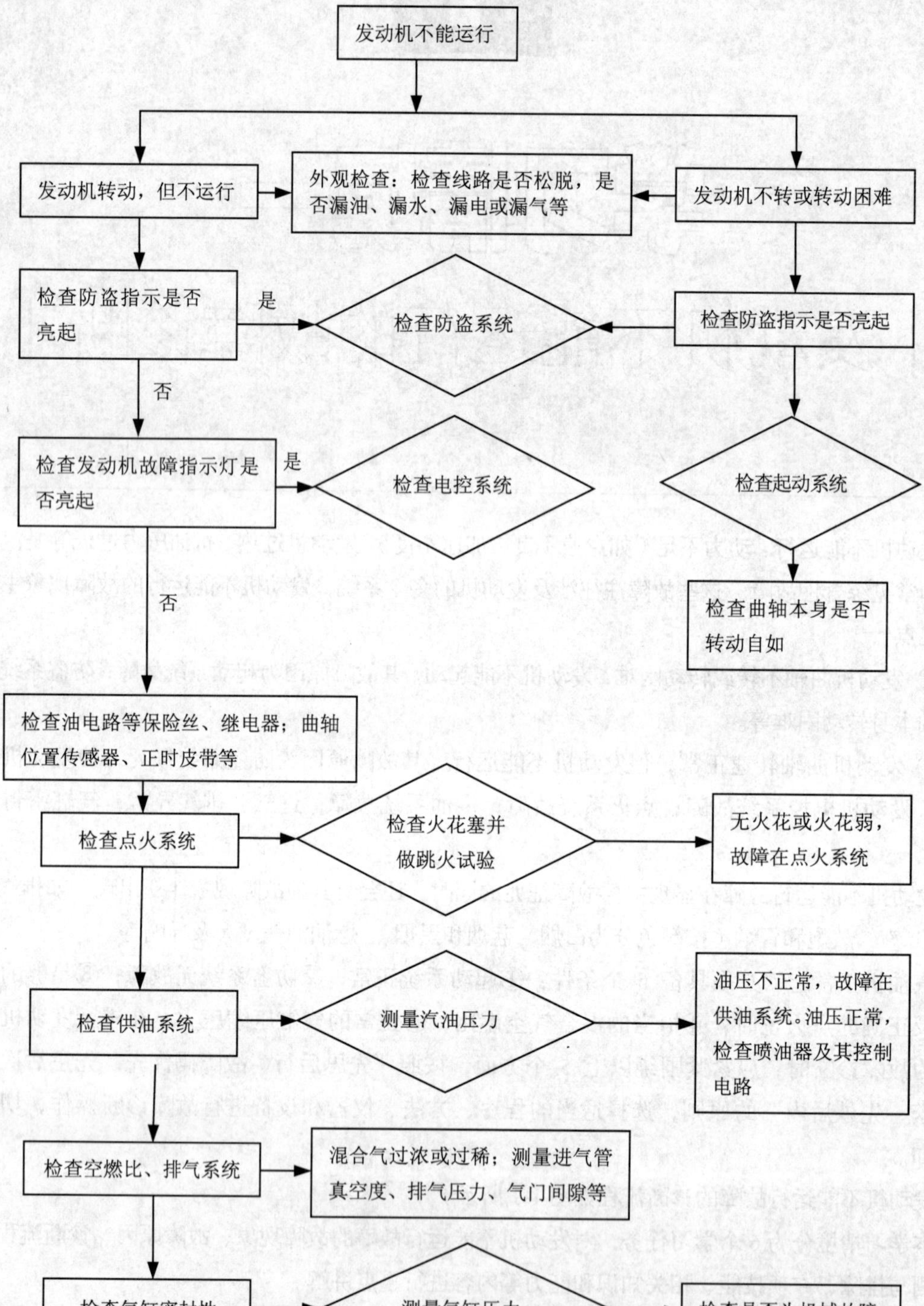

发动机不能运行

发动机转动，但不运行

外观检查：检查线路是否松脱，是否漏油、漏水、漏电或漏气等

发动机不转或转动困难

检查防盗指示是否亮起

是

检查防盗系统

检查防盗指示是否亮起

否

检查发动机故障指示灯是否亮起

是

检查电控系统

检查起动系统

否

检查曲轴本身是否转动自如

检查油电路等保险丝、继电器；曲轴位置传感器、正时皮带等

检查点火系统

检查火花塞并做跳火试验

无火花或火花弱，故障在点火系统

检查供油系统

测量汽油压力

油压不正常，故障在供油系统。油压正常，检查喷油器及其控制电路

检查空燃比、排气系统

混合气过浓或过稀；测量进气管真空度、排气压力、气门间隙等

检查气缸密封性

测量气缸压力

检查是否为机械故障

验证

结束

图1-1　发动机不能运行的故障诊断流程

学习任务1　起动系统的故障诊断

【知识目标】1. 知晓起动机的构造、工作原理，熟悉起动控制电路。

2. 知道起动系统的常见故障现象、原因、诊断和排除方法。

【能力目标】1. 能够分析起动系统的常见故障，找到故障部位。

2. 正确选择和使用检测仪器，按照安全技术规定的要求，完成起动系统的故障诊断与排除。

通常把汽车发动机曲轴在外力作用下，从开始转动到怠速运转的全过程称为发动机的起动。轿车发动机的起动方式主要是起动机起动，起动系统的主要组成有起动机、起动机控制电路及蓄电池等。起动系统的故障诊断应注意如下事项。

① 就车检查起动机本体及其 B、S、M 端子操作起来比较困难，起动系统出现故障时，应先检查起动控制电路和电源，最后拆卸起动机。

② 起动机装车前，必须进行试验，有条件的可进行起动机制动或加载试验，确定没有问题后方可安装到车上。

③ 规范操作，注意安全。

一、故障现象

接通点火开关至起动挡，起动机不转动，防盗指示灯不亮，发动机故障灯不亮。

二、故障原因

1. 蓄电池故障

① 导线连接处松动。

② 蓄电池电量不足或蓄电池存在严重故障。

③ 极柱表面氧化严重或极柱太脏。

2. 起动机故障

起动机剖面图如图 1-2 所示。

① 换向器油污、烧蚀或磨损。

② 电刷在电刷架内卡死或磨损严重。

③ 弹簧弹力不足或弹簧折断。

④ 励磁线圈或电枢线圈出现搭铁、断路或短路故障。

⑤ 电磁开关吸引线圈或保持线圈出现搭铁、断路或短路故障。

3. 起动控制电路故障

① 点火开关失灵。

② 起动继电器、保险丝故障。

③ 有关导线断路、连接不良以及线路连接错误。

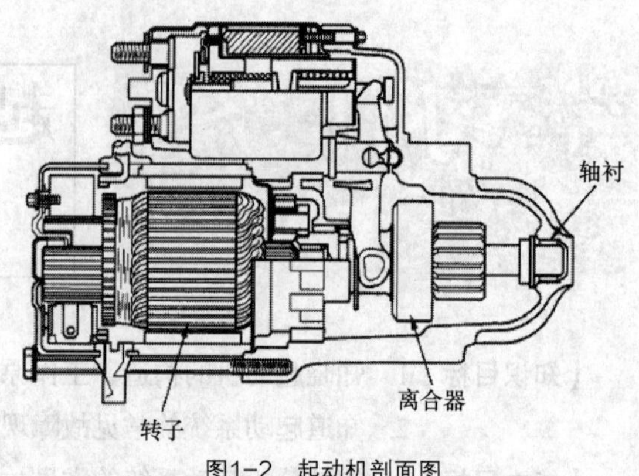

图1-2 起动机剖面图

三、诊断流程

起动机不转诊断流程如图 1-3 所示。

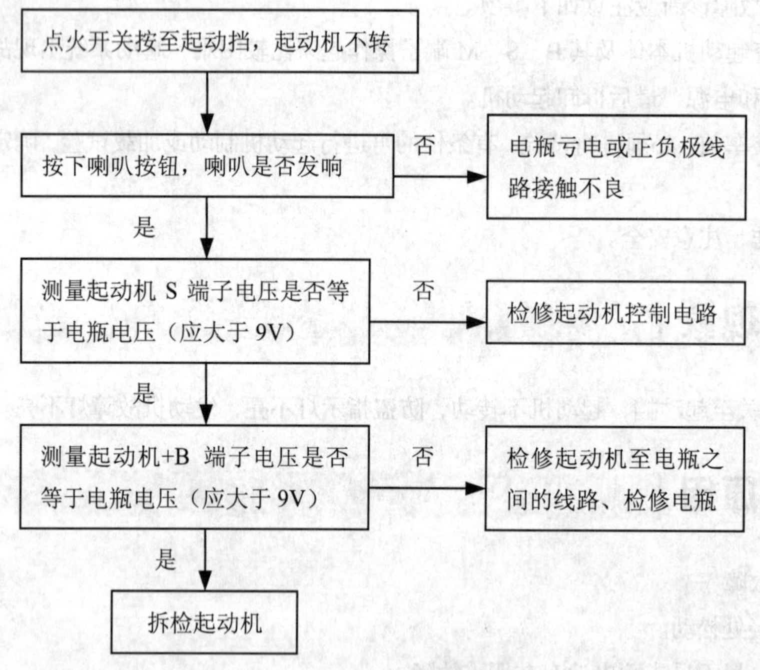

图1-3 起动机不转诊断流程

四、故障检测与排除

别克君威 2.5GL、3.0GS 起动机控制电路图如图 1-4 所示。当防盗信号不正确时，PCM 不接通起动机。

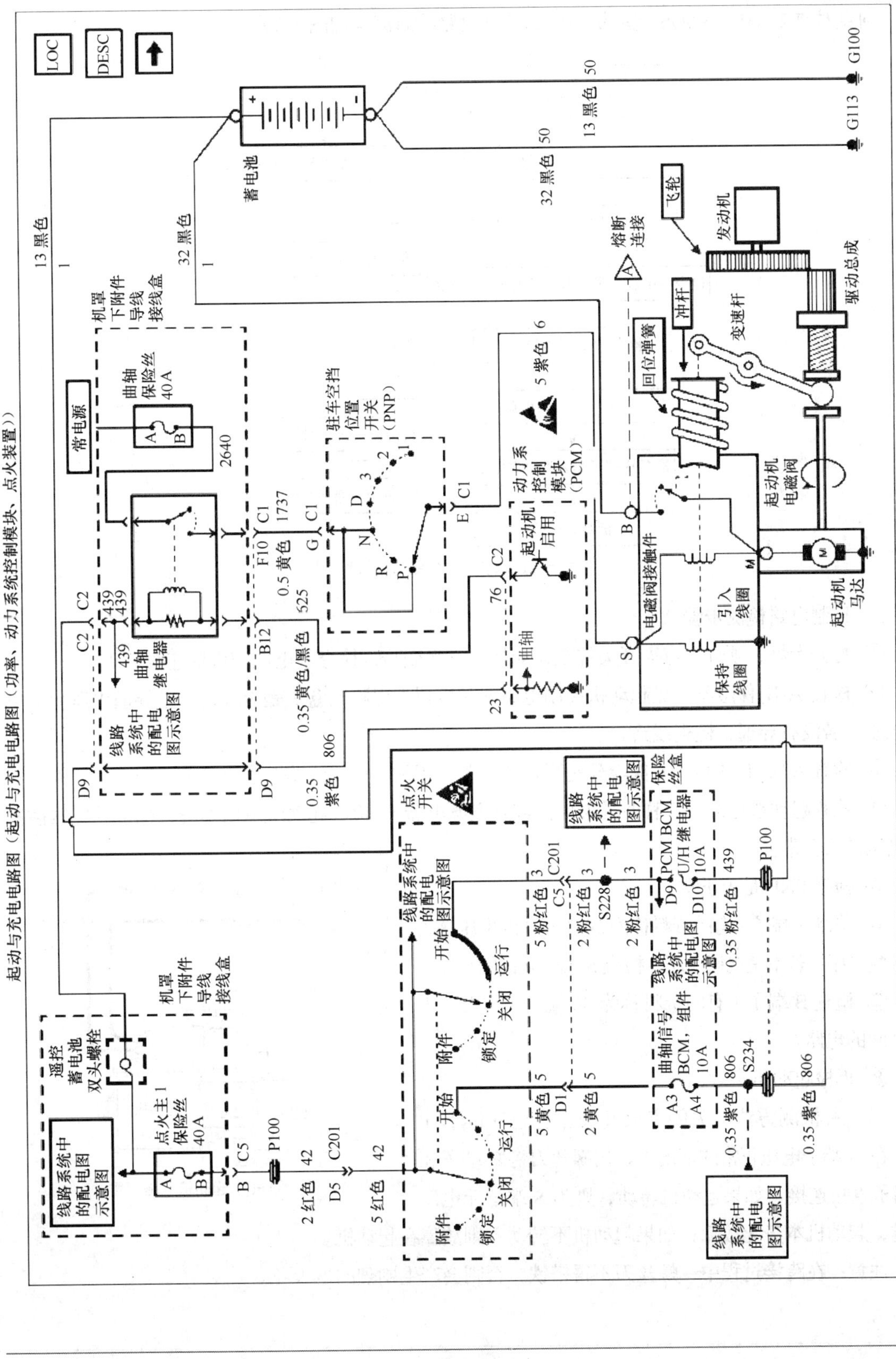

起动与充电电路图（起动与充电电路图（功率、动力系统控制模块、点火装置））

线路系统中的配电图示意图
遥控蓄电池双头螺栓
点火主1保险丝40A
机罩下附件导线接线盒
B C5
P100
2 红色 42
D5 C201
5 红色 42
附件 开始 锁定 关闭 运行
线路系统中的配电图示意图
点火开关
5 黄色 5
D1
2 黄色 5
5 粉红色 3
C5 C201
2 粉红色 3
S228
2 粉红色 3
线路系统中的配电图示意图
A3 A4 曲轴信号 BCM，组件 10A
线路系统中的配电图示意图
D9 PCM BCM U/H 继电器 D10 10A
保险丝盒
0.35 紫色 806
S234
0.35 粉红色 439
P100
0.35 紫色 806
D9 C2 C2
439 439
439 曲轴继电器
常电源
曲轴保险丝40A
2640
D9 B12 F10 C1
0.5 黄色 1737
0.35 黄色/黑色 525
0.35 紫色 806
G C1
驻车空挡位置开关（PNP）
R N D 3 2 1 P
E C1
23 76 C2
曲轴
起动机启用
动力系控制模块（PCM）
5 紫色 6
13 黑色 1
32 黑色 1
蓄电池
32 黑色 50
13 黑色 50
G113 G100
S B
电磁阀接触件
熔断连接
回位弹簧
冲杆
飞轮
发动机
保持线圈
引入线圈
变速杆
起动机电磁阀
起动机马达
驱动总成
LOC DESC

图1-4　别克君威2.5GL、3.0GS起动机控制电路

1. 起动机控制电路诊断流程

别克君威 2.5GL、3.0GS 起动机不转的控制电路诊断流程如图 1-5 所示。

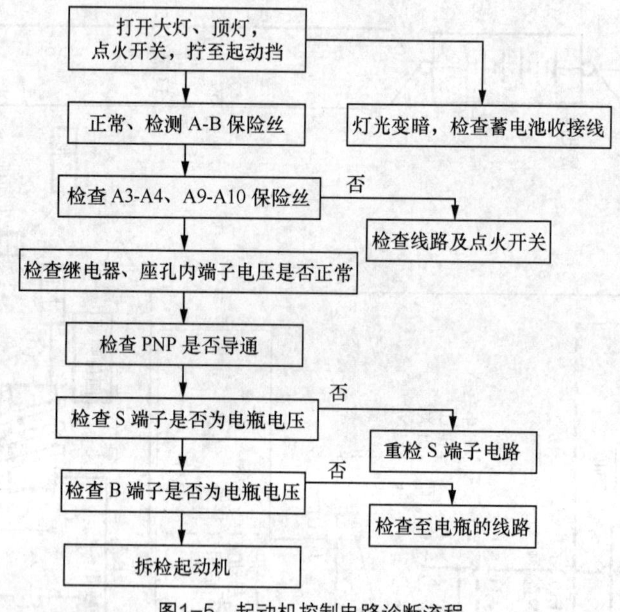

图1-5 起动机控制电路诊断流程

2. 控制电路检测步骤

① 打开大灯、顶灯，点火开关拧至起动挡，灯光变暗，检查蓄电池和极桩连线。

② 检查 A-B 保险丝（见起动机控制电路图和机罩下保险丝盒）是否导通，若导通电压应为电池电压；若没有导通，检查线路。

③ 检查 A3-A4、D9-D10 保险丝是否正常，若不正常，检查线路及点火开关。

④ 检查起动继电器（也称曲轴继电器或防盗继电器）。检查起动继电器本身，检查继电器插座内电压是否正常。

⑤ 检查 PNP 是否正常。

⑥ 检测 S 端子（有的资料称为 50 端子）的电压是否为电瓶电压，若不是电瓶电压，检查 S 端子之前的线路。

⑦ 检查 B 端子（有的资料称为 30 端子）与电池正极之间的电路。

⑧ 拆检起动机。

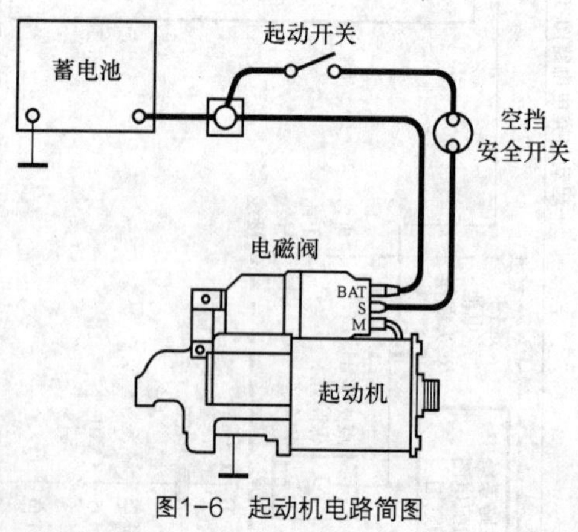

图1-6 起动机电路简图

另一种检测方法：关闭点火开关，变速杆位于 P 挡。在 B 端子电压正常的情况下，用螺丝刀将 B 端子和 S 端子直接连接，如果起动机转动，则为 S 端子无电流通过，起动机本身无故障；如果起动机不转动，则故障在起动机。

注意：在跨接过程中，螺丝刀不得搭铁，否则会产生剧烈的电火花。

五、专项技能

1. 保险丝检测

保险丝的检测方法有以下 3 种。

① 直观检查法。拔出保险丝，检查是否熔断。

② 用万用表导通挡测量两个外露点是否导通，不导通为熔断。

③ 用万用表电压挡的一个表笔搭铁，另一个表笔分别接触保险丝的两个外露点，检测其电压是否一样，不一样则保险丝熔断。保险丝的检测，如图 1-7 所示。

2. 起动继电器检测

（1）开路检测

采用数字万用表测阻法，以图 1-8 所示的继电器为例，用万用表 R × 200 挡检查。若 1 脚与 2 脚（线圈）的阻值符合要求，3 脚与 4 脚的电阻值为无穷大，则正常；否则继电器有故障。

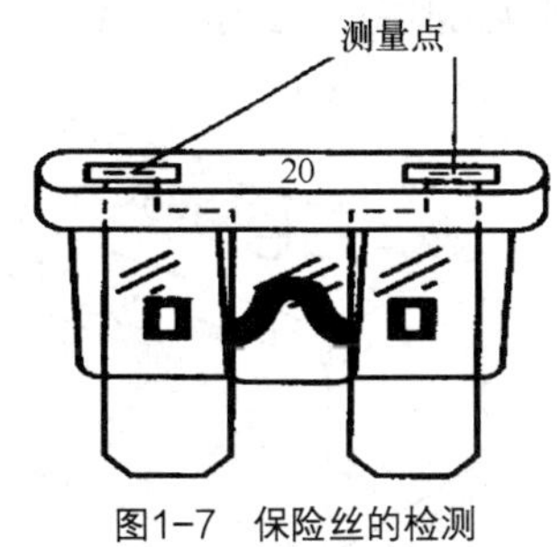

图1-7　保险丝的检测

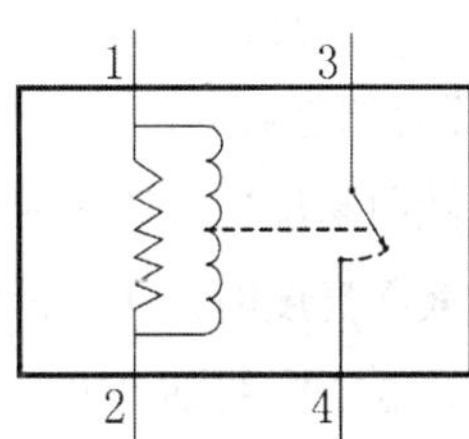

图1-8　起动继电器

注：汽车用继电器阻值参考维修手册。

（2）换件法

同一辆车可能有若干个继电器是相同的，零件号相同的继电器，可以进行互换试验。

（3）加电检测

若线圈电阻符合要求，给继电器线圈加载工作电压，检查其触点的工作情况。

在继电器 1 脚和 2 脚之间加 12V 电压，测量 3 脚与 4 脚是否导通，阻值小于 1Ω，则导通为正常，否则继电器有故障。

3. 点火开关检测

点火开关是汽车电路中最重要的开关，可根据开关各挡位的功能和开关各挡位的导通情况，用万用表进行检查。检查时，使开关处于不同的挡位，按照开关接通情况测量插接器或插头与相应编号导线之间的导通情况。如果检查的结果不符合开关的功能要求，说明开关已经损坏。

例如，将点火开关拨到“ON”位置，则点火开关侧插接器的 2 端子和 4 端子导通、7 端子和 6 端子导通；打到“OFF”位置时，2 端子和 4 端子断开、7 端子和 6 端子断开，如图 1-9 所示。

当端子间触点导通时，接触电阻小于 1Ω；端子间触点断开时，电阻值为无穷大。如果所测得电阻值不符合要求，点火开关有故障。

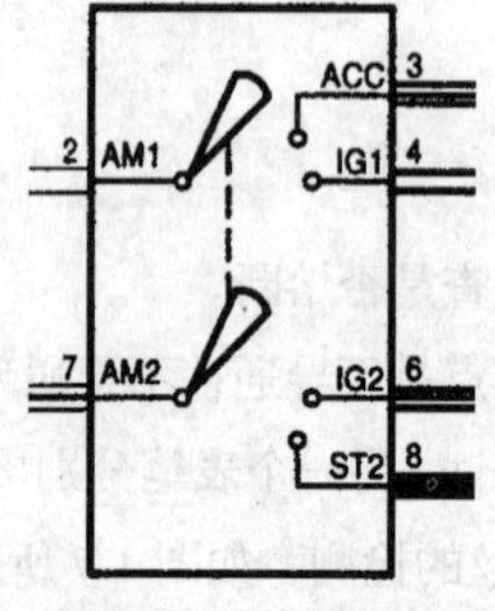

图1-9 点火开关

4. 蓄电池检测

（1）外观检查

① 检查蓄电池及其托架固定件，以确认蓄电池是否保持水平状态和牢固。

② 检查其是否有任何裂纹或外部损伤，柱桩有无破损，壳体有无泄露，否则应更换。

③ 检查蓄电池接线柱，电缆和托架固定架是否腐蚀。

④ 疏通加液盖通气孔（可维护蓄电池）。

（2）液面高度检查（可维护蓄电池）

检查液面高度时，正常液面高度应介于两条高度指示线之间的中线上，低于中线则为液面过低，应加入蒸馏水补充如图 1-10 所示。

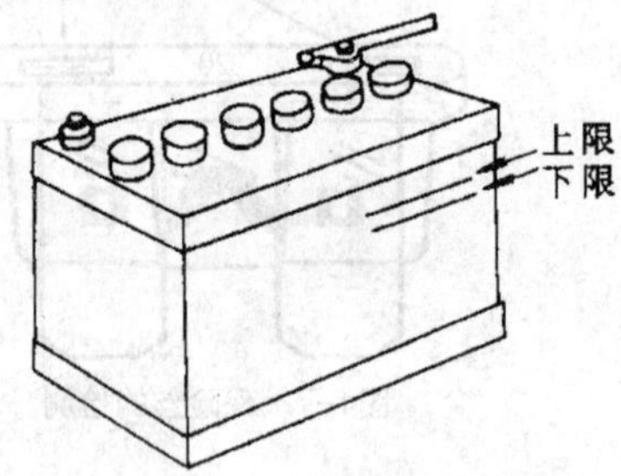

图1-10 蓄电池液面高度检查

（3）蓄电池端电压检测

① 使用万用表检测。高率放电计原理及表盘图，如图 1-11 所示。用万用表测量蓄电池端电压，只能作为检测的参考因素。通常静置时，测量端电压≥12.6V，并且电解液密度≥1.22g/cm^3，才可以基本判定蓄电池有一定的电量储备。

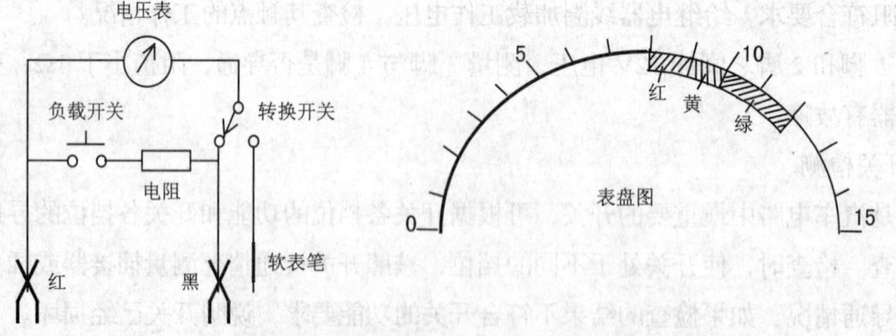

图1-11 高率放电计原理及表盘图

② 使用高率放电计检测。

a. 将测试夹分别对应夹在蓄电池的正、负极柱桩上。此时读数显示蓄电池的空载电压值。通常显示在 11.8～13V 范围内为正常。

b. 按下按钮开关，蓄电池开始瞬间大电流放电，在 5s 内读出电压表的负载电压指示数值。

若指针稳定在 10～12V 区间（绿色区域），说明蓄电池存电充足，不需要充电。

若指针在 9～10V 区间（黄色区域），说明蓄电池存电不足，需要充电。

若指针在 9V 以下区间（红色区域），说明蓄电池严重亏电，要立即充电才能使用。

如果空载电压基本符合要求，但负载时指针迅速下降至红色区域以下，说明蓄电池已经损坏。

注意：此项测量不能连续进行，必须间隔 1min 后才可以再次检测，以防止蓄电池过放电。

（4）蓄电池电解液密度的检测

① 打开蓄电池的加液盖。

② 把吸管插入单格电池的加液孔内，吸取少量电解液。

③ 将电解液滴在冰点仪上，将盖子放平。冰点仪的外形及其刻度，如图 1-12 所示。

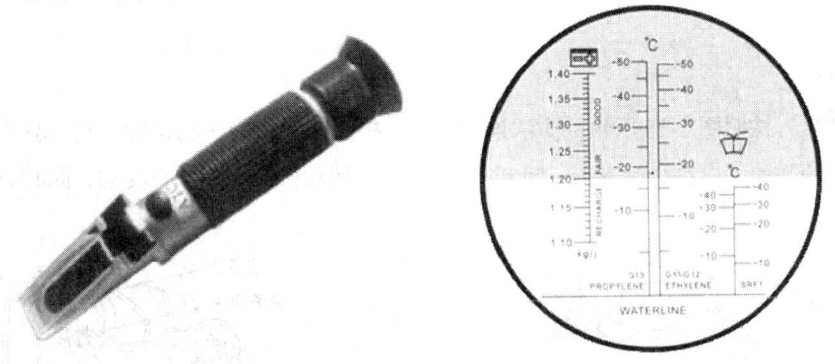

图1-12　冰点仪

④ 读取电解液的密度。

⑤ 放电程度的判断方法。电解液密度与放电程度的关系是：密度每下降 0.01g/cm^3 相当于蓄电池放电 6%，当判定蓄电池在夏季放电超过 50%，冬季放电超过 25%时不宜再使用，应及时进行充电，否则会使蓄电池过早损坏。

5. 起动机总成检测

（1）吸引（拉）线圈性能测试

先把励磁线圈的引线断开，按照图 1-13 所示的方法连接蓄电池与电磁起动开关，驱动齿轮应能伸出，否则表明其功能不正常。

（2）保持线圈性能测试

接线方法如图 1-14 所示。在驱动齿轮移出之后从端子 C 上拆下导线，驱动齿轮仍能保留在伸出位置，否则表明保持线圈损坏或搭铁不正确。丰田、大众系列与通用系列起动机端子对应关系如表 1-1 所示。

表 1-1　丰田、大众系列与通用系列起动机端子对应表

丰田、大众系列	50 端子	30 端子	C 端子
通用系列	S 端子	B 或+B 端子	M 端子

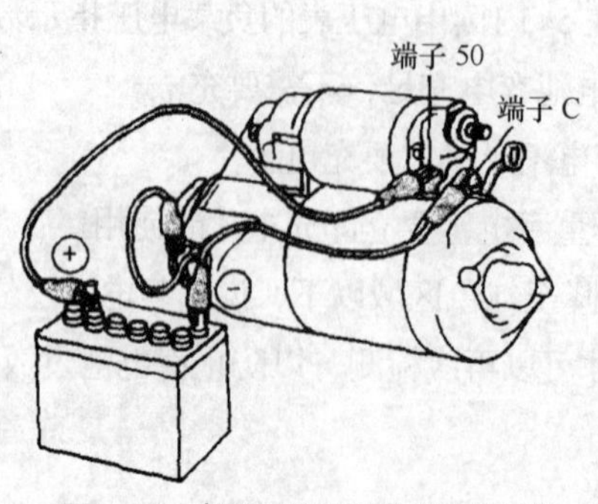

图1-13　电磁开关吸引线圈功能试验

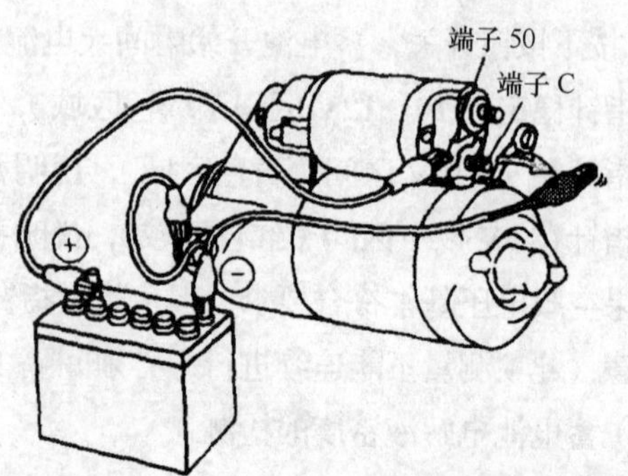

图1-14　电磁线圈和保持线圈功能试验

（3）驱动齿轮回位测试

测试方法如图 1-15 所示，拆下蓄电池负极接外壳的接线夹后，驱动齿轮能迅速返回原始位置即为正常。

（4）空载测试

固定起动机，按照图 1-16 所示的方法连接导线，检查起动机应平稳运转，同时驱动齿轮应移出；并读取安培表的数值，应符合标准值；断开端子 50 后，起动机应立即停止转动，同时驱动齿轮缩回。

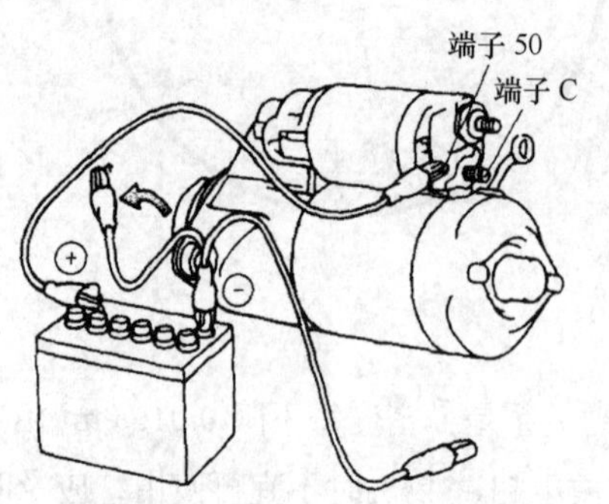

图1-15　驱动齿轮复位试验

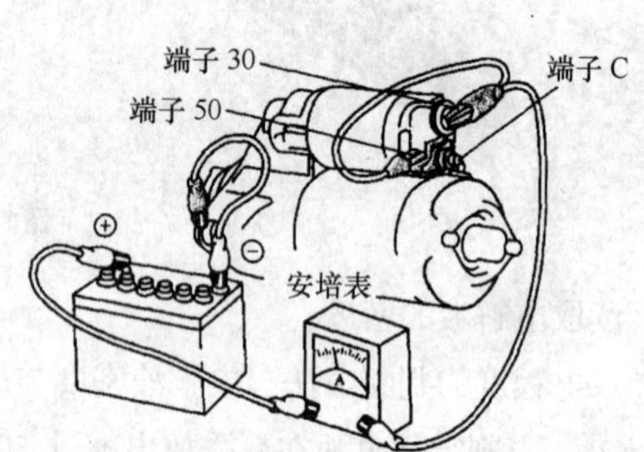

图1-16　起动机空载试验

在进行起动机的解体之前，应当进行不解体检测，通过不解体的性能检测大致可以找出故障。起动机组装完毕之后也应进行性能检测，以保证起动机正常运行。在进行检测时，应尽快完成，以免烧坏电动机的线圈。

六、任务工单

工作任务	起动系统的故障诊断	学时		班级	
姓名		小组		日期	
设备	整车、起动机、数字万用表、试灯、跨接线、常用维修工具、电瓶、冰点仪、高率放电计、汽车维修手册等			教学地点	汽车整车实训车间
任务目的	制定工作计划，并利用诊断设备和常用维修工具确定故障位置，在保证安全的前提下，对故障部件进行检测和更换，完成起动系统的故障诊断				

（一）资讯

1. 车辆信息

车型	君威 2.5L	生产年代		制造厂	
车辆识别码			发动机型号		

2. 故障描述

3. 相关问题

（1）起动机不工作的故障原因有哪些?

（2）起动机起动无力的故障原因有哪些?

（3）如何检查免维护电瓶?

（二）决策与计划

请根据起动系统故障检修的任务要求，确定所需要的检测仪器、工具，并对小组成员进行合理分工，制定详细的工作计划。

1. 需要的检测仪器、工具
2. 小组成员分工
3. 起动机不工作故障检修的工作计划

（三）实施

1. 故障现象确认
2. 故障原因分析

3. 诊断

序号	检查部位	检查方法	检查结果	修复措施
1				
2				
3				
4				
5				

4. 故障排除

故障点：________________________________。

处理措施：______________________________。

（四）检验

进行自检与互检、过程检验、竣工检验。

（五）考核与评估

考核项目	评分标准	分数	学生自评	小组互评	备注
团队合作	和谐	5			
活动参与	积极参与	5			
维修手册使用	正确使用	5			
任务方案	合理	10			
工具、设备使用	选用正确，使用正确	15			
5S	整理、整顿、清扫、清洁、素养	10			
工作安全	遵守安全操作规程	10			
操作过程	规范、合理、测量数值正确	20			
任务完成情况		10			
工作纪律	严格遵守	5			
工单填写	如实、规范	5			
合计		100			
教师评价（总评）					

注：如果违反操作安全规程，造成人身伤害或设备严重损坏，本任务考核 0 分。

任务延伸 起动机其他故障诊断

一、起动机起动无力

1. 故障现象

接通点火开关，起动机能够带动发动机转动，但转速过低甚至稍转即停。

2. 故障原因

（1）蓄电池故障

① 蓄电池亏电过多。

② 蓄电池各导线连接不良。

（2）起动机故障

① 换向器油污或轻微烧蚀。

② 电刷磨损或弹簧压力不足。

③ 励磁线圈或电枢线圈匝间短路。

④ 电磁开关接触盘轻微烧蚀。

⑤ 轴承过紧。

（3）发动机故障

发动机装配不符合要求，使转动阻力过大。

3. 故障诊断与排除

① 首先检查蓄电池导线连接情况。如有松动应紧固；如有发热处，应拆下导线清理配合表面，然后装复。

② 若导线正常，应使用高率放电计检查蓄电池各单格电压。各单格电压均不得小于 1.5V。低于此值时，应更换蓄电池或按规定进行充电。

③ 若上述检查均正常，说明起动机本身存在故障，应拆检和修复。

④ 如果起动机起动无力故障发生在发动机大修完成后，检查发动机装配是否符合要求，若不符合要求，重新进行发动机总成装配。

二、起动机空转

1. 故障现象

接通点火开关，发动机曲轴不转动，但起动机或者高速空转，或者以很低的转速转动。

2. 故障原因

① 单向离合器打滑。

② 发动机飞轮齿环缺齿。

③ 拨叉连接处脱开。

3. 故障诊断与排除

① 接通点火开关，起动发动机时，若发现起动机空转，但转速很低，说明单向离合器打滑，应当更换新件。

② 若空转转速很高，关闭点火开关，转动曲轴，使飞轮齿环转过一定角度，再接通点火开关，使起动机起动发动机。若起动正常，说明飞轮齿环有几个齿损坏，可以焊修或更换新件。若起动机仍然高速空转，说明单向离合器打滑严重，或者拨叉脱落，应当拆检修复或更换。

三、驱动齿轮与飞轮齿环不能啮合且有撞击声

1. 故障现象

接通点火开关，起动起动机时，伴有连续不断的齿轮撞击声，使驱动齿轮不能与飞轮齿环（圈）

啮合。

2. 故障原因

① 主回路通电过早。在驱动齿轮与飞轮齿环还未啮合之前，驱动齿轮就已转动。

② 起动机安装螺栓松动。

③ 驱动齿轮和飞轮齿环的齿损坏或磨损严重，齿长不足，啮合不牢，扭矩过大时，两齿轮打滑。

3. 故障诊断与排除

首先调整起动机电磁开关的闭合时间，将调整螺钉适当旋入。若仍然存在齿响，再检查驱动齿轮与飞轮齿环的磨损情况。若齿磨损大于 3mm，应焊修或更换。

四、电磁开关吸合不牢且有异响

1. 故障现象

接通点火开关，起动发动机时，电磁开关吸合不牢且有“哒哒”声。

2. 故障原因

（1）蓄电池故障

① 蓄电池亏电较多。

② 少数单格存在故障。

③ 导线连接不良。

（2）组合继电器故障

组合继电器中起动继电器铁心与活动触点臂的气隙过大，使初始吸引电压与释放电压被提高。

（3）电磁开关故障。

3. 故障诊断与排除

① 首先检查蓄电池导线连接情况。如有松动应紧固；如有污垢或发热处，应拆下导线清理接触表面，然后装复。

② 若导线正常，应使用高率放电计检查蓄电池电压，其电压不得小于 9V，低于 9V 时，应对蓄电池进行充电。

③ 检查曲轴转动阻力是否过大、起动机是否卡住。例如：起动机起动无力故障发生在发动机大修完成后，应检查发动机曲轴、凸轮轴是否装配过紧等。

④ 若上述检查均正常，说明起动机本身存在故障，应拆检起动机。

五、单向离合器不回位

1. 故障现象

① 起动过程中，发动机不着火，松开钥匙后驱动齿轮与飞轮仍然保持啮合而不回位。

② 发动机起动着火后，因单向离合器和起动机驱动小齿轮回位不及时，出现发动机齿圈与起动机驱动小齿轮的碰撞声音。

2. 故障原因

① 电磁开关接触盘烧结。

② 电磁开关回位弹簧折断、活动铁心卡住、回位机构连接不良。

③ 蓄电池亏电。

④ 起动机安装不牢，起动机轴承损坏使起动机驱动齿轮倾斜、发卡等。

3. 故障诊断与排除

① 首先应拆开蓄电池导线，切断电源，防止长时间通电烧坏起动机。

② 当切断电源后，若单向离合器可以自动回位，说明电磁开关烧结，应进行拆检、修复或更换。

③ 当切断电源后，单向离合器仍不能回位，可转动曲轴。若单向离合器回位，说明蓄电池亏电、起动机安装松动或卡住。可用高率放电计检查蓄电池各单格的端电压，电压过低应充电或更换；检查起动机固定螺栓的松紧度；折检起动机等。

故障范例　捷达轿车起动机有时不转的故障诊断

1. 故障现象

普通捷达轿车有时候能起动，有时不能起动。该车在第 1 次起动时起动机转动正常，如果第 1 次发动机不能起动，第 2 次将点火开关转至“ST”位置时，起动机就转动无力，而且以后越来越无力。

2. 诊断与排除

根据故障现象及维修经验，感觉该车症状极像蓄电池电压不足或线路接触不良造成的。

检查蓄电池电压，若正常，则检查起动线路：将蓄电池至起动机正接线柱、变速器至车身的搭铁线、蓄电池负极的搭铁线拆下，用砂纸打磨后装复，故障症状仍存在。外部可能的原因已经排除，应拆下起动机，检查起动机内部。

起动机转动无力的原因有以下几点。

① 起动机碳刷磨损过大或碳刷弹簧弹力不足。

② 起动机碳刷与换向器接触不良。

③ 起动机电枢绕组搭铁。

④ 单向离合器部分打滑，使传递扭矩减小。

将起动机拆下，进行以下检查。

① 经检查，起动机碳刷与换向器接触良好，换向器表面无失圆或烧蚀现象。

② 检查碳刷的高度和碳刷弹簧弹力，正常（碳刷标准高度为 16mm，极限高度为 4mm）。

③ 检查起动机电枢绕组，将万用表的一端接在换向器的换向片上，另一端接电枢铁心，测量其电阻值。如果电阻为无穷大，则正常；如果电阻为 0，则电枢线圈短路。经检查，电枢绕组正常。

④ 检查单向离合器驱动小齿轮，无磨损。顺时针方向转动齿轮时转动自如，逆时针方转动时锁止，说明单向离合器正常。

可能的故障部位都已检查，但仍未找到故障原因。仔细分析，故障应与起动时电流过大造成局部过热有关。检查起动机内各线接头，发现碳刷铜线连接部位是用锡焊的，其中有一处氧化严重。将碳刷铜线打磨处理，再将铜线铆在其连接部位。将起动机装复，再打开点火开关，起动机转动五六次也没发生转动无力的现象，故障排除。

3. 点评

捷达轿车起动机碳刷的固定采用了铆接的方法，这样可使接触良好，避免碳刷过热，消耗电流。该车在以前维修时，用电烙铁焊接碳刷，造成碳刷接触不良。当第 1 次起动时造成碳刷铜钱接触处发热，电阻增大，再起动时，起动机就转动无力了。

防盗系统的故障诊断

【知识目标】1. 知晓防盗系统的组成、工作原理。

2. 知道防盗系统的故障现象、原因、诊断方法。

【能力目标】能借助于维修资料、诊断仪及其他工具完成防盗系统的故障诊断与排除。

现代汽车一般都带有防盗功能，其通过点火开关的钥匙和一个防盗识别线路来实现对车辆的防盗窃作用。钥匙本身具有防盗芯片或电阻，当防盗识别系统侦测到防盗信号不正常或钥匙的电阻值不对时，发动机电脑会将点火、喷油或起动电路锁死，使点火系统不点火、喷油器不喷油、起动机无法转动，使车辆不能起动，同时点亮防盗指示灯，从而实现车辆的防盗。故当车辆不能起动，且防盗指示灯亮起时，说明防盗系统出了故障或进行了错误、非法起动。防盗系统的故障诊断应注意如下事项。

① 如果发动机不能运行且防盗指示灯点亮，说明防盗系统出了故障（个别情况防盗灯可能不亮），应优先排除防盗系统的故障，再检修其他部分。

② 检修防盗系统的故障，应首先使用专用诊断仪阅读故障码，按真实防盗故障码的指示进行维修。例如，别克车系的专用诊断仪是 TECH2、GDS，丰田车系的专用诊断仪是 IT-Ⅱ，大众车系的专用诊断仪是 VAG5051、VAG5052 系列等。

③ 查阅维修资料。每种车辆的防盗系统是不一样的，诊断时应查阅维修资料，知道防盗故障码的含义、防盗系统的原理和组成及电路图等。

下面以别克君威轿车为例，介绍防盗系统的组成及工作原理。

君威轿车曾采用过两套防盗系统，老君威、别克新世纪采用的是第二代防盗系统，简称 PK-2 防盗系统，君威车采用的是第三代防盗系统，简称 PK-3 防盗系统。

（一）PK-2 防盗系统

老款别克轿车使用 PK-2 防盗系统，其系统组成示意图如图 1-17 所示。

PK-2 防盗系统由点火钥匙、车身控制模块（BCM）、动力系统控制模块（PCM）、仪表板（IP）上的安全“SECURITY”指示灯及诊断系统组成。

动力系统控制模块（PCM）位于空气滤清器壳下面，车身控制模块（BCM）位于仪表台左下侧，PCM、BCM 和仪表间通过二级串行数据线交换信息。在 PK-2 点火钥匙上带有电阻片，如图 1-18 所示，当点火钥匙插入点火锁芯后，在锁芯上的点火钥匙阻值检测电路将钥匙电阻值信息传递给 BCM，当钥匙上的电阻值与 BCM 内存储的电阻值匹配时，发动机可以起动；如果电阻值不匹配，则发动机不能起动。

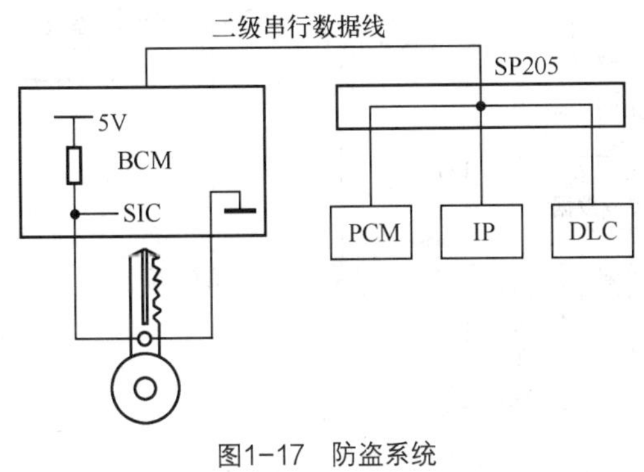

图1-17　防盗系统

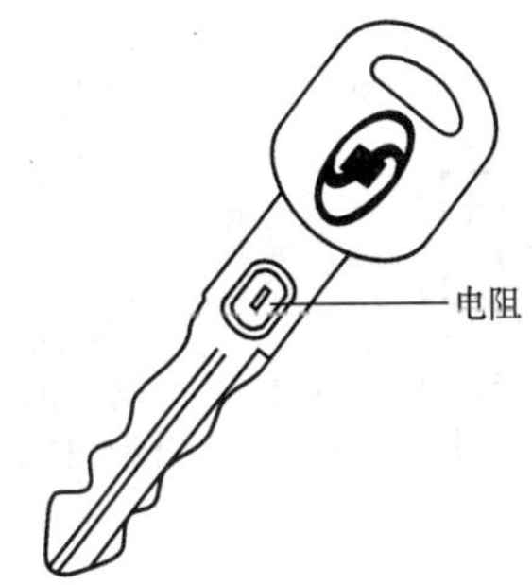

图1-18　点火钥匙

PK-2 防盗系统电路图如图 1-19 所示。

车身控制模块（BCM）的 C1-D2 端通过内部的输出电阻输出 5V 电压，与点火钥匙的电阻形成回路，并检测此端的电压，从而判别钥匙电阻是否正确。如果电阻值正确，BCM 通过二级串行数据线向 PCM 发出燃油启用密码，发动机可以起动；如果不正确，BCM 通过二级串行数据线向 PCM 发出燃油禁止密码，PCM 收到禁止密码，通过以下动作控制起动机、燃油系统不工作。

① 控制起动继电器不工作。

② PCM 控制汽油泵继电器不工作。

③ PCM 控制喷油器不工作。

如果试图用一个错误的钥匙起动发动机，发动机未能起动，然后即使换用正确的钥匙，在 3～4min 内发动机仍不能起动。在发动机运行时，如果防盗系统检测到钥匙阻值不正确，或二级串行数据线路中断通信（断开车身控制模块 BCM 插头），系统进入防盗失效状态，动力系统控制模块（PCM）不再参与防盗信号判断，发动机不会熄火，但防盗灯亮。熄火后再次起动发动机，发动机还可以运行。

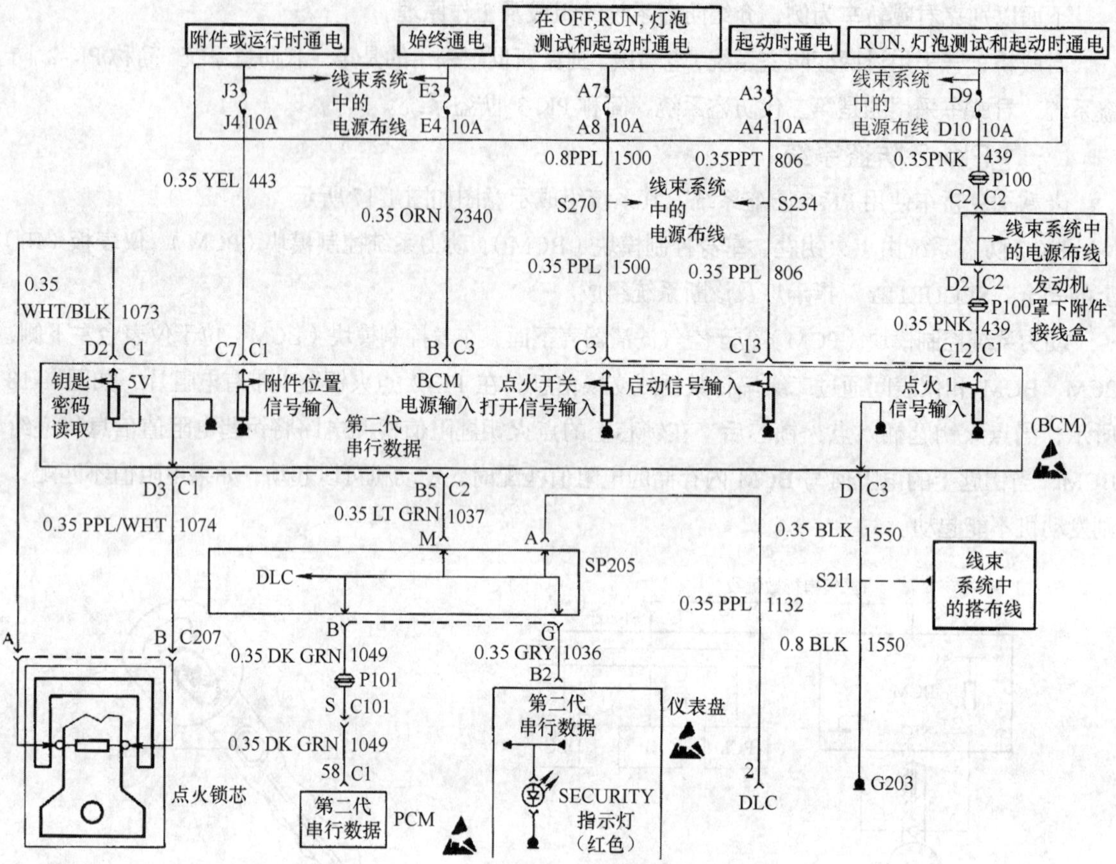

图1-19 PK-2防盗系统电路图

因不同车辆车身控制模块（BCM）与动力系统控制模块（PCM）间的燃油启用口令不同，故同时更换已匹配好的另一车的点火钥匙和 BCM，发动机仍不能起动，需通过口令学习，PCM 才能起动。

（二）PK-3 防盗系统

别克君威、GL8 和凯迪拉克防盗系统采用了 PK-3 型钥匙确认系统，现以别克君威为例，介绍该系统的组成和工作原理。

PK-3 防盗系统由点火钥匙及镶嵌在钥匙手柄里的收发器，俗称芯片（见图 1-20）、防盗控制模块（见图 1-21）、动力系统控制模块 PCM（见图 1-22）、仪表盘内的防盗指示灯（见图 1-23）组成。防盗控制电路图如图 1-24 所示。

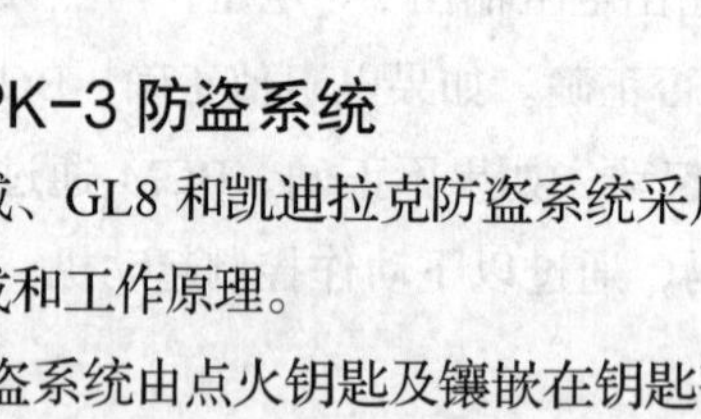

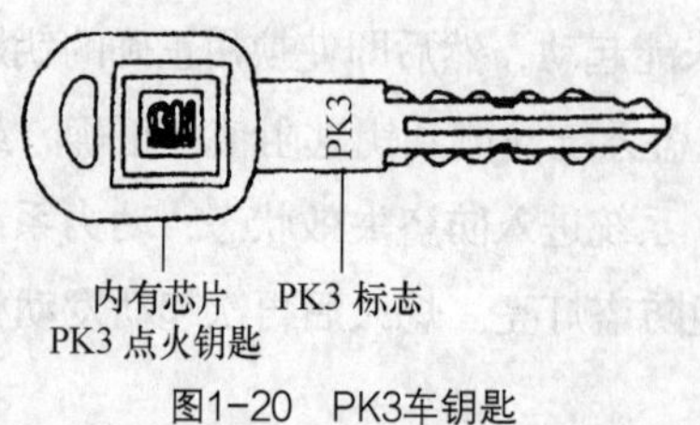

图1-20 PK3车钥匙

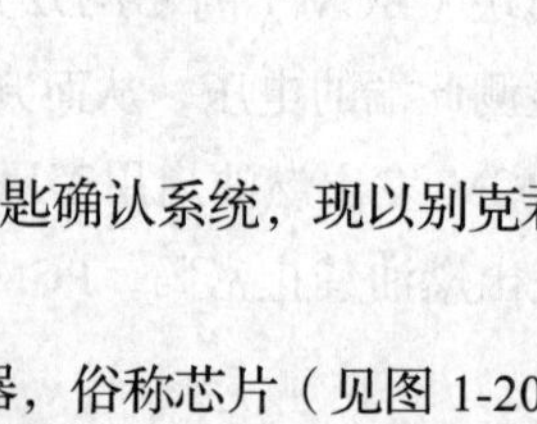

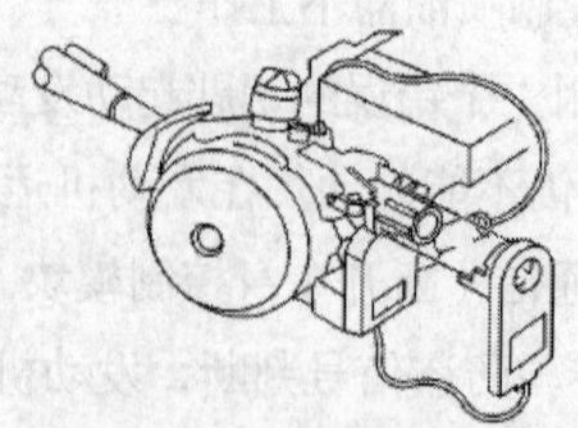

图1-21 防盗控制模块

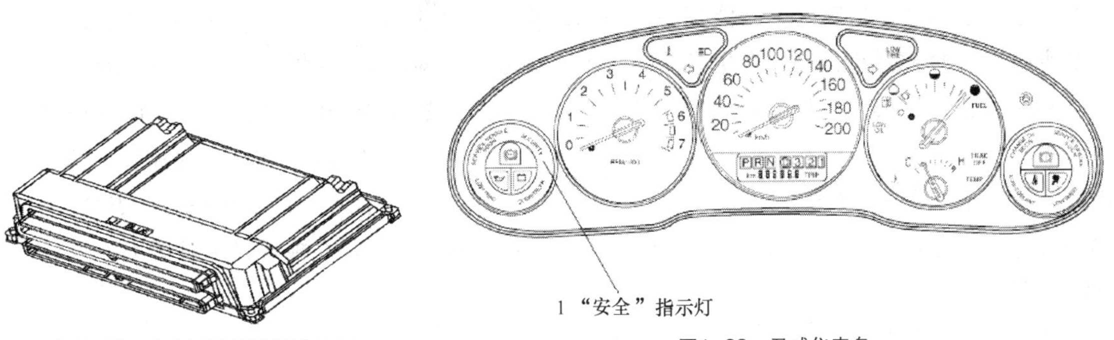

图1-22　动力系统控制模块PCM

图1-23　君威仪表盘

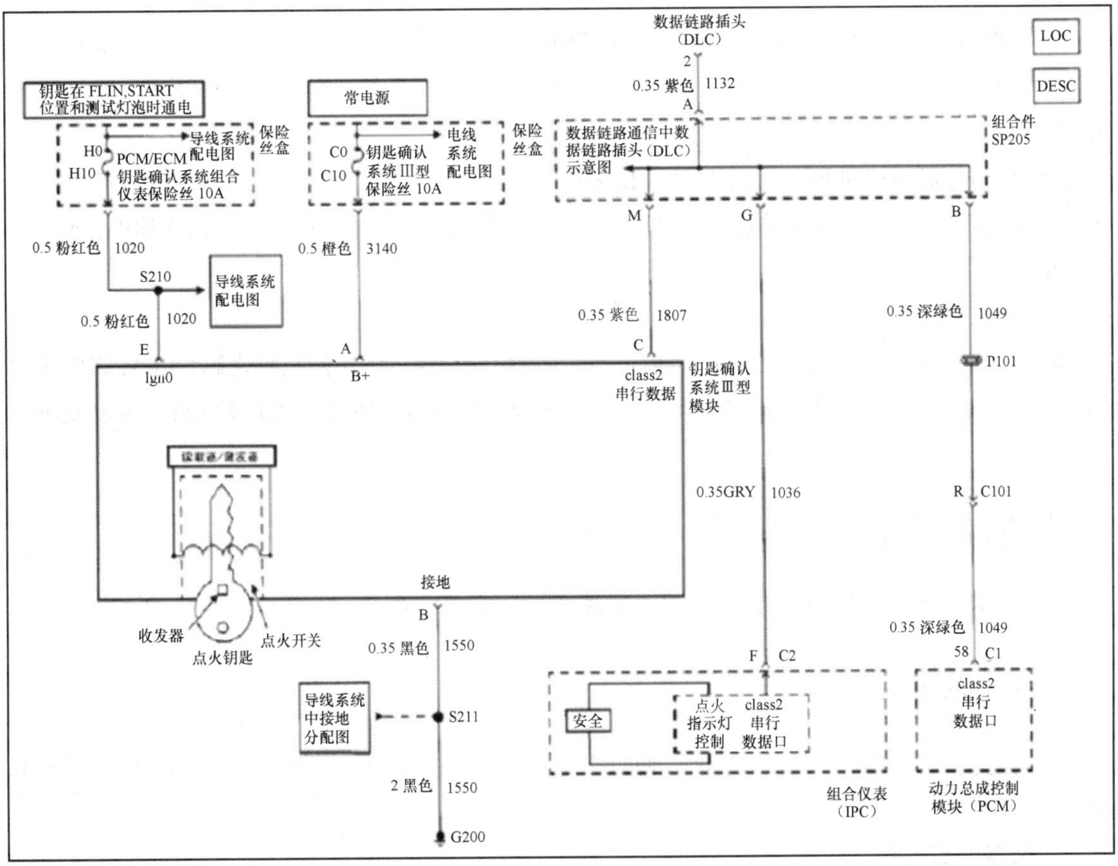

图1-24　PK-3防盗系统电路图

在点火钥匙手柄里面有收发器（芯片），其钥匙上面有“PK-3”标志，如图 1-20 所示。对于每一把钥匙，都有自己唯一的代码值，钥匙重复的概率约为 3 万亿分之一。防盗控制模块包括防盗识别模块和励磁器，励磁器实际上是一组线圈，相当于一个天线，环绕在点火开关锁芯上。线圈由防盗模块供电释放出电磁能量，激励钥匙手柄内的收发器芯片，线圈励磁信号有效范围约 45mm。收发器本身没有电源，它接收防盗器线圈的励磁能量，受激发后传送唯一的代码值，由防盗控制器/励磁模块总成检测，并将该值与内存中存储的数值读出值进行比较，如果接收的收发器值与读出值匹配，防盗模块通过二级串行数据线向动力系统控制模块（PCM）发送一个密码，PCM将该密码与内存中存储的密码进行比较，如果密码匹配，PCM允许发动机起动。对于每个防盗控制模块，该密码是唯一的，钥匙收发器值也是唯一的，所以，同时更换防盗模块和点火钥匙，发动机仍不会起动。如果在车辆起动后，PCM不能与防盗模块通信（遗失二级串行数据安全状态），该模块将认为自身故障并进入失效启用，仪表上的安全指示灯点亮，但车辆不会熄火。在防盗失效状态，发动机可以不计次数任意着车，防盗模块最多可读出10把钥匙（收发器值）。

动力系统控制模块（PCM）在以下情况中止发动机起动。

（1）启用密码不正确

钥匙确认由防盗模块完成，然后防盗模块向动力系统控制模块（PCM）发送燃油启用密码。如果同时更换已匹配好的另一车的点火钥匙和防盗控制模块，起动密码不正确，发动机不能起动。

（2）防盗控制模块向PCM发出燃油中止密码

当防盗控制模块判断点火钥匙不合法时，将向动力系统控制模块（PCM）发出燃油中止密码，PCM中止发动机起动。

（3）未收到密码

如果动力系统控制模块（PCM）不能与防盗控制模块通信，则不能收到密码，PCM将中止发动机起动。PCM中止起动时，控制起动继电器、汽油泵继电器、喷油器同时不工作，发动机不能起动。

一、故障现象

发动机不能转动或发动机能转动，但不能运行，防盗指示灯亮起。

二、故障原因

1. Class2数据链路或SP205故障，使防盗控制电路断路或短路，造成防盗信号中断或产生了错误的防盗信号。
2. 防盗电脑故障。
3. 发动机电脑（PCM或ECM）或车身控制电脑（BCM）故障。
4. 点火钥匙故障。
5. 遥控器故障。

三、诊断流程

防盗系统诊断流程如图1-25所示。

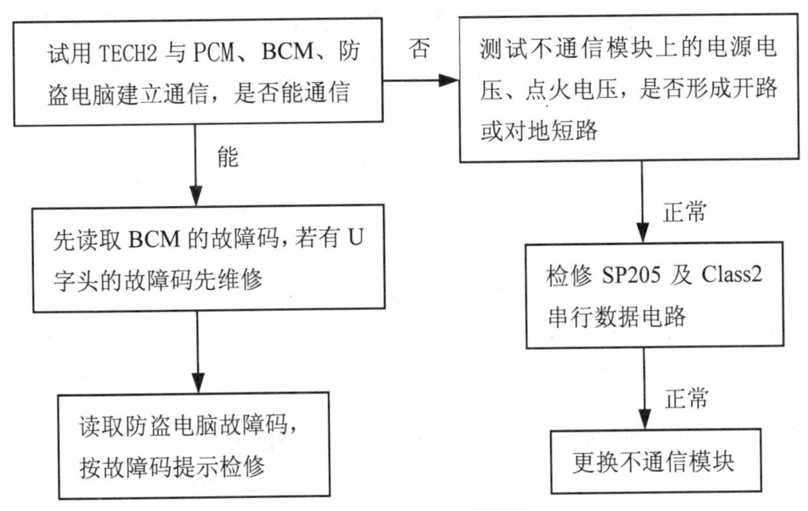

图1-25　防盗系统诊断流程

四、故障检测与排除

1. 连接 TECH2，在 TECH2 与 Class2 数据链路通信正常的情况下，试用 TECH2 与 PCM、BCM、防盗电脑建立通信。若 TECH2 与 Class2 数据链路全部不能通信，首先检查 TECH2 是否供电，检查 TECH2 与 DLC 的 2 端子、5 端子、16 端子是否接触不良。

2. TECH2 与 PCM、BCM、防盗电脑建立通信后，先读取 BCM 中的故障码，若有“U”字头的故障码先检修。若不能通信，见步骤 4。

3. 读取防盗系统故障码，按故障码的提示进行维修。

4. 检测不通信模块上的电源电压、点火电压是否开路或对地短路。

5. 正常后，检测 SP205 及 Class2 数据链路。正常后，仍不通信，更换不通信的电脑继续检测。

（一）PK-2 防盗系统的检修

1. 更换钥匙/锁芯、车身控制模块（BCM）、动力系统控制模块（PCM）后，防盗系统要编程学习。具体方法详见专项技能。

2. 常见故障及故障原因

防盗系统出现故障，应首先使用 TECH2 阅读故障码，参照维修手册，按故障码的指示进行维修。

（1）防盗指示灯点亮，发动机无法起动

导致这种现象的原因有 3 种，首先可能是点火钥匙上的电阻被污染或断路，可检查电阻并尝试清洁电阻；其次可能是用了错误的钥匙起动，若是这种原因，BCM 有 4min 的记忆时间，应在 4min 后再次插入钥匙起动车辆；第三种可能就是更换了新的 BCM 或 PCM 造成的，这时需要对防盗系统重新进行匹配。

（2）防盗指示灯（SECURITY 灯）点亮，但发动机可以起动

此时说明防盗系统失效，可能是在点火开关“ON”时，收到正确的信号后，防盗系统线路存在

断路等故障，但 PCM 认为是由于防盗系统的线路故障造成的，因此可以继续行驶。当再次进行起动时，防盗系统进入备用模式，此时不对防盗电阻进行检测即可起动发动机。

（二）PK-3 防盗系统的检修

更换钥匙/锁芯盗模块或动力系统控制模块（PCM）后的应进行编程学习，详见专项技能。

防盗系统出现故障，应首先使用 TECH2 阅读故障码，参照维修手册，按故障码的指示进行维修。

（1）防盗指示灯（SECURITY 灯）点亮或闪烁

可能是仪表板线束连接器接触不良，或者防盗系统中的线路断路。

（2）防盗指示灯（SECURITY 灯）不工作

可能是仪表板线束连接器接触不良，或者防盗模块本身出现故障。

此外，PASSKEY Ⅲ防盗系统由于是励磁产生信号，因此易受周围磁场的影响。

五、专项技能

（一）更换钥匙/锁芯、防盗模块或动力系统控制模块（PCM）后的编程

在更换钥匙/锁芯、防盗模块、动力系统控制模块（PCM）后，要进行编程（防盗读出程序），发动机才能起动。编程有用 TECH2 编程（也称 10 分钟重新读出程序）和手工编程（也称 30 分钟重新读出程序）两种方法。

1. 10 分钟重新读出程序

所需工具：TECH2。

① 连接 TECH2 诊断工具。

② 用原配钥匙（黑色），接通点火开关，保持发动机熄火。

③ 在“维修编程”下选择“车辆防盗模块重新学习”。

④ 此时，在整个 10 分钟重新学习期间，TECH2 必须保持连接。

⑤ 观察可配置显示屏上的安全指示灯，在约 10min 后，指示灯将熄火。（在点火开关下次从 OFF 过渡到运行位置时，车辆准备重新读出钥匙信息或密码）

⑥ 关闭点火开关并等待 5s。

⑦ 起动车辆（故障诊断仪现在已经读出钥匙和密码信息）。

⑧ 用故障诊断仪清除任何诊断故障代码。

2. 30 分钟重新读出程序

① 先将点火钥匙位于“LOCK”。

② 接通点火开关，观察仪表上的“SECURITY”指示灯亮，10min 后熄灭。

③“SECURITY”指示灯熄灭后，将点火钥匙关闭（位于 LOCK）5s。

④ 接通点火开关，观察仪表上的“SECURITY”灯点亮，10min 后熄灭。

⑤“SECURITY”指示灯熄灭后，将点火钥匙关闭（位于 LOCK）5s。

⑥ 接通点火开关，观察仪表上的“SECURITY”灯点亮，10min 后熄灭。

⑦“SECURITY”指示灯熄灭后，将点火钥匙关闭（位于 LOCK）5s。

⑧ 起动车辆，发动机应能起动，说明防盗重新读出完成。

（二）添加钥匙

1. PK-2 防盗系统添加钥匙

维修添加钥匙时，需选配正确阻值的钥匙，在通用汽车公司内部维修站，配备有防盗专用工具 J35628，它即可以读出点火钥匙的规格（阻值），还可以模拟提供不同规格钥匙的阻值。如果车主有原车钥匙，需再添加钥匙，可用 J35628 读出原钥匙的规格，按此规格选配合适阻值的钥匙即可。当然，如果没有专用工具 J35628，也可以用万用表电阻挡测量原有钥匙的电阻，该系统共有 15 组不同规格的电阻，如表 1-2 所示。

表 1-2　PK-2 防盗钥匙电阻值

规格	标准	最低	最高	规格	标准	最低	最高
1	402	386	438	9	3010	2890	3150
2	523	502	546	10	3740	3590	3910
3	681	654	728	11	4750	4560	4960
4	887	852	942	12	6040	5798	6302
5	1130	1085	1195	13	7500	7200	7820
6	1470	1411	1549	14	9530	9149	9931
7	1870	1795	1965	15	11800	11328	12292
8	2370	2275	2485				

如果车主原车钥匙已全部丢失，添加钥匙可采用以下方法。

方法一：根据该车的机械钥匙代码配制出一个不带电阻芯片的空白钥匙。断开点火锁芯的检测线，并与 J35628 连接，选择编号 1，如果能用空白钥匙起动发动机，则钥匙规格为 1；如果不能起动发动机，按下 J35628 上的 4min 计时器，等 4min 计时器指示灯灭后，再选择编号 2，如果能用空白钥匙起动发动机，则钥匙规格为 2。重复以上步骤，直至找到正确的钥匙规格，用正确规格的钥匙坯子配制好齿形即可。

方法二：随意选任一规格的钥匙坯子，按机械码配好齿形，经编程学习后，发动机即可起动。关于编程方法见前述。用这种方法匹配的钥匙，如果规格与原钥匙不同（只有 1/5 的重复概率），则找到原钥匙后，已不能使用。

2. PK-3 防盗系统添加钥匙

添加钥匙分为两种情况，一是在原有钥匙的基础上添加钥匙；二是原有钥匙全部丢失，或部分丢失，需添加新钥匙同时将原有钥匙作废。

① 如果有已经读出的原配防盗钥匙，以下方法可以添加（总数最多为 10 把）钥匙，本程序不会删除先前读出的钥匙，需要读出的钥匙必须和现有钥匙齿形一致。添加钥匙的方法如下。

- 利用先前已经读出的钥匙接通点火开关保持发动机熄火。

- 关闭点火开关并拔出钥匙。
- 在 10s 内插入需要学习的钥匙，接通点火开关保持发动机熄火，新钥匙就学习好了。

② 如果原有钥匙全部丢失，需根据该车的机械钥匙编码配制新钥匙，然后进行编程学习；如果是添加钥匙且清除原有钥匙，要进行防盗系统编程学习。第一把钥匙编程学习完毕后，进行添加钥匙。学习步骤见专项技能“更换防盗模块或动力系统控制模块（PCM）后的编程学习”。

六、任务工单

工作任务	防盗系统的故障诊断	学时	2	班级	
姓名		小组		日期	
设备	汽车专用诊断仪、数字万用表、试灯、跨接线、常用维修工具、整车、汽车维修手册等。			教学地点	汽车整车实训车间
任务目的	根据故障现象，制定诊断计划，并利用诊断设备和常用维修工具确定故障位置，并对故障部件进行检测和更换，在保证安全的前提下，最终排除故障。				

（一）资讯

1. 车辆信息

车型		生产年代		制造厂	
车辆识别码		发动机型号			

2. 故障描述

3. 相关问题

（1）车门遥控系统的组成有哪些？

（2）凯越车防盗系统的组成有哪些？防盗原理是什么？

（二）决策与计划

请根据起动系统故障检修的任务要求，确定所需要的检测仪器、工具，并对小组成员进行合理分工，制定详细的工作计划。

1. 需要的检测仪器、工具

2. 小组成员分工

3. 防盗系统故障检修的工作计划

（三）实施

1. 故障现象确认

2. 故障原因分析

3. 诊断

序号	检查部位	检查方法	检查结果	修复措施
1	防盗指示灯是否亮起			
2	检测防盗系统			
3	故障码及其含义			
4	防盗控制电路			
5	是否匹配			

4. 故障排除

故障点：________________________________。

处理措施：________________________________。

（四）检验

进行自检与互检、过程检验、竣工检验。

（五）考核与评估

考核项目	评分标准	分数	学生自评	小组互评	备注
团队合作	和谐	5			
活动参与	积极参与	5			
维修手册使用	正确使用	5			
任务方案	合理	10			
工具、设备使用	选用正确，使用正确	15			
5S	整理、整顿、清扫、清洁、素养	10			
工作安全	遵守安全操作规程	10			
操作过程	规范、合理、测量数值正确	20			
任务完成情况		10			
工作纪律	严格遵守	5			
工单填写	如实、规范	5			
合计		100			
教师评价（总评）					

注：如果违反操作安全规程，造成人身伤害或设备严重损坏，本任务考核0分。

凯越车辆防盗系统（VTD）

凯越车辆防盗系统（VTD）用于控制发动机不能非法起动。

1. 车辆防盗系统的组成与工作原理

凯越轿车车辆防盗系统的组成（见图 1-26），包括收发器钥匙、集成天线的防盗控制单元 ICU、发动机控制模块（ECM）、安全指示灯及相关通信线路。防盗电路如图 1-27 所示。

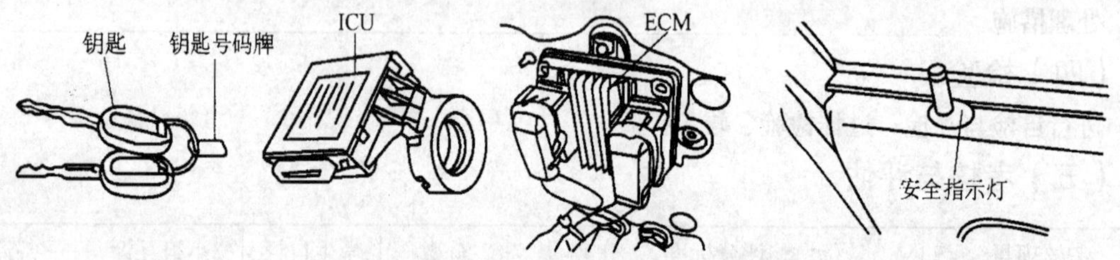

图1-26 凯越轿车车辆防盗系统的组成

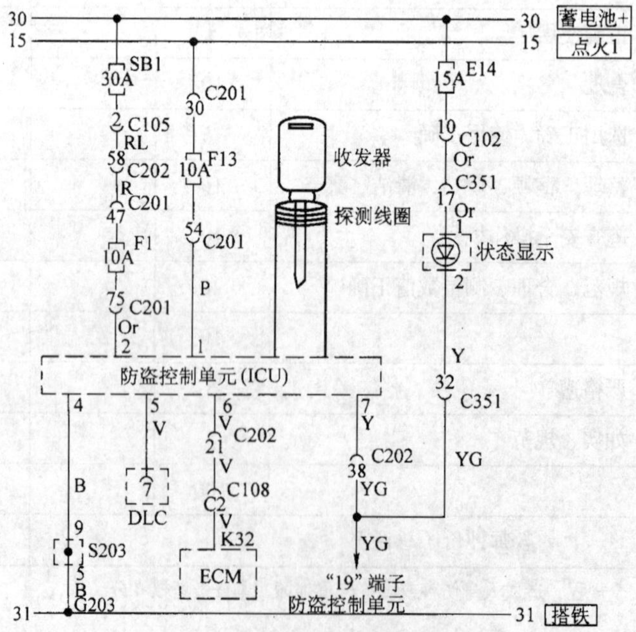

图1-27 凯越轿车车辆防盗系统电路

（1）收发器（点火钥匙 KEY）

在每个点火钥匙中都有一个内置的收发器，在收发器中存储有电子序列代码（Electronic Serial Number, ESN）。

（2）防盗控制单元（Immobilizer Control Unit, ICU）

在 ICU 上装有探测线圈（也称天线），用于将信号发射给收发器。防盗控制单元位于转向盘下部的转向柱上，其线圈包绕着点火锁芯，如图 1-28 所示。ICU 通过线圈控制收发器的读写信息，在 ICU 内部运算及处理 ESN 代码，并与 ECM 通信控制安全指示灯。

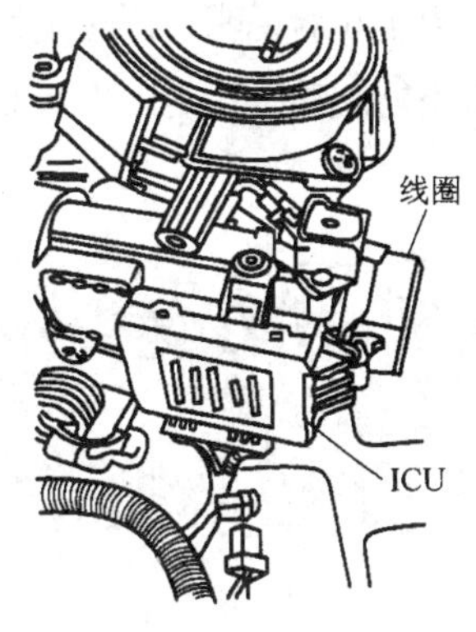

图1-28　防盗控制单元ICU的安装位置

（3）发动机控制模块（ECM）

当发动机控制模块（ECM）收到来自防盗控制单元（ICU）的正确编码时，控制发动机起动。如果 ECM 收到的 ICU 编码不正确或未收到编码，则 ECM 采取以下动作控制发动机不能起动。

① 控制燃汽油泵继电器不工作。燃汽油泵继电器同时控制点火，则点火系和汽油泵都不工作。

② 控制喷油器不工作。

如果发动机已正常起动运转，发动机控制模块（ECM）检测到防盗系统出现故障（如在发动机运转时，拔掉防盗控制单元电气插头），则发动机继续运行并不熄火，但发动机熄火后，不能再起动。此时用 TECH2 检测防盗系统和发动机控制系统都不能读出数据，因为 ECM 数据通信线路经过防盗控制单元。拔掉防盗控制单元电气插头后，发动机控制模块不工作，ECM 和 Immo-Ⅱ都无数据输出，不能与 TECH2 通信，详见维修手册。

2. 防盗系统工作原理及编程原理试验

为了理解防盗系统的工作原理及编程原理，做如下 3 个试验。

（1）互换点火钥匙（KEY）

① 钥匙（KEY）B 与防盗控制单元（ICU）A、发动机控制模块（ECM）A 编程后，车辆可以起动。此时 KEY A 已不能起动 A 车。再将 KEY A 与 ICU A、ECM A 编程后，车辆可以起动。

② 钥匙（KEY）B 不用编程即可起动 B 车。

由以上试验可知，编程功能不改变钥匙（KEY）中的任何内容，只改变防盗控制单元（ICU）和发动机控制模块（ECM）中的钥匙（KEY）记忆。

（2）互换防盗控制单元（ICU）

防盗控制单元（ICU）A 与钥匙（KEY）B、发动机控制模块（ECM）B 编程后可以起动发动机。此时 ICU A、KEY A、ECM A 不能起动发动机，ICU A、KEY A、ECM A 编程后可以起动发动机。

由以上试验可知，编程过程中，清除了防盗控制单元（ICU）中的钥匙记忆。

（3）互换发动机控制模块（ECM）

发动机控制模块（ECM）A 与防盗控制单元（ICU）B、钥匙（KEY）B 一起未编程时不能起动发动机，编程后可以起动发动机。

以上试验说明，同时更换另一车已匹配好的点火钥匙（KEY）和防盗控制单元（ICU）后，发动机不能起动，这是因为ICU和ECM未“对码”。

上海别克GS轿车不能起动

1. 故障现象

一辆配备V6 2.98L排量发动机的上海别克GS轿车，行驶里程为120 000km。出现车辆无法起动，并且仪表板“SECURITY（安全）”指示灯始终亮着的现象。

2. 诊断与排除

接车后，起动发动机，起动机没有反应。测量蓄电池的电压，其值为12.5V，符合要求。用上海别克轿车故障检测仪TECH2读取动力系统控制模块（PCM）和车身控制模块（BCM）的故障码，PCM没有故障码，车身控制模块（BCM）的故障码为B2960（无效的钥匙代码被提供）和B2961（点火钥匙电路故障），这说明此车的防起动控制系统可能出现故障。

上海别克轿车的防起动控制系统是防止他人使用私自配制的点火钥匙来进行盗窃车辆的安全防护装置。防起动控制系统主要由带有电阻晶片的钥匙、点火钥匙信号接收器（也称应答器）、车身控制模块、防盗指示灯和PCM、仪表盘模块安全灯（IPC）等组成，整个系统由BCM和PCM进行控制。

该车采用了具有防盗功能的钥匙（PASS-KEYⅡ）和点火开关，当把钥匙插到点火开关内，钥匙内的电阻片与点火开关锁芯内的传感触点相接触，即当钥匙和锁芯一起转动时，BCM通过点火锁芯的接触读取点火钥匙的晶片电阻，然后将电阻片的电阻值与防盗组件或BCM内预存的电阻值进行比较，若电阻值与设定值相同时，位于仪表板上的防起动控制系统指示灯将点亮约2s后熄灭，这表明防起动控制系统已经完成了对点火钥匙信号接收器发送密码的识别。然后，BCM通过串行数据线给PCM输送起动信号。PCM根据此信号向喷油器提供工作信号，同时将起动继电器控制线圈正常搭铁，起动机和喷油器开始工作。若电阻值与设定值不相同时，位于仪表板上的防起动控制系统指示灯点亮2s左右后转为继续闪烁，直到将点火开关关闭（将点火开关转至“OFF”位置）指示灯才熄灭。此时，BCM就会通知PCM将起动继电器锁止，并已停止喷油器工作，从而防止汽车被盗。

根据分析上海别克轿车防起动控制系统的电路图，用一根导线一端接起动继电器的端子“86”，导线的另一端接搭铁，点火开关转到起动挡，起动机能顺利转动。这就说明起动机不能运转的主要原因是PCM不能控制起动继电器控制线圈正常搭铁。询问司机此车点火钥匙是否跌落在坚硬的地面上。驾驶员告之，在几天前，他曾不小心把点火钥匙掉在水泥地面上。

根据以往维修经验（更换点火钥匙或点火锁芯就可排除此故障）判断，故障的原因很可能是点火钥匙失效。于是，我们利用专用仪 J35628-A 检测该车防盗电阻值，具体的步骤如下。

① 利用一只新的没有电阻值的钥匙，插入点火开关中。

② 将转向盘下盖拆开，有一个两根线（白/黑色和紫/白色导线）的点火开关线头拆开，用专用仪器 J35628-A 的电阻输出线接到这两根线上。

③ 先将专用仪器 J35628-A 选择 1 号位置，观察仪表板上的安全指示灯是否熄灭，然后起动发动机，如果安全指示灯不熄灭或者无法起动发动机，则将点火开关至于“OFF”位置，并将专用仪器选择 2 号位置，等待 4min。

④ 再起动发动机，如果无法起动发动机，则重复步骤③，再选择下一个位置，并等待 4min，再起动发动机，直到选到安全指示灯熄灭可起动发动机的挡位，则该组电阻值即为

点火钥匙芯片阻值。当测试至第 14 组时，仪表板上的安全指示灯熄灭，此时测得电阻值为 9 687 欧。起动发动机，发动机能顺利着车，

⑤ 依据表 1-2 电阻值运用专用仪器 J35628-A 配置点火开关钥匙，故障得以排除。

发动机电控系统的故障诊断

【知识目标】1. 知晓发动机电控系统故障诊断的程序。

2. 知道因发动机电控系统导致的发动机不能运行的故障现象、原因及诊断方法。

3. 知道君威、凯越发动机常用技术数据。

【能力目标】1. 会使用常用诊断工具和设备。

2. 熟练使用 TECH2。

3. 能正确选用工具或仪器，熟练查阅维修手册，进行数字化诊断。

汽车发动机电子控制系统对发动机点火、喷油、空气与燃油的比率及排放废气等进行优化控制，使发动机工作在最佳工况，达到提高性能、安全、节能、降低废气排放的目的。汽车发动机电子控制系统主要包括：燃油喷射控制，点火系统控制，辅助系统（怠速控制、尾气排放控制、进气控制、增压控制、失效保护、后备系统）、诊断系统等功能。

（一）汽油机电控系统的故障诊断应注意的事项

① 发动机发生故障时，切记盲目拆卸、检查。首先要确定是否是机械故障，如果机械部分确实无故障，再检修电控系统。

② 接通点火开关时，不允许拆开任何 12V 电器装置（如蓄电池、怠速控制阀、喷油器、点火装置等）的连接线路，以防止电器装置中的线圈自感作用产生的瞬时高电压损坏 ECU 或传感器。

③ 对发动机电控系统进行故障诊断时，先观察故障指示灯是否点亮。如果故障指示灯点亮，首先使用故障诊断仪调取故障码，阅读数据流，按故障码、数据流的提示进行检修。

④ 电路故障，主要是断路和短路、接触不良、搭铁等。

⑤ 拆卸电控系统零件时，应按维修手册要求，尽可能地断开电瓶负极线。

⑥ 在维修中，注意各车型线束连接器的锁扣型号样式，不可盲目用力硬拉，安装时要插接到位，并将锁扣锁住。

⑦ 对电控系统电路或元件进行检查时，必须使用高阻抗数字万用表检查电压、电阻或电流。

（二）汽油机电控系统故障诊断的原则和程序

1. 汽油机电控系统故障诊断的一般原则

根据用户对故障现象的描述和维修要求，确认发动机的技术状态，必要时进行试车或模拟故障，对发动机出现的故障进行综合分析。首先确定维修方向、解决主要矛盾，按照“先思后行、故障码优先、先主后次、先简后繁、先外后内”的原则，选择适当的程序、方法、仪器和设备进行故障诊断操作，切忌盲目拆卸，并根据正确的检测结果，不断缩小检修范围，最终准确找到故障部位。

2. 关于间歇性故障的诊断

在利用故障码诊断法进行故障诊断时，有时读不出故障码，但故障确实存在，且没有明显的故障征兆。这类在外界因素（如温度、受潮和振动等）影响下有时存在、有时又自动消失的故障称为间歇性故障。间歇性故障的诊断比较困难，一般需用模拟法模拟车主陈述故障出现时的条件和环境，使故障再现，以便根据故障现象查明故障原因。常用的模拟方法有振动法、加热法、水淋法和路试法等。

3. 汽油机电控系统故障诊断的程序

对于电控汽车故障的诊断与排除，一般要经过向车主调查、查阅资料、直观检查、调取故障码、阅读数据流、检测、维修及验证等程序来进行。

（1）咨询

① 向车主调查故障产生时间、症状、情况、条件、如何产生、是否已检修过、动过什么部位。

② 查阅资料。在对汽车进行检测前，一定要掌握该车的有关数据、所要检查部件的准确位置、接线图、接线和检测方法以及检测仪器的使用。

（2）外观检查

这是故障分析最基本的检查，可以确定前面对故障的估计是否正确。其内容包括以下几方面。

看：看是否有部件丢失，电线是否脱线，接线器是否接合，有无接错线，各种软管的连接状况等。

听：起动发动机，听是否有漏气、杂音，检查可能产生故障的部件能否正常工作等。

摸：通过触摸检查某些部件是否在正常工作，接线是否牢固，软管是否断裂等。

闻：有些故障出现后，会产生比较特殊的气味，据此可比较准确的判断故障部位。如发动机烧机油时，会产生烧机油味；混合气过浓，排气中会有燃油味；传动带打滑后会产生焦煳味；导线过

热会有胶皮味；橡胶及塑料过热后会发出焦煳橡胶味、焦煳塑料味等。

试：通过对发动机及总成进行不同工况的模拟试验，模拟再现并确认故障现象，以便进一步判断故障部位及原因。

比：根据经验将故障车的种种现象与完好车进行比较，或用同一型号的正常车与故障车对比，或用正常总成或零件替代怀疑有故障的总成或零件，比较更换前后的差异，以此判断故障所在。

想：对已确认的故障现象，结合故障部位零部件的工作原理、工作条件，进行综合分析，根据不同故障的特点和规律进行认真鉴别，得出准确的故障原因。

（3）调取故障码

按照该车所要求的操作程序进入自诊断状态，调取故障码，以作为故障判断的依据。

（4）分析

阅读、分析数据流，找出错误的数据，重点分析。

（5）检测

只有在进行检测后才能最终判定故障的位置和找到产生故障的原因。检测的内容包括信号检测、数据检测、压力检测和执行器动作检测等。

（6）维修及验证

维修之后验证故障是否已经排除。

一、故障现象

发动机转动，但不能运行，或发动机不易起动，起动着火后很快又熄火，发动机故障指示灯亮起。

二、故障原因

发动机电控系统导致发动机转动，但不能运行，或发动机不易起动，起动着火后很快又熄火的故障原因主要有以下方面。

1. 无火花或火花弱。
2. 点火正时不正确或点火错乱。
3. 汽油泵不工作和油压低。
4. 喷油器不喷油或喷油不良。
5. 曲轴位置传感器及其电路故障。
6. 多个传感器、执行器及其电路综合故障。
7. 发动机电脑故障。
8. 空燃比不合适。
9. 三元催化转换器中毒及排气管堵塞等。

三、诊断流程

发动机电控系统故障诊断流程如图 1-29 所示。

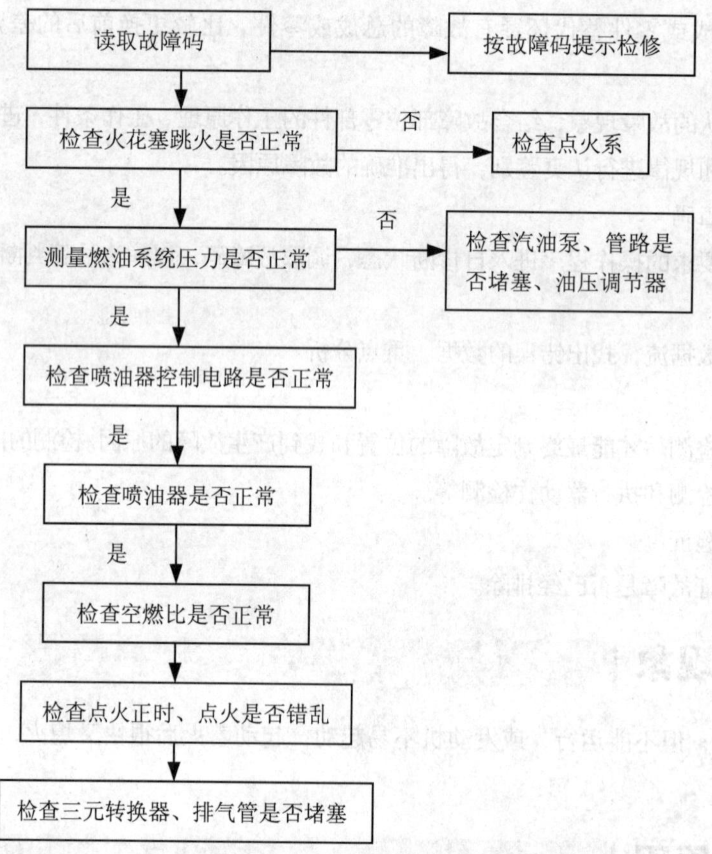

图1-29　发动机电控系统故障诊断流程

四、故障诊断仪

故障诊断仪是诊断电控系统最主要的设备，可分为专用型和通用型两大类。

1. 专用型

专用型故障诊断仪是汽车制造公司为自己生产的汽车而专门设计制造的。一般只适合在特约维修站配备，以便提供良好的售后服务，充分发挥故障诊断仪的功能。如大众系列车辆检测信息系统 VAS 5051、VAS 5052（便携式），通用车专用诊断仪为 TECH2，丰田车专用诊断仪为 IT-Ⅱ等。

2. 通用型

通用型故障诊断仪是汽车保修设备制造公司为适应诊断检测多种车型而设计制造的，一般都配有不同车系的测试卡和适合各种车型的检测连接电缆连接器，测试卡存储有几十种甚至上百种不同公司、不同车型汽车电控系统的检测程序、检测数据和故障码等资料，适合综合性维修企业使用。

如金德 KT600 故障诊断仪、元征 X431（俗称电眼睛）故障诊断仪等。

3. 通用车专用故障诊断仪

（1）TECH 2

① ECH 2（见图 1-30）是通用汽车公司的第二代故障诊断仪，有两张诊断信息存储卡（PCMCIA）供选择，配 OBDII 接头（16P），支持 93 后的所有通用车系，包括北美通用、上海通用、五十铃、绅宝、欧宝。

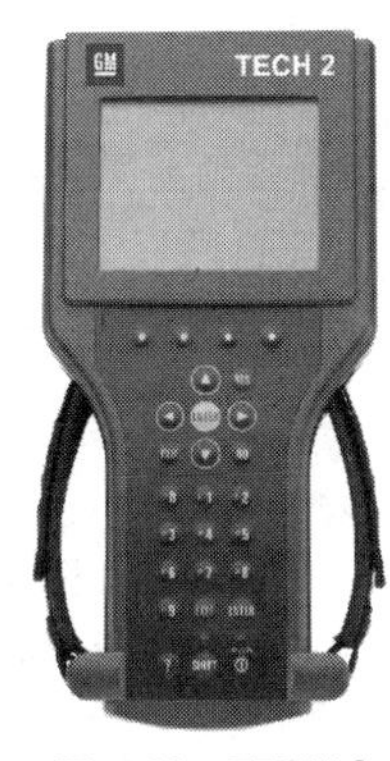

图1-30　TECH 2

② Techline 信息系统（TIS）。Techline 信息系统（如 TIS2000）是一个面向组件的维修信息传递系统，它可以让技术人员在 Windows 环境下执行维修编程系统（SPS）、下载升级 TECH 2 和查看 TECH 2 快检数据、快检上传/显示。其组成有：TIS2000 软件、TECH 2 及电脑。

③ TECH 2 仅能诊断采用 UART（通用异步接收和发送）、Class 2 和 Keyword 串行通信协议的车辆。

（2）TECH 2 加 CANdi 模块

CANdi 模块如图 1-31 所示。用于诊断装有新的 GM LAN/CAN（通用本地区域网络/控制器区域网络）的通用汽车，如君越、Saturn Ion、Cadillac XLR 等。

CANdi 模块的主要作用是在 TECH 2 中添加 CAN（控制器区域网络）功能。

CANdi 模块的基本特征：支持 3 个 CAN 总线的同时通信、提供与 TECH 2 之间的高速 UART 通信。CANdi 模块的运行由 TECH 2 控制。安装之后，CANdi 模块不干扰 TECH 2 当前执行的任何诊断程序，与 TECH 2 软件完全兼容。

（3）GDS 软件加 MDI 通信模块

GDS 软件加 MDI 通信模块（见图 1-32）是通用的第三代故障诊断仪。具有强大的和全面的检测功能，测试动力系统，车身和底盘，支持 2008 年后的所有通用车系，包括北美通用、上海通用，支持有线网络和无线网络连接。

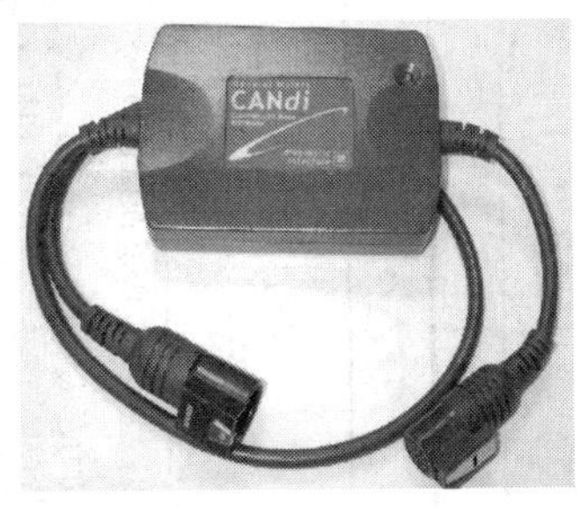

图1-31　CANdi模块

图1-32　MDI通信模块

五、专项技能

TECH2 故障诊断仪的使用如下。

1. 关闭点火开关

把 TECH 2 连接到诊断接头 DLC（位于仪表台左侧下方）上，DLC 电路图如图 1-33 所示，打开

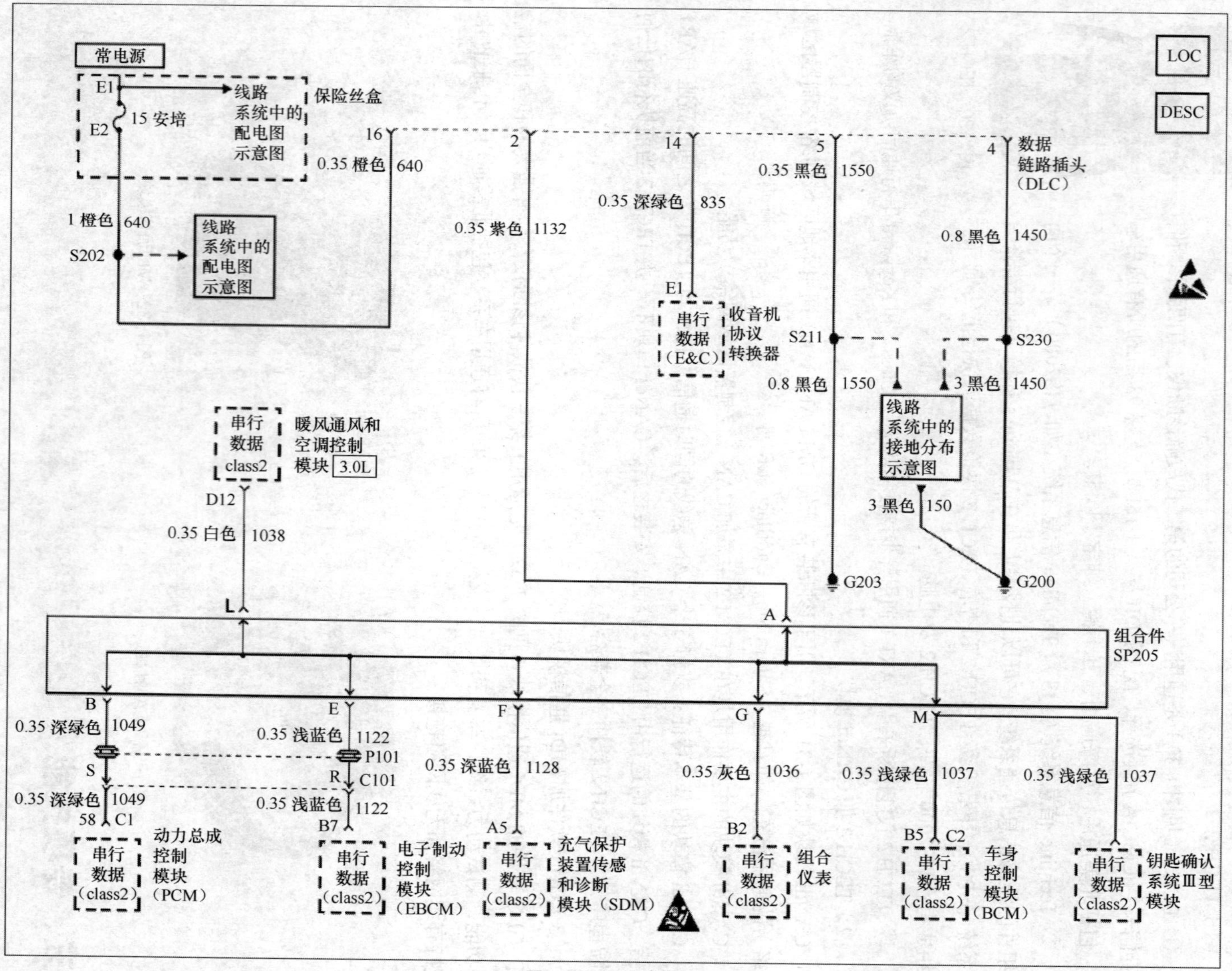

LOC

DESC

常电源

E1

15 安培

E2

线路系统中的配电图示意图

保险丝盒

1 橙色 640

S202

线路系统中的配电图示意图

0.35 橙色 640

16

2

14

5

4

数据链路插头（DLC）

0.35 紫色 1132

0.35 深绿色 835

0.35 黑色 1550

0.8 黑色 1450

E1

串行数据（E&C）

收音机协议转换器

S211

0.8 黑色 1550

S230

3 黑色 1450

线路系统中的接地分布示意图

3 黑色 150

G203

G200

串行数据 class2

暖风通风和空调控制模块 3.0L

D12

0.35 白色 1038

L

A

组合件 SP205

B

0.35 深绿色 1049

S

0.35 深绿色 1049

58 C1

串行数据（class2）

动力总成控制模块（PCM）

E

0.35 浅蓝色 1122

P101

R C101

0.35 浅蓝色 1122

B7

串行数据（class2）

电子制动控制模块（EBCM）

F

0.35 深蓝色 1128

A5

串行数据（class2）

充气保护装置传感和诊断模块（SDM）

G

0.35 灰色 1036

B2

串行数据（class2）

组合仪表

M

0.35 浅绿色 1037

B5 C2

串行数据（class2）

车身控制模块（BCM）

0.35 浅绿色 1037

串行数据（class2）

钥匙确认系统Ⅲ型模块

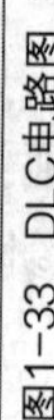

图1-33 DLC电路图

点火开关至 ON 挡，打开 TECH2 电源开关，进入主菜单屏幕。

2. 读取故障码

在主菜单屏幕中选择“F0：诊断”，按[ENTER]键，屏幕显示如下。

车辆识别 由以下选择年款
（5）2005 （4）2004 （3）2003 （2）2002 （1）2001 （Y）2000 （X）1999

选择年款时注意，这里指的是车型年，并不是车辆的制造日期。VIN 的第 10 位是车型年，示例：选“2004”，按[ENTER]键，屏幕显示如下。

车辆识别 由以下选择类型
小客车 轻型车，多功用车

选择“小客车”，按[ENTER]键，屏幕显示如下。

车辆识别 由以下选择产品制造商
（1）雪佛兰 （4）别克

选择“别克”，按[ENTER]键，屏幕显示如下。

车辆识别 由以下选择产品系
D J S W

以上字母代表通用公司生产的不同的车型，与车辆 VIN 的第 4 位字母相对应，即：D=GL8 商务车；J=凯越（EXCELLE）；S=赛欧（SAIL）；W=别克轿车（包括先前生产的各轿车车型及别克君威系列轿车）。示例：选择“W”，按[ENTER]键，屏幕显示如下。

诊断
（4）2004 小客车
（4）别克
F0：动力总成
Fl：车身
F2：底盘

选择“F0：动力总成”按[ENTER)键，屏幕显示如下。

车辆识别
由以下选择发动机类型
（Z）2.0L　L34
（D）2.5L　V6　LB8
（C）3.0L　V6　LW9
（D）3.0L　V6　LW9
（W）3.0L　V6　L46

选择“2.5L V6 LB8”（2.5L V 型 6 缸，LB8 发动机），按[ENTER]键，屏幕显示如下。

动力总成
F0：诊断故障码
F1：数据清单
F2：特殊功能
F3：数据捕捉
F4：ID 信息

选择“F0：诊断故障码”（根据需要可选择 F1、F2、F3 等），按[ENTER]键，屏幕显示如下。

诊断故障码
F0：DTC 信息
F1：冻结故障状态/故障记录
F2：清除 DTC 信息
F3：获取信息

选择“F0：DTC 信息”，按[ENTER]键，屏幕显示如下。

DTC 信息
F0：DTC 信息
F1：特定 DTC
F2：自清除后未运行的代码
F3：诊断测试状况

选择“F0：DTC 信息”，按[ENTER]键，屏幕显示如下。

DTC 信息
P0113　进气温度（IAT）传感器电压过高 上一次测试：失败 本点火：通过及失败 自清除后：通过及失败

以上 DTC 信息包括如下内容。

① 故障码：即 P 0113。

② 故障码说明：即进气温度（IAT）传感器电压过高。

③ 上一次测试结果：失败，即指上一次运行诊断故障码 P0113 测试时失败。

④ 点火：在本次点火行程中，对故障码 P 0 113 的测试既有通过也有失败的结果。

⑤ 自故障码清除后的测试结果：通过及失败。

3. 清除故障码

在诊断故障码菜单中，选择“F2：清除 DTC 信息”，按[ENTER]键，则屏幕显示。按[Yes]键，将清除故障记录。

清除 DTC 信息
清除 DTC 命令将清除控制器上存储的历史记录是否清除（[Yes]/No]）

4. 查看冻结故障状态/故障记录

这一功能相当于汽车中的“黑匣子”。在“诊断故障码”菜单中，选择“F 1 冻结故障状态/故障记录”，将显示设置故障码时的一些数据记录及诊断结果，如果有多个冻结故障状态/故障记录，选择所需查看的冻结故障状态/故障记录，按[ENTER]键，则屏幕显示如下。

P1811 失效记录数据
发动机转速　1 466r/min ECT　92℃ TP 角度　11% MAP　65kPa 大气压力　47kPa 发动机负载　9% 第一次失败后的里程数　2030km 自上次失败后的里程数　250km 计数失败数　5 成功计数　0 不运行计数　213. ……

以上显示说明，在 250km 以前，检测到一次换挡时间过长故障，第一次失败后的里程数为 2030km。在运行诊断故障码 P1811 检测时，有 5 次失败，0 次通过，在 213 个点火行程中没有运行诊断故障码。

5. 诊断结束

诊断结束，按退出键，关闭诊断仪，关闭点火开关，拔下连接线。

注意：必须在点火开关关闭的状态下，才能连接或拔下诊断仪。

六、任务工单

工作任务	发动机电控系统的故障诊断	学时	2	班级	
姓名		小组		日期	
设备	整车、发动机试验台、数字万用表、试灯、跨接线、常用维修工具、故障诊断仪、汽车维修手册等。			教学地点	汽车整车实训车间
任务目的	制定工作计划，并利用诊断设备和常用维修工具确定故障位置，并对故障部件进行检测和更换，在保证安全的前提下，完成电控系统的故障诊断。				

（一）资讯

1. 车辆信息

车型		生产年代		制造厂	
车辆识别码			发动机型号		

2. 故障描述

3. 相关问题

（1）发动机电控方面出现哪些故障能导致发动机不能运行？

（2）记录发动机在 2 000r/min 时的数据流，与怠速时的数据流比较，看看有何区别？

（二）决策与计划

请根据故障检修的任务要求，确定所需要的检测仪器、工具，并对小组成员进行合理分工，制定详细的工作计划。

1. 需要的检测仪器、工具

2. 小组成员分工

3. 故障检修的工作计划

（三）实施

1. 故障现象确认

2. 故障原因分析

____

3. 诊断

序号	故障码及含义	检修部位	参数值或检查结果	备注
1				
2				
3				
4				
5				

4. 故障排除

故障点：______________________________。

处理措施：______________________________。

（四）检验

进行自检与互检、过程检验、竣工检验。

（五）考核与评估

考核项目	评分标准	分数	学生自评	小组互评	备注
团队合作	和谐	5			
活动参与	积极参与	5			
维修手册使用	正确使用	5			
任务方案	合理	10			
工具、设备使用	选用正确，使用正确	15			
5S	整理、整顿、清扫、清洁、素养	10			
工作安全	遵守安全操作规程	10			
操作过程	规范、合理、测量数值正确	20			
任务完成情况		10			
工作纪律	严格遵守	5			
工单填写	如实、规范	5			
合计		100			
教师评价（总评）					

注：如果违反操作安全规程，造成人身伤害或设备严重损坏，本任务考核 0 分。

凯越 1.6 和别克 3.0 发动机数据流

读取故障码只是故障诊断仪最基本的功能，故障诊断仪真正强大的功能是数据读取、波形显示和驱动等。熟悉数据标准值是进行数字化诊断的前提，发现错误的数据是数字化诊断的关键，正确分析数据是故障诊断的重要目标。

1. 凯越 1.6L 发动机正常运行时的数据

凯越 1.6L 发动机正常运行时的数据如表 1-3 所示。

表 1-3 凯越 1.6L 发动机正常运行时的数据

项　　目	正常水温、怠速	40℃水温、怠速	43℃水温、转速 2 000r/min	正常水温转速 2 000r/min
发动机转速	816r/min	927r/min	1 897r/min	1 920r/min
设定怠速	812r/min	925r/min	912r/min	812r/min
IAC 位置	24 计数	54 计数	55 计数	40 计数
所需 IAC 位置	24 计数	54 计数	55 计数	40 计数
ECT 传感器	93℃	40℃	43℃	90℃
IAC 传感器	40℃	19℃	18℃	39℃
计算气流量	3.52g/s	5.48g/s	7.69g/s	6.45g/s
发动机负荷	3%	5%	8%	6%
TP 传感器	0	0	2%	2%
TP 传感器	0V	0V	0.14V	0.14V
进气歧管压力传感器	41kPa	49kPa	33kPa	28kPa
进气歧管压力传感器	0.8V	0.96V	0.65V	0.55V
大气压力	101kPa	101kPa	101kPa	101kPa
喷油器 PWM 平均值	3.6ms	5.8ms	3.5ms	2.6ms
空燃比	14.6:1	13.2:1	14.6:1	14.6:1
前氧传感器	100～900mV	100～900mV	100～900mV	100～900mV
后氧传感器	433mV	716mV	616mV	833mV
短期燃油调整	−1%	0	0	−5%
长期燃油调整	−4%	0	0	0
燃油调整学习	启用	中止	启用	启用
燃油调整单元	20	20	1	1

续表

项　目	正常水温、怠速	40℃水温、怠速	43℃水温、转速 2 000r/min	正常水温转速 2 000r/min
EVAP 排污电磁阀指令	7%	0	2%	5%
EVAP 通风电磁阀指令（如装备）	未通风	未通风	未通风	未通风
燃油箱压力传感器	0V	0V	0V	0V
燃油箱压力	1.85kPa	1.85kPa	1.85kPa	1.85kPa
燃油液面传感器	0.8V	0.8V	0.8V	0.8V
点火提前角	2°	4°	26°	25°
EGR 位置传感器	0	0	0	0
爆燃点火延迟	0	0	0	0
KS 起动计数	0 计数	0 计数	0 计数	0 计数
CMP 起动计数	3	0	1	3
点火 1 信号	13.8V	13.7V	13.9V	13.8V
故障指示灯命令	关闭	关闭	关闭	关闭
燃汽油泵继电器指令	接通	接通	接通	接通
驻车空挡位置开关	驻车/空挡	驻车/空挡	驻车/空挡	驻车/空挡
TCC 启用电磁阀指令	关闭	关闭	关闭	关闭
A/C 继电器指令		关闭	关闭	关闭
车速传感器		0km/h	0km/h	0km/h

对于表 1-3 中数据的几点说明如下。

① 基础喷油脉冲宽度调制指示基础脉宽调制（PWM）或气缸喷油器接通时间（以毫秒指示）。当发动机负荷增加时，喷油器脉冲宽度增加。

② 短期燃油微调。短期燃油微调是发动机控制模块根据氧传感器电压高于或低于 450mV 阈值的时间量，对供油进行的短期校正。如果氧传感器电压大部分时间低于 450mV，表明空燃混合气过稀，短期燃油微调将通知发动机控制模块增加供油。如果氧传感器电压大部分时间高于此值，发动机控制模块将减少供油，补偿过浓条件。

③ 长期燃油微调。长期燃油微调从短期燃油微调值推断而来。长期燃油微调用于长期供油校正。128 计数值（0%）表明不需要补偿供油即可保持 14.7∶1 的空燃比。低于 128（0%）的计数值表明供油过浓，需要减少供油量。发动机控制模块减少喷油器脉冲宽度。高于 128 的计数值表明供油过稀，发动机控制模块需要补偿。

④ 前氧传感器读数表示排气的氧传感器输出电压。当系统在“闭环”中工作时，电压在 100 mV（排气稀）和 900mV（排气浓）之间持续波动。

⑤ 后氧传感器读数表示通过催化转换器的排气的氧传感器输出电压。当系统在“闭环”中工作时，电压不波动或在 100mV（排气稀）和 900mV（排气浓）之间波动很小。

2. 别克 3.0 发动机（L46）正常运行时的数据

别克 3.0 发动机（L46）正常运行时的数据如表 1-4 所示。

表 1-4 别克 3.0 发动机（L46）正常运行时的实测数据

发动机项目（L46）	50℃水温、怠速	正常水温、怠速	正常水温转速 2000 r/min	50℃水温、怠速急加速瞬间
发动机转速	1140r/min	720r/min	2000r/min	3605r/min
设定怠速	1087r/min	725r/min	725r/min	725r/min
起动 ECT	6℃	103℃	103℃	103℃
ECT	6℃	103℃	99℃	104℃
起动 IAT	3℃	45℃	40℃	45℃
IAT	3℃	36℃	26℃	30℃
MAF 频率	3500Hz	2027 Hz	3299 Hz	7018 Hz
发动机负载	24%	17%	19%	72%
IAC 位置	43 记数	11 记数	10 记数	11 记数
TP 传感器	0.65V	0.63V	0.94V	4.53V
TP 角度	0%	0%	9%	100%
大气压力传感器	4.19V	4.19V	4.19V	4.19V
大气压力	104 kPa	104 kPa	104 kPa	104 kPa
MAP 传感器	1.45 V	1.56 V	1.22 V	4.94 V
MAP	38Pa	40Pa	33Pa	103Pa
前氧传感器	就绪	就绪	就绪	就绪
前氧传感器	100～800mV	100～800 mV	694 mV	65 mV
氧传感器交叉记录	0	1	4	1
短期燃油调整	–5%	1%	0%	0%
长期燃油调整	0%	9%	3%	0%
环路状态	关闭	关闭	关闭	关闭
点火提前角	23°	20°	22°	19°
爆燃点火延迟	0℃	0℃	0℃	10℃
空燃比	14.7	14.7	14.7	15.7
点火 1	14.5V	13.9 V	14.0 V	14.1 V
CMP 传感器信号	存在	存在	存在	存在
24X 曲轴传感器	800 r/min	770 r/min	1 575 r/min	1 671 r/min
点火模式	点火控制	点火控制	点火控制	点火控制
燃油调整	中止	启用	启用	启用
EVAP 炭罐滤清	20%	20%	41%	0%
变速器挡位	驻车	驻车	驻车	驻车

续表

发动机项目(L46)	50℃水温、怠速	正常水温、怠速	正常水温转速 2000 r/min	50℃水温、怠速急加速瞬间
当前挡位	1	1	1	1
变速器 P	低	低	低	低
变速器 A	低	低	低	低
变速器 B	高	高	高	高
变速器 C	高	高	高	高
车速	0km/h	0km/h	0km/h	0km/h
制动器开关	释放	释放	释放	释放
TCC 结合	未啮合	未啮合	未啮合	未啮合
燃油脉冲宽度	3.54ms	3.08 ms	3.46 ms	0.00 ms
VID 燃油断开	未起动	未起动	未起动	未起动
燃汽油泵指令	接通	接通	接通	接通
风扇低速	关闭	关闭	接通	关闭
风扇高速	关闭	关闭	关闭	关闭
A/C 请求	否	否	否	否
A/C 指令	关闭	关闭	关闭	关闭
A/C 高压	0.59V	1.08V	1.00V	1.04V
A/C 高压	263 kPa	579 kPa	541 kPa	566 kPa
A/C 节气门全开	否	否	否	否
A/C 压力中止	是	否	否	否
减速燃油模式	未起动	未起动	未起动	未起动
动力增加	未起动	未起动	未起动	起动
牵引力控制	未起动	未起动	未起动	未起动
牵引力预设扭矩	100%	100%	100%	100%
牵引力控制扭矩	83%	83%	85%	89%
发动机运载时间	00:06:25	00:14:56	00:18:03	00:24:58

故障范例　凯越 1.8L 轿车发动机不能起动

1. 故障现象

一辆别克凯越 1.8L 轿车的发动机不能起动，发动机故障灯亮起，同时变速器故障指示灯“HOLD”

闪亮。

2. 诊断与排除

用 TECH2 检测发动机电控系统故障码为 DTC P0337（58X 曲轴位置传感器无信号），用 TECH2 检测变速器电控系统故障码为 DTC P0726（发动机转速输入电路故障）。

（1）故障码 P0337 分析

发动机控制模块（ECM）通过曲轴位置（CKP-58X）传感器检测曲轴的位置与转速，其示意图如图 1-34 所示。

位于曲轴上的信号轮上均布有 60 等分齿顶与凹槽，其中有两个连续的缺齿处，是曲轴位置参考标记。曲轴每转一周，产生 58（60−2）个曲轴脉冲信号，ECM 连续监视 58X 信号并与接收到的凸轮轴位置信号脉冲相比较。如果发动机运转时，ECM 没有收到 58X 基准脉冲，则设置故障码 DTC P0337，有关电路如图 1-35 所示。

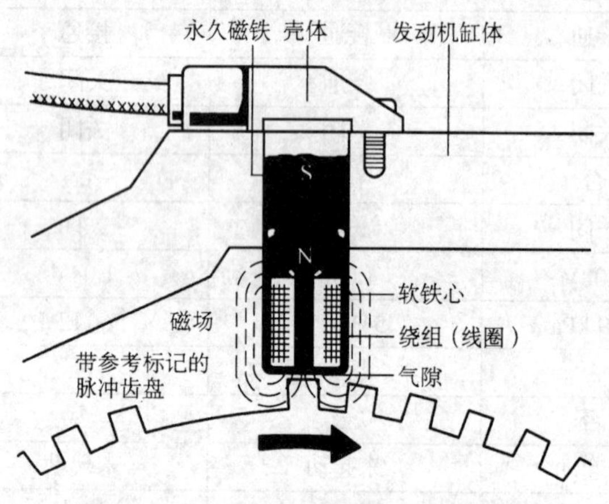

图1-34 CKP传感器工作原理示意图

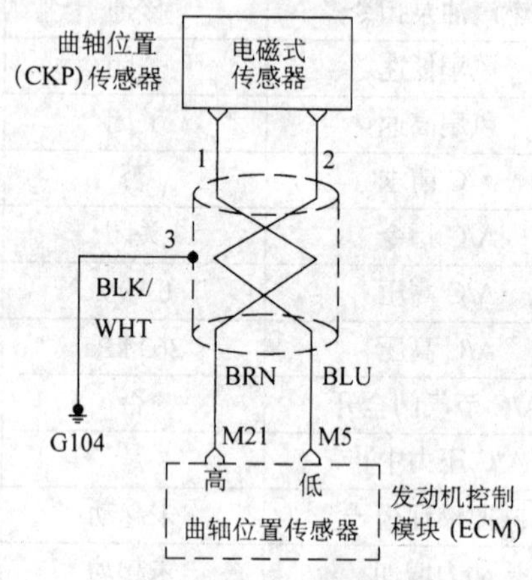

图1-35 CKP传感器电路

1）设置故障码的条件

① 发动机运转时没有收到 58X 信号。

② 未设置故障码 P0341（曲轴位置传感器有错误信号）和 P0342（曲轴位置信号）。

③ 电压降变化大于 0.5V，进气歧管绝对压力（MAP）变化大于 0.05kPa。

④ 连续 0.078s 没有收到 58X 基准脉冲信号。

2）设置故障码后的操作

① 故障指示灯（MIL）点亮，发动机熄火。

② 发动机控制模块记录诊断失败时的工作状况。这些信息将保存在冻结故障状态和故障记录缓存中。

③ 存储以往的故障码。

3）清除故障指示灯/故障码的条件

① 如果在运行诊断的连续 4 个点火循环中没有出现故障，故障指示灯将熄灭。

② 在连续 40 个预热循环故障码未出现时，将清除以往故障码。

③ 用故障诊断仪清除故障码。

④ 发动机控制模块断电 10s 以上。

（2）故障码 P0726 分析

发动机控制模块（ECM）和变速器控制模块（TCM）通过 CAN 总线通信，电路如图 1-36 所示，发动机转速信号是通过 CAN 总线传输的。

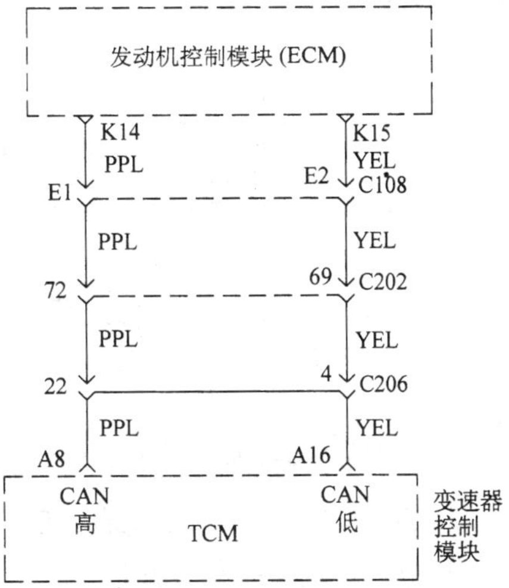

图1-36　ECM与TCM的CAN总线电路图

1）设置故障码的条件

① 变速杆位于 D 挡位。

② 发动机转速不大于 7000r/min。

③ 系统电压高于 8.5V。

④ 发动机正在运行。

⑤ CAN 传输导线短路或断路。

⑥ 变速器控制模块或发动机控制模块故障。

⑦ 当涡轮轴转速大于 1500r/min 时，发动机转速小于 400r/min。

以上条件发生时，设置故障码。

2）设置故障码后的操作

① “HOLD”灯闪亮。

② 变速器控制模块（TCM）将记录诊断失败时的状况，这一信息将保存在“故障记录”缓存中。

③ 变速器进入应急模式，锁定为 4 挡。

④ 锁止离合器打开。

曲轴位置传感器是一个电磁式传感器，其电路如图 1-35 所示，断开曲轴位置传感器线束插头，经测量其 1、2 端间的电阻值为无穷大（正常值为 600～660Ω），说明已经断路，更换曲轴位置传感器，发动机起动着车，故障排除。

点火系统的故障诊断

点火系统的作用是将蓄电池或发电机的低压电转变成高压电，再按照发动机的工作顺序适时将高压电分送给需要点火气缸的火花塞，产生电火花以点燃可燃混合气。电控单元对点火的控制包括点火提前角控制、闭合角控制和爆燃控制 3 个方面。电控点火系按照是否保留分电器可分为非直接点火系和直接（无分电器）点火系，直接点火系又可分为同时点火方式和单独点火方式。电控点火系由传感器、电控单元和执行器组成，如图 1-37 所示。

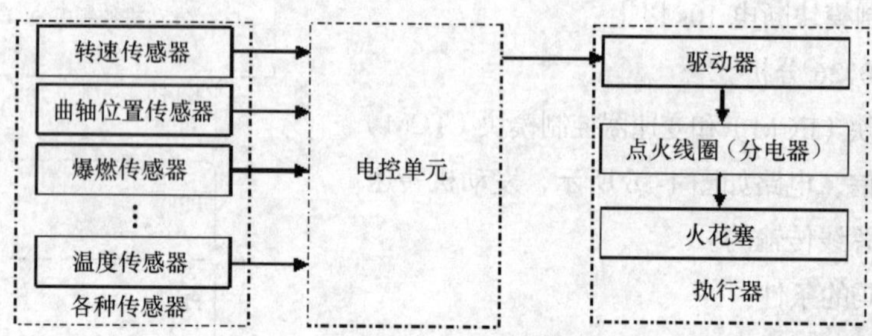

图1-37　电控点火系基本组成

点火系的故障诊断应注意如下事项。

① 拆卸或安装电路部件之前，应先关闭点火开关或拆下蓄电池的负极搭铁线。

② 在判断点火系统故障时，不要使高压电路处于开路状态，否则极易使点火器中的大功率三极管损坏。如进行缸压检查等，应拔下分电器盖上的中央高压线，并将其搭铁。

③ 点火器必须搭铁良好，使用中应尽可能减少搭铁处的接触电阻，确保电路稳定可靠的工作。

④ 发动机在运转过程中，严禁拆卸蓄电池，也不可用刮火的方法检修电路。

⑤ 点火信号线应与高压线分开，避免高压线对点火系的干扰。

一、故障现象

起动机带动曲轴运转正常，但发动机不能运行，无高压火花或火花弱。

二、故障原因

点火系导致发动机不能运行的故障原因主要有以下几方面。

① 火花塞故障。

② 高压线故障。

③ 点火控制电路断路、短路和接触不良等。

④ 点火线圈故障。

⑤ 点火控制器故障。

⑥ 曲轴位置传感器故障。

⑦ 发动机控制模块故障。

三、诊断流程

凯越点火系统故障诊断流程与检测，如图 1-38 所示。

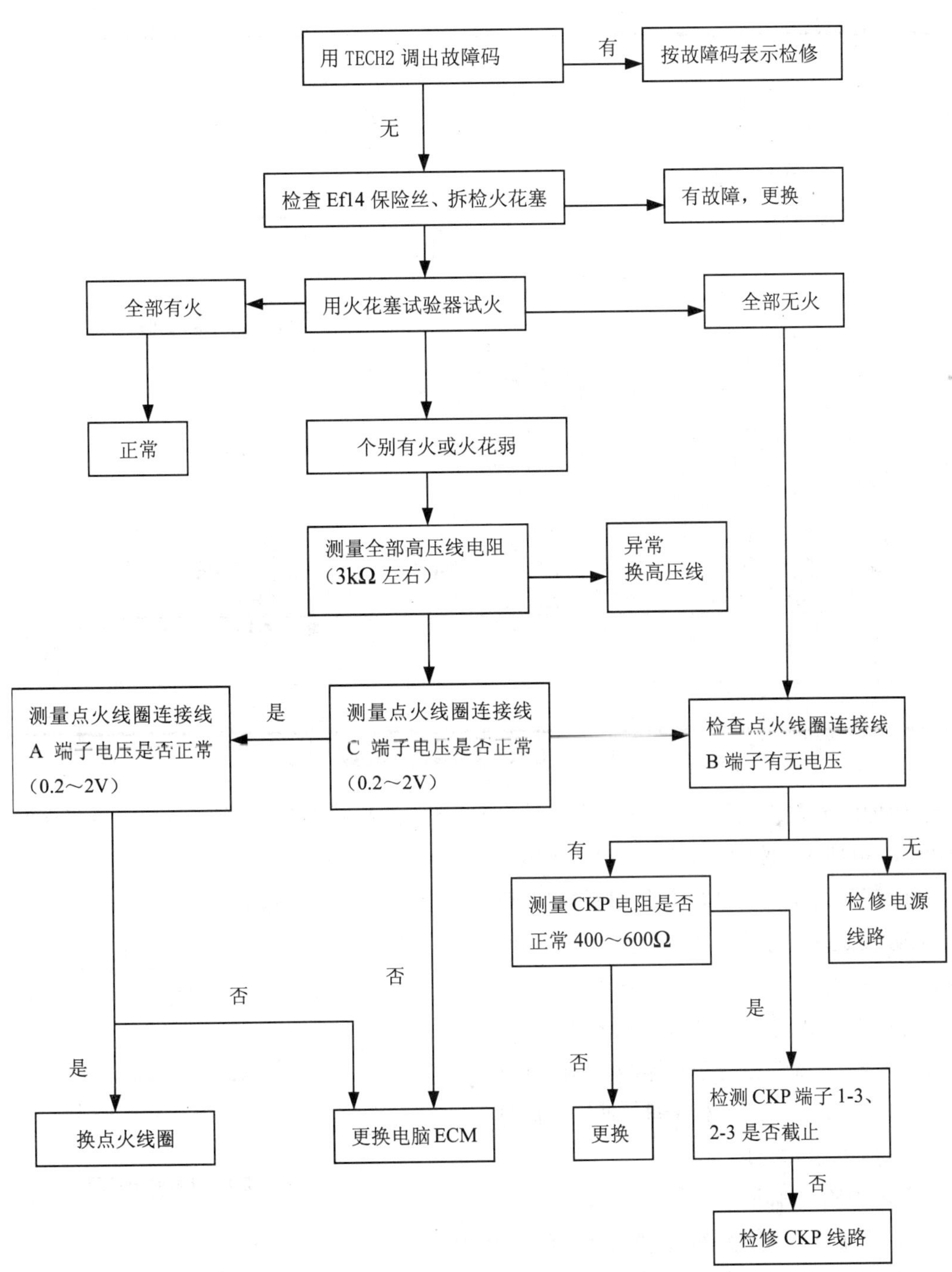

图1-38　凯越点火系故障诊断流程与检测

注：Ef14 保险丝位置见附件 2 中凯越车继电器、保险丝。

四、故障检测与排除

1. 凯越点火系统控制电路（见图 1-39）

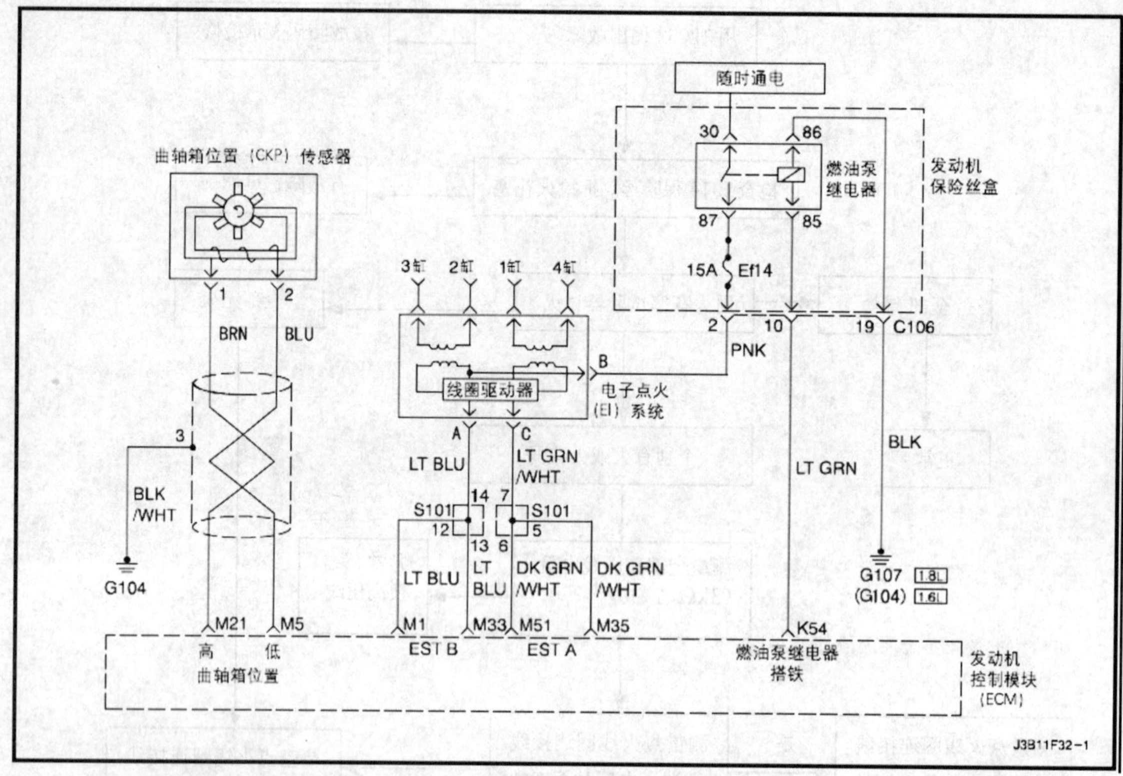

图1-39 凯越点火系统控制电路图

电路说明：凯越车电子点火（EI）系统采用无分电器双缸同时点火系统（DIS），其点火模块电路图如图 1-40 所示。曲轴箱位置（CKP）传感器安装在机汽油泵之上，曲轴箱位置传感器向发动机控制模块发送基准脉冲，然后，发动机控制模块触发电子点火系统点火线圈。当发动机控制模块触发电子点火系统点火线圈时，连接的两个火花塞同时点火。一个气缸处于压缩冲程，同时另一气缸处于排气冲程，因此处于排气冲程气缸的火花塞点火所需能量较少。

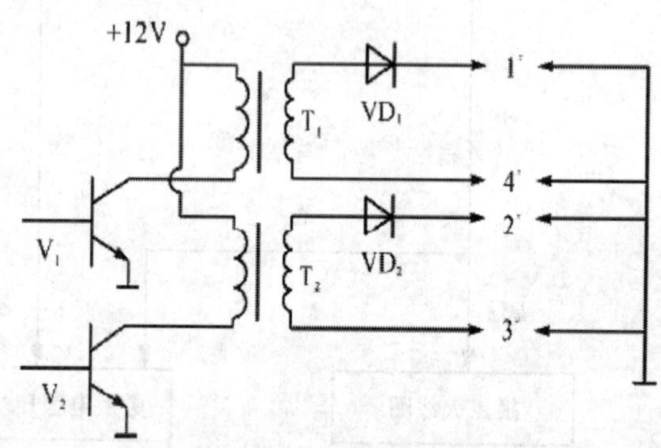

图1-40 DIS点火模块电路图

2. 故障检测与排除

（1）用 TECH2 调出故障码，并按故障码显示检修。

（2）检查 Ef14 保险丝、拆检火花塞。

（3）用火花塞试验器试火，无火或火花弱为点火系统故障。

（4）测量全部高压线电阻，若电阻异常，更换高压线。

（5）检查点火线圈连接器的 3 个端子 A、B、C 的电压应符合要求。

（6）检查曲轴位置传感器 CKP 及其线路。

详细步骤和参数值如图 1-38 所示的诊断流程。

五、专项技能

1. 火花塞试验器试火法

拔下某缸火花塞高压线，装上火花塞试验器（见图 1-41）后搭铁，起动发动机，如果无火或火花弱，说明点火系有故障，同时观察发动机转速是否下降、抖动，如果是，说明该缸及火花塞工作良好，若某缸断火后，发动机状况没有任何变化，说明该缸或该缸火花塞工作不良。

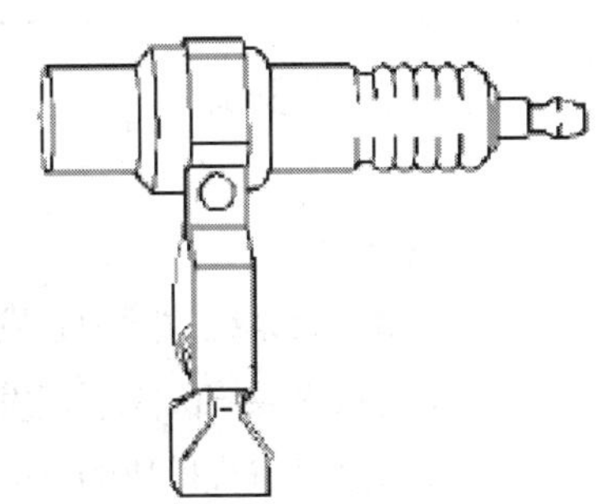

图1-41　火花塞试验器

2. 高压线检查

（1）高压线外观检查

正常的高压线其绝缘层无破损，应接触良好、无松动。

（2）高压线阻值检查

使用数字万用表测量高压线阻值。

君威高压线阻值：长度为 380～635mm，电阻为 0～1250Ω；长度为 635～889mm，电阻为 0～1750Ω；更长导线电阻不应超过 1968Ω/m。

凯越高压线阻值 3kΩ 左右。

3. 火花塞检查

火花塞的间隙约为 1.0mm。如果间隙过小，发动机低速小负荷时会产生缺火现象；如间隙过大，易击穿点火线圈，且高速大负荷时易断火。使用过程中，须定期检查火花塞的间隙和性能，检查方法如下。

（1）火花塞外观检查

工作正常的火花塞其绝缘体裙部呈赤褐色、无积炭、电极无烧损、电极间隙正常、热分类正确。如果火花塞被汽油或机油污染，则在更换火花塞前，应首先确定引起污染的原因。

（2）火花塞就车检查

短路法：发动机低速运转，用螺丝刀在被测火花塞的高压线与缸体间短路，使该缸火花塞断电不工作。此时若发动机转速明显降低、抖动，说明该火花塞工作良好，否则为工作不良。

提示：将次级点火线喷洒少许水雾有助于查找漏电之处。如果次级点火部件有故障，点火部件将对接地起火花。

六、任务工单

工作任务	点火系统的故障诊断	学时	2	班级	
姓名		小组		日期	
设备	汽车专用诊断仪、数字万用表、试灯、跨接线、常用维修工具、整车、汽车维修手册等。			教学地点	汽车整车实训车间
任务目的	制定工作计划，使用诊断设备和常用维修工具确定故障位置，并对故障部件进行检测和更换，在保证安全的前提下，完成点火系的故障诊断。				

（一）资讯

1. 车辆信息

车型	凯越	生产年代		制造厂	
车辆识别码			发动机型号		

2. 故障描述

3. 相关问题

（1）由点火系统故障引起发动机无法起动的故障原因有哪些？

（2）由点火系统故障引起发动机运转不稳的故障原因有哪些？

（3）对凯越点火模块的诊断采用的是排除法，都排出了什么？如何排除？

（二）决策与计划

请根据点火系统故障检修的任务要求，确定所需要的检测仪器、工具，并对小组成员进行合理分工，制定详细的工作计划。

1. 需要的检测仪器、工具
2. 小组成员分工
3. 点火系统故障引起发动机无法起动故障检修的工作计划

（三）实施

1. 故障现象确认
2. 故障原因分析

____

3. 诊断

序号	检查部位	检查方法	检查结果	修复措施
1				
2				
3				
4				
5				
6				

4. 故障排除

故障点：______________________________。

处理措施：______________________________。

（四）检验

进行自检与互检、过程检验、竣工检验。

（五）考核与评估

考核项目	评分标准	分数	学生自评	小组互评	备注
团队合作	和谐	5			
活动参与	积极参与	5			
维修手册使用	正确使用	5			
任务方案	合理	10			
工具、设备使用	选用正确，使用正确	15			
5S	整理、整顿、清扫、清洁、素养	10			
工作安全	遵守安全操作规程	10			
操作过程	规范、合理、测量数值正确	20			
任务完成情况		10			
工作纪律	严格遵守	5			
工单填写	如实、规范	5			
合计		100			
教师评价（总评）					

注：如果违反操作安全规程，造成人身伤害或设备严重损坏，本任务考核 0 分。

任务延伸　点火波形分析

为了快速区分是否是点火系统或其他原因造成了缺缸故障，以缩小故障查找范围，常用示波器或发动机综合故障诊断仪检测点火系统的高压点火波形，通过对点火波形的分析快速诊断车辆故障。

使用元征 EA1000 发动机综合故障诊断仪检测高压火波形的连接方式。

对于双缸同时点火式，在检测任一点火波形时，须将 1 缸信号传感器和次级信号传感器共同卡在该缸高压线上，如图 1-42 所示。对于单缸独立点火式，须采用诊断仪的金属片式次级信号传感器联机，连接方法如图 1-43 所示。其他发动机综合故障诊断仪的连接方式详见其使用说明书。

也可以用示波器检测高压火波形。对于示波器检测方式来说仅仅区分有没有高压阻尼线。传统点火方式的高压点火波形如图 1-44（a）所示；双缸同时点火方式的高压点火波形，分正高压点火波形和负高压点火波形，其正高压点火波形仍如图 1-44（a）所示，负高压点火波形如图 1-44（b）所示（个别示波器可通过对调示波器探头正负极性进行反相，以方便观察）；单缸独立点火方式的高压点火波形中有的也可达到图 1-44（a）所示的波形，但大多呈图 1-44（c）所示波形。

图1-42　双缸同时点火式的连接方式

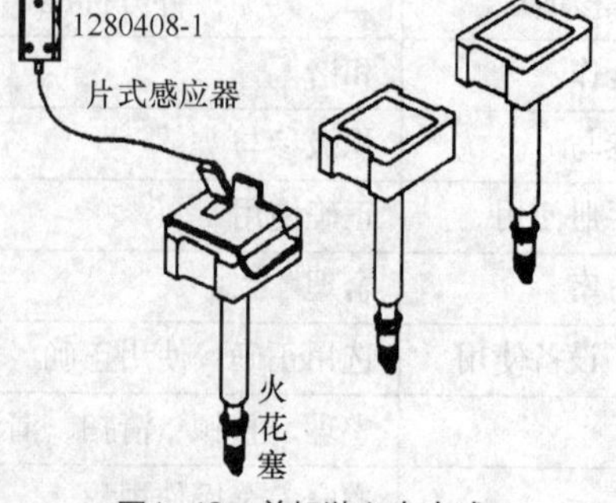

图1-43　单缸独立点火式

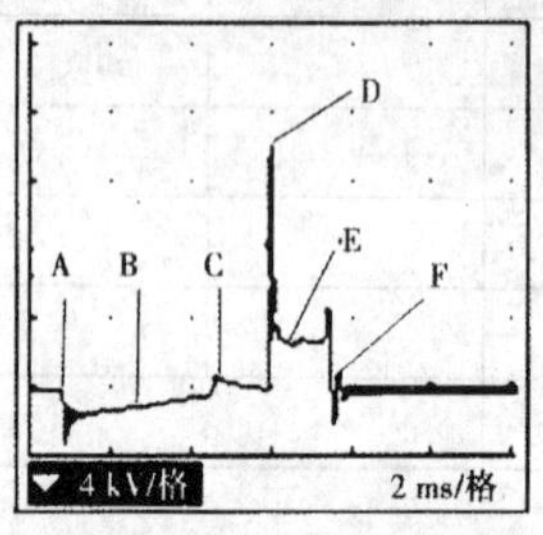

（a）传统点火方式

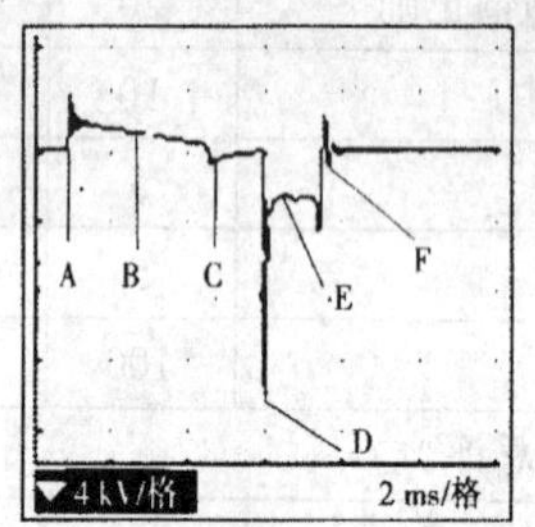

（b）双缸同时点火方式（负高压）

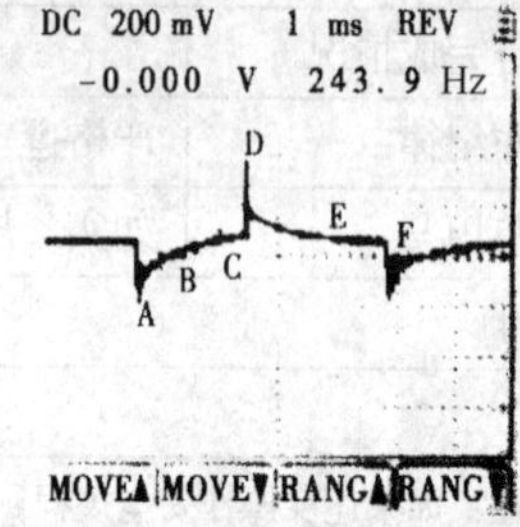

（c）单缸独立点火方式

图1-44　正常的高压点火波形

由于示波器不能直接检测发动机的火花塞电极电压，所以目前汽车示波器大多采用感应的方式来检测高压点火波形。因而，示波器所显示电压的准确性，也会受感应夹的部位、距离、材料等的影响，所以在分析高压点火波形时，推荐只对时间进行定量分析，电压只作定性分析，供参考和比较用。下面举 6 例故障排除的方法予以说明。

故障分析前为了便于理解，现将图 1-44 中的高压点火波形，进行逐一解释。图中 A 是点火线圈一次侧线圈通电起始点，B 是点火线圈一次侧线圈接收电能的持续时间，C 是点火线圈一次侧线圈接收电能达到饱和状态点（各车型点火控制不同，此处波形略有区别），D 是火花塞电极高压击穿的时刻，E 是火花塞火花持续时间，F 是点火线圈剩余能量衰减震荡释放期。

【例 1】　一辆奇瑞风云轿车，行驶中加速时有连续的顿挫感。汽车修理厂认为点火系统有问题，更换了火花塞、高压线和点火线圈，但是故障仍没有解决。笔者试车后也认为故障出在点火系统。使用示波器进行检测时发现，4 个气缸的 E 段均只有 0.5 ms（正常应为 1.0ms 以上）。

再看图 1-44 中 E 段火花塞火花持续时间（俗称燃烧线），持续时间的长短直接反映了点火能量的大小。由此看来，4 个气缸的点火能量均不足，换上的点火线圈的品质一定有问题。于是重新更换点火线圈，随后的试车表明故障已被排除，此时测得的燃烧时间为 1.0ms。

【例 2】　一辆沃尔沃（V0LV0）S80 轿车，发动机总成大修后，怠速不稳且转速偏高 100 r/min。用示波器检查发现 E 段线条异常（见图 1-45（a）），呈上下起伏较大的线条。经仔细检查后发现，发动机左右两个前氧传感器的连接器插反了，造成混合气的调节错误。将前氧传感器连接器正确连接后，发动机怠速平稳，且 E 段燃烧线正常。

【例 3】　一辆捷达轿车，其发动机怠速不稳，明显感到发动机缺缸（判断缺缸的简单方法是，用手掌感觉排气管的尾气喷射气团节奏来分辨是否缺缸）。笔者用示波器进行逐缸检查，第 4 缸点火波形如图 1-45（b）所示，检查第 4 缸高压线发现的燃烧线呈现“实心”状态（高压线损坏严重时呈“实心”状态，不严重则呈来回震荡线条）。更换第 4 缸高压线后恢复正常。

【例 4】　一辆迈腾 1.8T 轿车，驾驶人反映其发动机怠速不良，要求清洗进气道积炭。修理厂在清洗进气道积炭后发现发动机怠速依旧不稳。发动机怠速运转时，使用 VAS5052 未检测到故障代码，缺缸数据流数据为 0，正常。用示波器检测时发现第 2 缸高压点火波形为图 1-45（c）所示的异常波形。重新用 VAS5052 检测，发现只有在做发动机加速试验时才出现第 2 缸缺缸计数数据，怠速运转时很正常。更换第 2 缸点火线圈后故障排除，高压点火波形也恢复正常。

【例 5】　一辆桑塔纳 2000 轿车，行驶时驾乘人员感觉不舒适，怀疑点火不好，但更换火花塞、高压阻尼线、点火线圈后均不起作用。用示波器检查时发现，各缸高压点火波形均有如图 1-45（d）所示特征，即 F 段不归零。

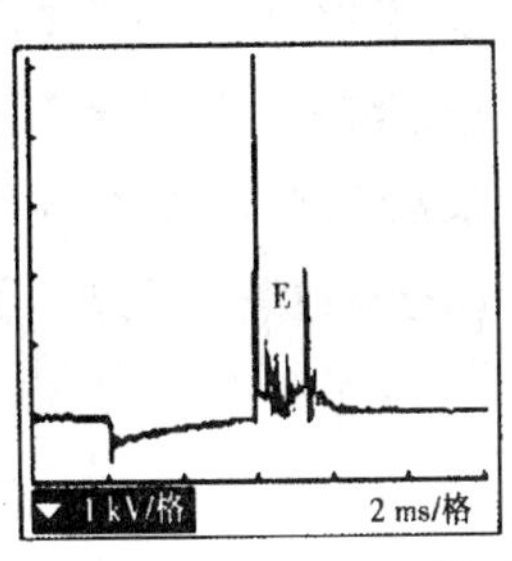

（a）沃尔沃 S80 故障车高压点火波形

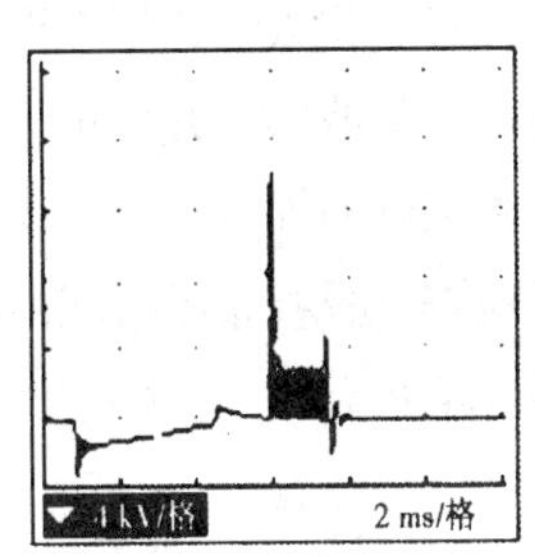

（b）高压线损坏严重时的高压点火波形

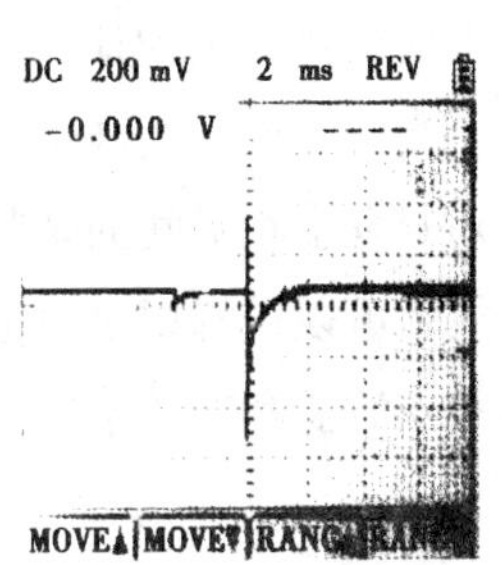

（c）第 2 缸的故障高压点火波形

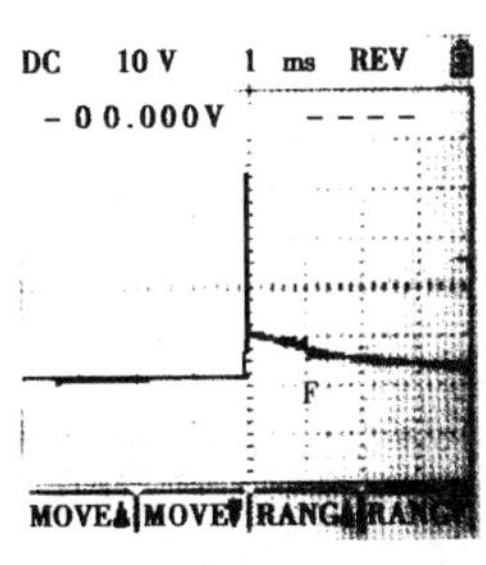

（d）点火线圈搭铁不良时的高压点火波形

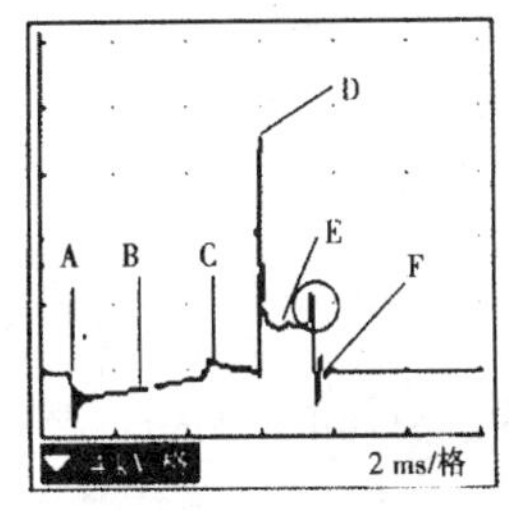

（e）正常的尾部翘起的高压点火波形

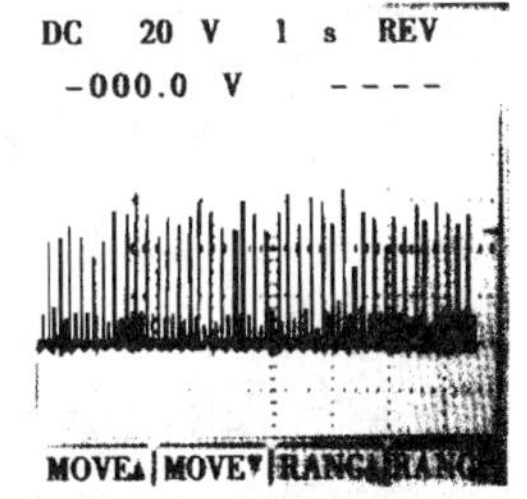

（f）示波器时间坐标为 1s/ 格时的高压点火波形

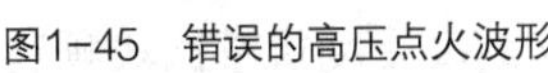
图1-45　错误的高压点火波形

经分析后认为，该高压点火波形异常的原因应该是点火线圈搭铁回路不良。检查发现，确实是点火线圈搭铁不良，修理后，高压点火波形恢复正常。

【例 6】　一辆新宝来轿车（行驶了约 2 万千米），其发动机怠速不稳。VAS5052 显示第 2 缸有缺缸数据记录。用示波器检测单个高压点火波形时没有发现问题，包括燃烧线的尾部翘起（图 1-45（e）中圆圈所指处）都正常，如果不翘起形成塌肩说明断电不干脆，电能释放缓慢，通常是由火花塞漏电故障造成的。将示波器时间坐标修改为1s/格后再进行检测，示波器记录的多次点火波形如图1-45（f）所示。其中，短的线条为双缸同时点火的废高压点火波形（在气缸排气时，由于气缸压力低，击穿电压低），主要观察较长的线条（有效高压点火波形）的高度差，越小越好。但以什么为准呢？其允许的高度差为多少呢？这个量值不好掌握，需要积累一定的经验才行。本例是火花塞故障引起的击穿电压不稳定。

这些案例说明利用示波器检测高压点火波形的方法是很好，但也不是绝对的，比如下例。

对一辆燃油消耗量偏大的宝来轿车就未能用分析高压点火波形的方法来找到故障的原因。用VAS5052检查发动机ECU，没有存储故障代码，数据也无异常。用示波器检查点火波形，也正常。再用VAS5052检查缺缸数据，用怠速、加速、急加速的方法进行试验后，发现第1缸和第4缸分别有 2～6 个缺缸数据被记录下来。更换点火线圈、高压阻尼线和火花塞均没有效果，最后发现点火线圈在左前照灯后的搭铁点有油漆（搭铁不良），处理好后再进行同样的试验，缺缸数据呈现正常。

用示波器检测高压点火波形的方法，并不能将故障信号完全反映出来，原因在于示波器的设计原理。由于示波器的屏幕尺寸和人眼观察速度的限制，示波器并不是简单地在屏幕上直接显示信号电压的即时变化，因为如果那样的话，波形变化太快，根本无法用肉眼观察和分析。通常是设计触发电压，当信号电压突破这个触发电压后，示波器便开始记录并显示这一帧波形，然后等待下一轮触发。对只发生在瞬间的某些故障，往往很难捕捉或者很难观察到。如果示波器具有较强的记录回放功能，就可以选择记录后进行回放、检查、分析整段时间内的波形，以避免遗漏。不过，目前常用的汽车示波器和普通示波器此项功能并不强大。

故障范例 别克 GLX 轿车经常熄火

1. 故障现象

一辆上海通用汽车有限公司生产的别克 GLX 轿车，在正常行驶过程中，经常发生熄火现象，怠速过程中也常熄火。

2. 诊断与排除

经检查，该车每次熄火之后，再次起动发动机都比较顺利。

① 首先连接专用检测仪 TECH2，然后起动发动机，在怠速状态下检查各种数据。从 TECH2 上观察到的各种数据与维修手册中提供的数据基本一致，而且无故障码出现，发动机运转大约 10min 后，果然熄火，再次起动发动机仍顺利起动。

② 在油压测试口处，接上燃油压力表，起动发动机后，燃油压力值为280kPa左右，关闭发动机后油压基本保持不变，而且在出现故障时，油压也未发生波动，说明燃油系统基本正常。

③ 因为在每次熄火之后起动比较顺利，所以分别检查点火线圈、高压线、火花塞，也没发现异常。

④ 冷静思考之后，认为该车的故障还应出在发动机的电控部分，其点火控制电路如图 1-46 所示。由于 7X（曲轴位置传感器）信号丢失后，车辆无法起动，但如果 3X 信号中断，车辆仍可再次重新起动（这是两信号的区别所在）。所以为了方便起见，首先将 3X 信号插头拔下，重新起动发动机，验证故障是否出现，在运行近 1h 的过程中未发现故障，可见故障出在 3X 信号上。用数字式万用表检测 ICM（点火控制模块）和 PCM（动力控制模块）之间的 3X 信号线，均未发现断路或短路现象，更换 ICM 后故障排除。

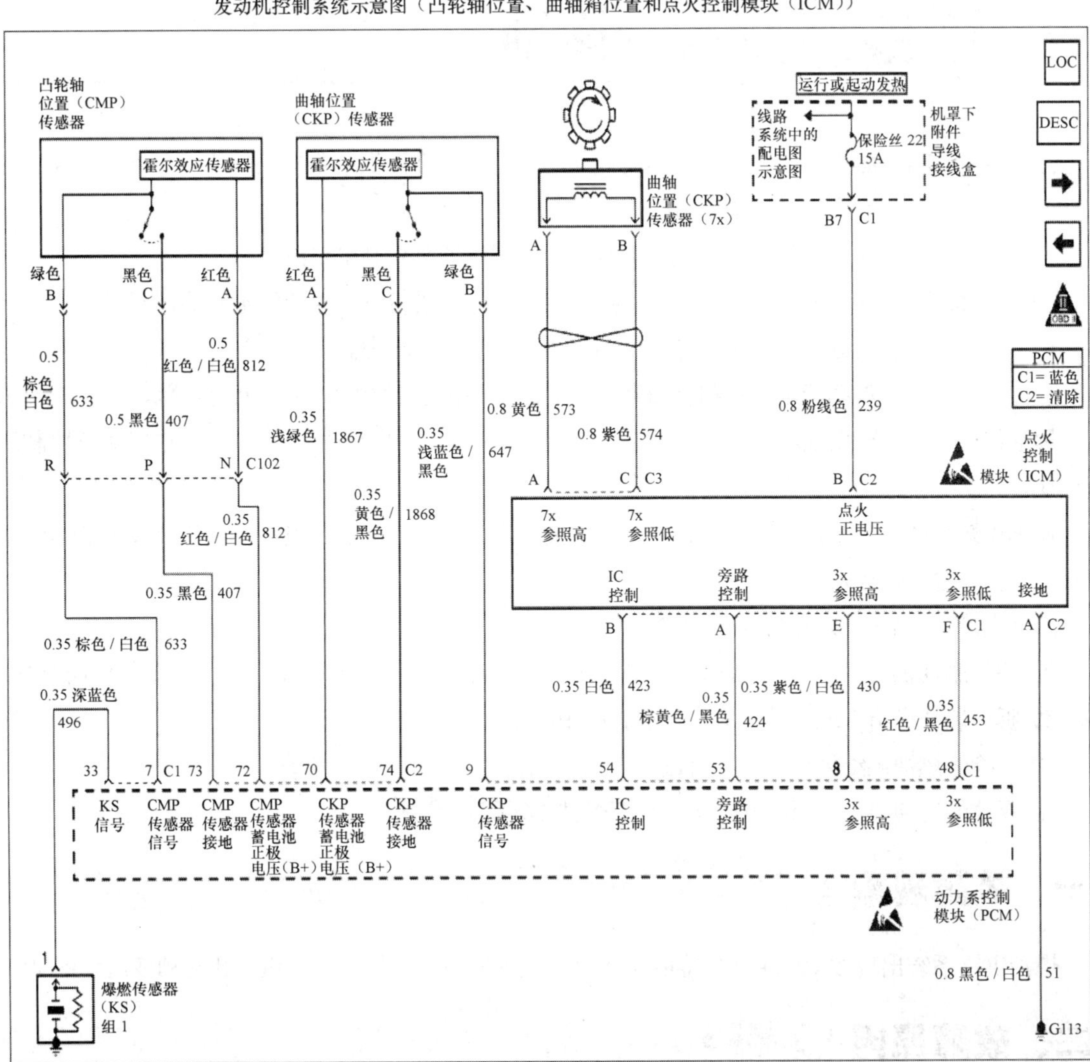

图1-46　发动机控制系统

别克 GLX 轿车的点火系统说明如下。

（1）该车点火系统采用的是 DIS（直接点火系统），点火控制模块用 7X 开关信号作为曲轴位置指示，点火控制模块必须用 7X 信号正确地控制点火器，无 7X 信号车辆无法运行。

（2）3X 信号是 ICM 接收 7X 的信号后转换成参考脉冲信号送到 PCM 的信号，PCM 利用此信号计算曲轴位置和发动机转速，如果运行过程中该信号丢失，则发动机会立即熄火。但是，再次起动过程中，如果 PCM 未收到该信号，则会用 24X（曲轴位置传感器）信号代替，使发动机继续运行。

（3）24X 通过在标准转速中提供更高分辨率，来增加怠速稳定性和低速运行性能。

学习任务5 燃油供给系统的故障诊断

【知识目标】1. 熟悉燃油供给系统的组成和功能，知晓燃油供给系常见的故障现象、原因、诊断及排除方法。

2. 知道燃油供给系技术参数，会读识汽油泵控制电路图。

【能力目标】1. 能参考维修手册，使用万用表或试灯，进行汽油泵控制电路的诊断。

2. 会进行燃油压力释放、测量燃油供给系统压力。

3. 正确选用工具和查阅资料，完成燃油供给系统的故障诊断与排除。

燃油供给系统主要由油箱、电动汽油泵、滤清器、燃油压力调节器、喷油器、进出管及控制系统组成。

燃油供给系故障将使空燃比失调，导致不来油、来油不畅、漏油、喷油器不喷油或喷油不良、混合气过稀或过浓等故障。

燃油供给系统故障诊断注意如下事项。

① 检修燃油供给系统时，特别是在清洗油箱、添加油时应远离火源、高温处，准备好消防器材。

② 拆卸燃油供给系统之前，应先释放管路中的燃油压力。

③ 在检修燃油供给系统时，不得进行高压线试火。

④ 释放的燃油要用专用容器收集，废旧燃油不得随意乱倒。

一、故障现象

燃油供给系统出现故障后主要的症状是不来油或油压较低，导致发动机不能起动或起动困难。

二、故障原因

1. 油管泄漏。

2. 油箱无油。

3. 汽油泵不工作：汽油泵本身故障；汽油泵控制电路故障；继电器、保险系故障；线路断路、短路、接触不良、搭铁等。

4. 油路堵塞。汽油滤清器堵塞或油箱过脏。

5. 喷油器及其控制电路故障。

6. 油压调节器故障。

三、诊断流程

燃油系统不供油故障诊断流程，如图 1-47 所示。

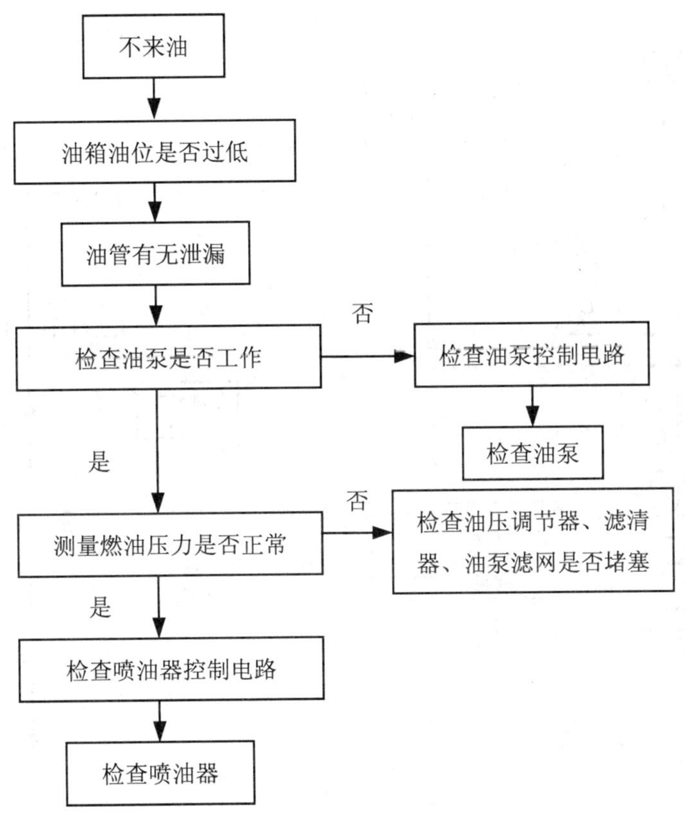

图1-47　不供油故障诊断流程

四、故障检测与排除

1. 检查燃油表

首先检查仪表盘的燃油表是否指示零位或油位警告灯是否亮起。

2. 检查油箱油位

检查油箱油位是否过低。

3. 检查油管

打开发动机舱盖，检查油管有无泄漏。

4. 检查汽油泵是否工作

方法一：将点火开关调至 ON 挡或起动挡，在后排座椅处仔细查听有无汽油泵响声。

方法二：连接 TECH2，用 TECH2 驱动汽油泵工作。

若汽油泵有响声，说明汽油泵工作，接下来测量汽油压力；若无响声，先检修汽油泵控制电路，无异常再检修汽油泵。

5. 检修汽油泵控制电路

君威 2.5 L（LB8）和 3.0 L（LW9）燃汽油泵控制电路如图 1-48 所示。

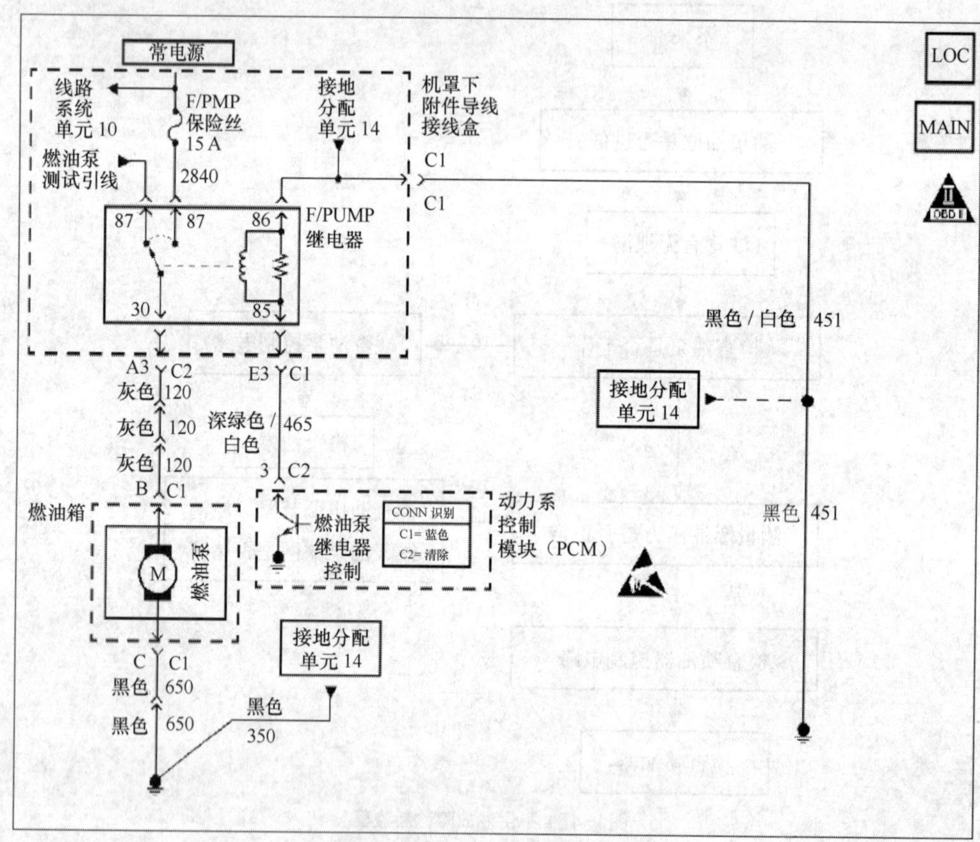

图1-48 君威2.5 L燃汽油泵控制电路图

6. 测量汽油压力（见专项技能）、检查燃油压力调节器

油压的检测分怠速油压、大负荷油压和残余油压 3 个方面。

① 怠速油压过低，会造成怠速运转不平稳。

② 大负荷油压过低，会造成急加速、高速时汽车动力不足。

③ 残余油压过低或没有，会造成发动机短时间内起动困难（需要连续起动两次以上才能起动）。

若油压较低，检修汽油滤清器、汽油泵滤网是否堵塞；若滤清器堵塞，应检查油箱是否较脏；检修汽油泵；如果残余油压较低，为汽油泵单向阀故障，应更换汽油泵。

电路说明：当点火开关首次打开时，动力系统控制模块 PCM 使汽油泵继电器通电，汽油泵继电器使油箱内汽油泵通电。只要发动机运行或转动且动力系统控制模块接收参考脉冲，汽油泵继电器则一直接通。若不存在参考脉冲，在点火接通或发动机熄火后 2s 内，动力系统控制模块将汽油泵继电器断电。汽油泵将燃油供至油道和喷油器而后至燃油压力调节器，燃油压力调节器使多余的油返回至油箱以控制燃油压力。

常见车型燃油系统压力如表 1-5 所示。

表 1-5　常见车型燃油系统压力

车　　型	汽油压力（kPa）
别克君威	284～325
别克凯越	300～400
别克赛欧	300
丰田佳美	265～304
广州本田	260～310

7. 喷油器及其控制电路的检查

（1）喷油器作动试验（详见学习情境二）

怠速时用 TECH2 指令让某缸喷油器不喷油（中止），发动机转速应下降。如果发动机转速不下降，说明此缸喷油器或喷油器控制电路有故障，应对其进行分别检查。

（2）喷油器断油试验

如果没有 TECH2，不能进行喷油器动作试验，可进行手工的喷油器断油试验。检查方法为怠速时，拔下某缸喷油器线束插头，使该缸喷油器不喷油，发动机转速应下降，这表明该喷油器及其控制电路正常，否则应对喷油器和其控制电路进行分别检查，判明故障部位。

8. 检查喷油器控制电路

喷油器控制电路一般经过点火开关或保险丝，由 PCM（ECU）控制喷油器的搭铁回路，如图 1-55 所示。

（1）试灯及万用表检测法

① 拔下喷油器连接器插头。

② 将专用测试灯（见图 1-49）串接到喷油器连接器上的两插孔内，起动发动机，试灯应闪烁，不亮或不闪烁则表明控制回路有故障，应检查喷油器电源线、PCM 控制的喷油器搭铁线或 PCM 。

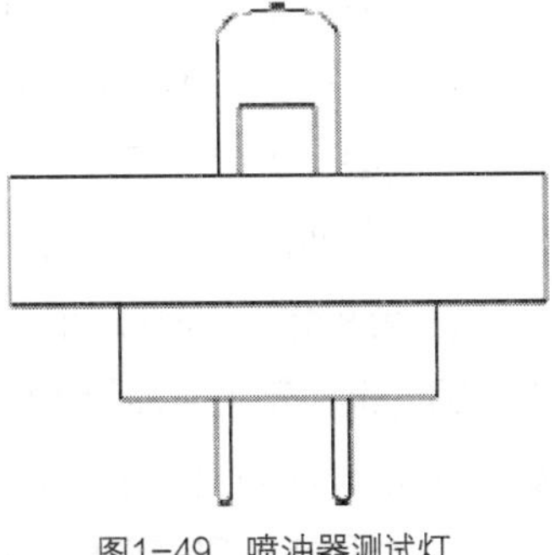

图1-49　喷油器测试灯

③ 检查喷油器电源线。接通点火开关，不要起动发动机，测量喷油器插头上的电源线的电压，应为 12V，若无电压，应检查保险丝、主继电器及线路等。

④ 检查喷油器搭铁线。检查 PCM 控制的喷油器搭铁线路或 PCM。

（2）示波器检测法

用示波器检测喷油器控制电路的电压脉冲波形，正确的波形如图 1-50 所示。喷油器电压波形分析（见图 1-51）。

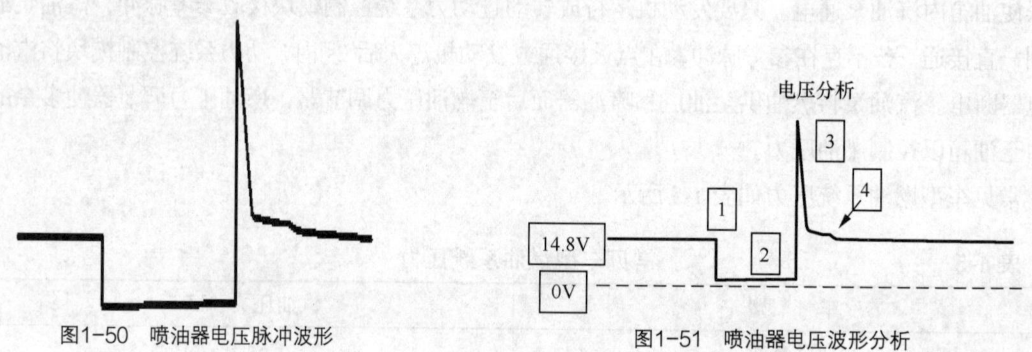

图1-50 喷油器电压脉冲波形

图1-51 喷油器电压波形分析

① 启点——应该整齐。

② 电压降——显示驱动器和接地电路电阻。其宽度表示喷油器的持续喷油时间，即喷油脉宽（ms）。

③ 电压峰值——显示完整的感应过程，是电瓶电压和线圈电感叠加的瞬间最大值。

④ 阀针正在关闭，是线圈电感消失的过程。

9. 喷油器的检测

喷油器的控制电路检查无故障后，继续对喷油器进行检查。

（1）听诊法

通过检查喷油器的工作声音和振动情况了解其工作状态。

发动机运转时用手指接触喷油器，应有脉冲振动的感觉。或用螺丝刀或听诊器与喷油器接触，应能听到其有节奏的工作声，否则表明喷油器工作不正常。

（2）喷油器线圈电阻的检查

检查时拔下喷油器线束插头，用万用表测量其两端子间的电阻，同一台发动机的所有喷油器电阻应相同。在 20℃时，对于高阻喷油器来说，其电阻应为 12～16Ω；对于低阻喷油器来说，其电阻应为 2～5Ω，否则应予以更换。

（3）喷油器泄漏、喷射、喷油量检验

① 就车检验。将喷油器装在分配油管上，用一根油管将车上的滤清器出口与分配油管进口连接，另一根油管接回油管，使燃汽油泵工作，注意观察喷油器喷油状况，有无滴漏？如有滴漏，其漏油量在 1min 内应少于 1 滴，否则应予以清洗或更换。

② 专用喷油器清洗机检验。拆下喷油器，用专用的喷油器清洗机检验其喷射形状、喷油量及是否滴漏。喷射形状应为规则的细锥体且雾化良好。测量一定时间内的喷油量。各个车型互不相同，一般为 50～70mL/15s。每个喷油器应重复测量 2～3 次，相互间的喷油量差值应小于其喷油量的 10%，否则应予以清洗或更换。其滴漏量在 1min 内应少于 1 滴，否则应予清洗或更换。

10. 喷油器的清洗

（1）免拆清洗

免拆清洗优点是操作简单，缺点是清洗效果不一定理想，适宜于喷油器轻微堵塞时采用。

免拆清洗的操作要点是使原车的汽油泵不工作，断开原车的进油管，将清洗剂输入燃油分配器中，并堵住回油管，清洗剂在清洗罐自身压力的作用下或靠外接压缩空气的驱动进入喷油器，起动发动机，发动机工作时燃烧的是清洗剂，喷油器喷射清洗剂的过程便是清洗的过程。

（2）拆卸清洗

当喷油器严重堵塞或免拆清洗效果不理想时，应将喷油器拆下，用专用喷油器清洗设备清洗，常用的设备为红外线超声波喷油器清洗机。拆卸清洗的优点是清洗干净，同时能进行喷油器的喷油量、喷射形状和滴漏检验，准确性高。缺点是拆卸喷油器操作不便。

五、专项技能

在检修燃油供给系统时，如果需要断开燃油管路，应先释放管路中的燃油压力。

1. 燃油系统的压力释放

① 拔下汽油泵继电器或汽油泵保险丝。

② 起动发动机运转，直到发动机自行熄火。

③ 再次起动发动机 2～3 次，即可完全释放燃油系统压力。

④ 关闭点火开关，装上汽油泵继电器或保险丝。

2. 君威车汽油压力的测量

① 在油轨的专用汽油压力表接头下面垫一块抹布，安装汽油压力表于专用接头上。君威汽油压力表的连接如图 1-52 所示。

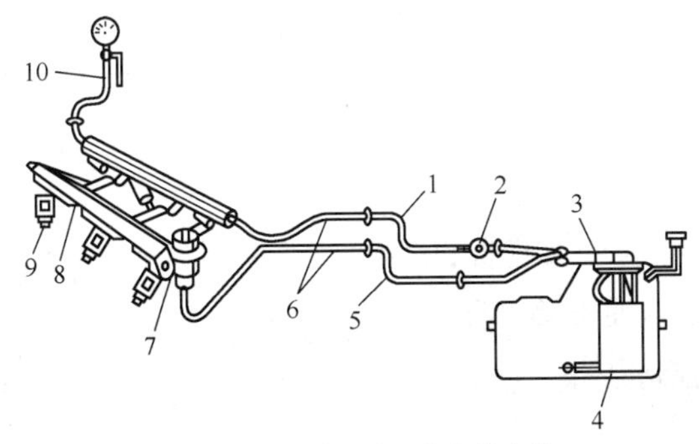

图1-52　君威汽油压力表的连接

1—进油管；2—燃油滤清器；3—软管；4—油箱及汽油泵；5—回油管；6—油管连接点；7—油压调节器；8—油轨总成；9—喷油器；10—汽油压力表

② 测试静态油压。接通点火开关保持发动机熄火，当燃汽油泵运行时监视燃油压力。燃油压力表指示的燃油压力规定值应介于 284～325kPa 内。（也可用故障诊断仪指令燃汽油泵接通）

③ 测试动态油压。起动发动机，怠速时，正常燃油压力为 250～284kPa。拔下燃油压力调节器

真空软管，压力值应增加 50kPa。

④ 测试保持压力。关闭点火开关，当燃汽油泵停止运行时燃油压力可能轻微变化，然后稳定并保持不变。观察燃油压力表上的燃油压力，10min 内燃油压力下降值小于 34kPa。如果油压值下降较快，降幅过大，故障是油路有泄压处，泄漏部位多数情况下是汽油泵单向阀（更换汽油泵），个别情况下可能是喷油器泄漏（拆检、清洗喷油器）。

⑤ 拆卸燃油压力表。首先，用燃油表泄压，然后拆卸燃油压力表，注意抹布要放置在接头下方。

⑥ 清洁工具、现场。

六、任务工单

工作任务	1. 燃油系统的压力释放 2. 汽油压力的测量	学时	1	班级	
姓名		小组		日期	
设备	轿车、汽油压力表、常用维修工具、汽车维修手册等			教学地点	汽车整车实训车间
任务目的	制定工作计划，在保证安全的前提下，进行燃油系统的压力释放，利用燃油压力表测量供油系统压力，并对汽油压力进行分析				

（一）资讯

1. 车辆信息

车型		生产年代		制造厂	
车辆识别码		发动机型号			

2. 发动机工况

3. 相关问题

（1）察听汽油泵工作的声音、如何拆装汽油泵？

（2）如何打开油箱盖、燃油表指示值？

（3）如何检查汽油泵控制电路？

（二）决策与计划

请根据任务目的，确定所需要的检测仪器、工具，并对小组成员进行合理分工，制定详细的工作计划。

1. 需要的检测仪器、工具

2. 小组成员分工

3. 制定工作计划

（三）实施

1. 燃油系统的压力释放

操作步骤：

2. 汽油压力的测量

操作步骤：

检查项目	测试方法	实测数据（kPa）	标准值（kPa）	对比结果	原因分析
静态油压					
工作油压					
残余压力					
拔下真空管路的压力					

（四）检验

进行自检与互检、过程检验、竣工检验。

（五）考核与评估

考核项目	评分标准	分数	学生自评	小组互评	备注
团队合作	和谐	5			
活动参与	积极参与	5			
维修手册使用	正确使用	5			
任务方案	合理	10			
工具、设备使用	选用正确，使用正确	15			
5S	整理、整顿、清扫、清洁、素养	10			
工作安全	遵守安全操作规程	10			
操作过程	规范、合理、测量数值正确	20			
任务完成情况		10			
工作纪律	严格遵守	5			
工单填写	如实、规范	5			
合计		100			
教师评价（总评）					

注：如果违反操作安全规程，造成人身伤害或设备严重损坏，本任务考核0分。

任务延伸 帕萨特汽油压力的测量和燃油压力调节器的检修

一、帕萨特汽油压力的测量

（1）检查油箱内燃油应足够，检查蓄电池电压，应在 12V 左右。

（2）燃油系统的压力释放。

（3）拆卸发动机燃油管接头。在燃油管接头下部放置抹布，使用工具小心的松开接头。

（4）连接压力表到燃油管路，如图 1-53 所示。

① 选择合适的接头，将压力表接入燃油管路。

② 打开点火开关，使汽油泵自行工作，同时检查油管接头是否渗油。如渗漏，重新检查连接。

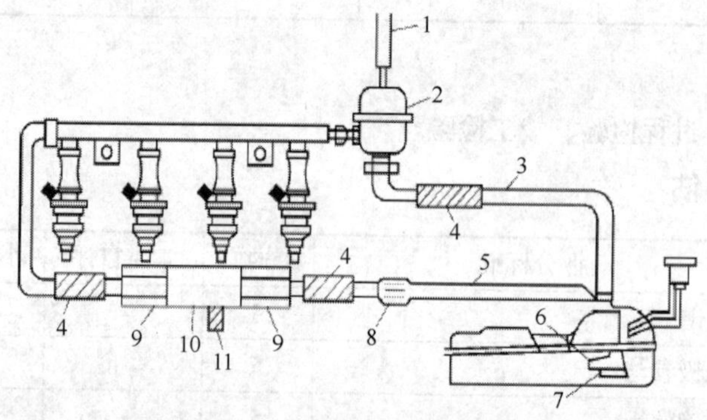

图1-53 帕萨特汽油压力表的连接

1—真空软管；2—燃油压力调节器；3—回油管；4—软管；5—压力油管；6—燃汽油泵；7—汽油泵滤网；8—燃油滤清器；9—管接头；10—三通管接头；11—油压表接头

（5）起动发动机，测试燃油压力。

① 观测测量怠速时燃油压力在（250 ± 20）kPa。

② 怠速时拔下燃油压力调节器真空管，汽油压力为（300 ± 20）kPa。

③ 轰一下油门，汽油压力表读数增大。

（6）测试保持压力。关闭点火开关，10min 后，保持压力应大于 150kPa。

（7）拆卸燃油压力表。首先，用燃油表泄压，然后拆卸燃油压力表，注意抹布要放置在接头下方。

（8）连接油管。重新将油管连接，起动发动机确认无渗漏。

（9）清洁工具、现场。

二、燃油压力调节器的检修

1. 燃油压力调节器的就车检查

燃油压力调节器（见图 1-54）工作情况的检查。检查时用油压表测量发动机怠速运转时的燃油压力，然后拆下调节器上的真空软管。这时燃油压力应升高 50kPa 左右，否则应予以更换。

2. 经验检查

在节气门开度较小时，手摸燃油压力调节器回油软管，应感到汽油流动。否则应检查油压调节器上的真空软管是否堵塞或有裂纹。在节气门开度较大时，手摸燃油压力调节器回油软管，应感觉不到汽油流动，否则说明油压调节器上的回油阀关闭不严。

3. 燃油压力调节器的拆卸检查

检查时拆下燃油压力调节器的进油管和真空软管，这时两者之间应不相通；否则，表明有泄漏，应予以更换。

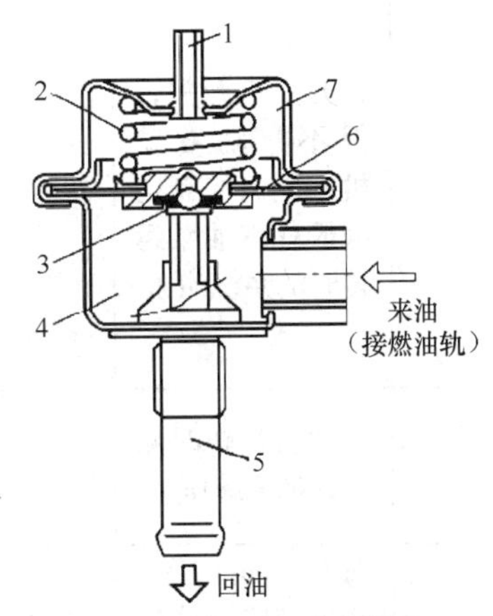

图1-54　燃油压力调节器

1—接进气歧管；2—弹簧；3—回油阀；4—燃油室；5—回油管；6—膜片；7—弹簧室

故障范例　别克 3.0L 轿车喷油器不喷油

1. 故障现象

发动机排量为 3.0L 的别克汽车，起动时有高压火，但不会着车，如果喷入一些化油器清洗剂可勉强起动，几乎要熄火，猛踩油门能够维持 1min 多，汽车电脑中存储有一个关于曲轴位置的故障码。据车主反映，这辆车在跑长途约 300km 后高速行驶时故障灯突然点亮，随后就出现了不着车的现象。

2. 故障诊断与排除

根据车主所述，再按照以往的工作经验，估计可能是发动机的供油系统出了故障，从而导致不能着车。上海别克的发动机故障指示灯有 2 个指示内容：一种是常亮，说明发动机控制系统出现故障；另一种是闪烁，说明该故障还在影响发动机的排放系统。

根据前面的初步检查，很有可能是发动机不喷油，可能的故障部位有燃汽油泵、喷油器以及喷油器控制。需要说明的是：很多修理工在经过上面的初检之后就判断是汽油泵故障，然后更换。但实际上这个故障远比大家想象的复杂得多，而且这种没有数据就轻易下结论的修车方法是应该杜绝的。

首先需要检查各种汽油压力，如图 1-52 所示。需要说明的是：在此案例中，只需要检查汽油泵初始静态压力就可以，但是作为系统的检测方法需要全面介绍，具体检查项目如表 1-6 所示。

表 1-6 汽油压力检测

检查项目	测试方法	实测数据	数据标准	对比结果	原 因
静态油压	打开点火开关，但不起动发动机，测量控制电脑操作汽油泵运转时的系统油压	290kPa	284～235kPa	在正常范围之内	如果此时没有油压，说明汽油泵电源（含继电器及搭铁线）没有或者没受电脑控制。点火开关打开后，如果很短时间内能够达到正常值，说明控制电脑、汽油泵继电器、汽油泵工作基本正常。有些没有提前供油功能的车辆不能做这项检查
工作油压	发动机运转时测量燃油系统压力	260kPa	与静态油压相差 30～50kPa	在正常范围之内	其油压的大小随发动机进气歧管真空度的变化而改变。怠速时测量
残余压力	熄火 10min 后，测量管路中的保持油压	25kPa	静态油压——残余油压＜34kPa	在正常范围之内	残余油压的主要作用是有利于再次起动发动机
拔下真空管路的压力	拔下真空管后测量油路压力	340kPa	比工作压力高约 50kPa	在正常范围之内	如果压力调节器损坏或真空管损坏，则会出现压力没有上升的现象

在上述的检查中，如果出现系统油压过低的现象，除进行器件的电压检查之外，还需要检查汽油泵的电流，假如汽油泵的电动机运转困难（比如被异物卡住），非常容易出现电流过大的现象，从而导致汽油泵压力不足。别克车的汽油泵电流是 3.5～4.75A，超出此范围则表明汽油泵电机电阻过小或者被异物卡住。滤芯或汽油泵滤网堵塞等都容易导致这种错误数据的出现。如果电流小于 3.5A 则表明汽油泵的电源不好，这大多是电源虚接、继电器触点不好、接地不良、插头不实等引起的。通过检查表明此车供油系统没有故障，故障部位可能在喷油器及其控制电路上。检查该车的汽油喷射情况，发现其 6 个喷油器完全不喷油。对于喷油器的动作情况，可以通过以下几种方法进行检查。

① 使用听诊器听声音（使用较长的改锥，中空的橡胶管替代都可以），正常情况下应可以听到喷油器“嗒嗒”的清脆声音，而且声音随发动机转速的升高而升高。

② 拔下某一个喷油器的连接插头，先检查喷油器的电源，应该有一条线是在起动和着车后有 12V 的电压，如图 1-55 中的 0.5PNK 639。

③ 在线束插头中串入一个小试灯，然后起动发动机，观察试灯的变化。正常情况下，随着发动机的转动试灯应频繁闪烁。如果试灯没有频闪并且不亮，则可能是发动机电脑没能有效地对喷油器进行控制，也包括线路和电脑存在故障（用此法检查该车所有喷油器，试灯均不亮、不闪）。

通过上述检测，发现该车虽然能够产生高压火，但由于电脑没有控制喷油，导致不能起动。对于电脑不能控制喷油主要有以下几方面的原因。

① 电脑损坏。主要是由于电脑内部控制喷油器动作的大功率三极管损坏，但是这种现象多见于个别喷油器不工作。

② 控制喷油器的线束损坏，如开路等。

③ 喷油器没有收到发动机转速信息，导致电脑不能指令喷油。但是如果没有转速信号，车辆的高压点火也会没有，因为常规车辆喷油和点火都要参考发动机转速信号。

④ 发动机电脑有正常点火而不喷油的可能是减速断油和限速工况。

更换 PCM 后，故障排除。

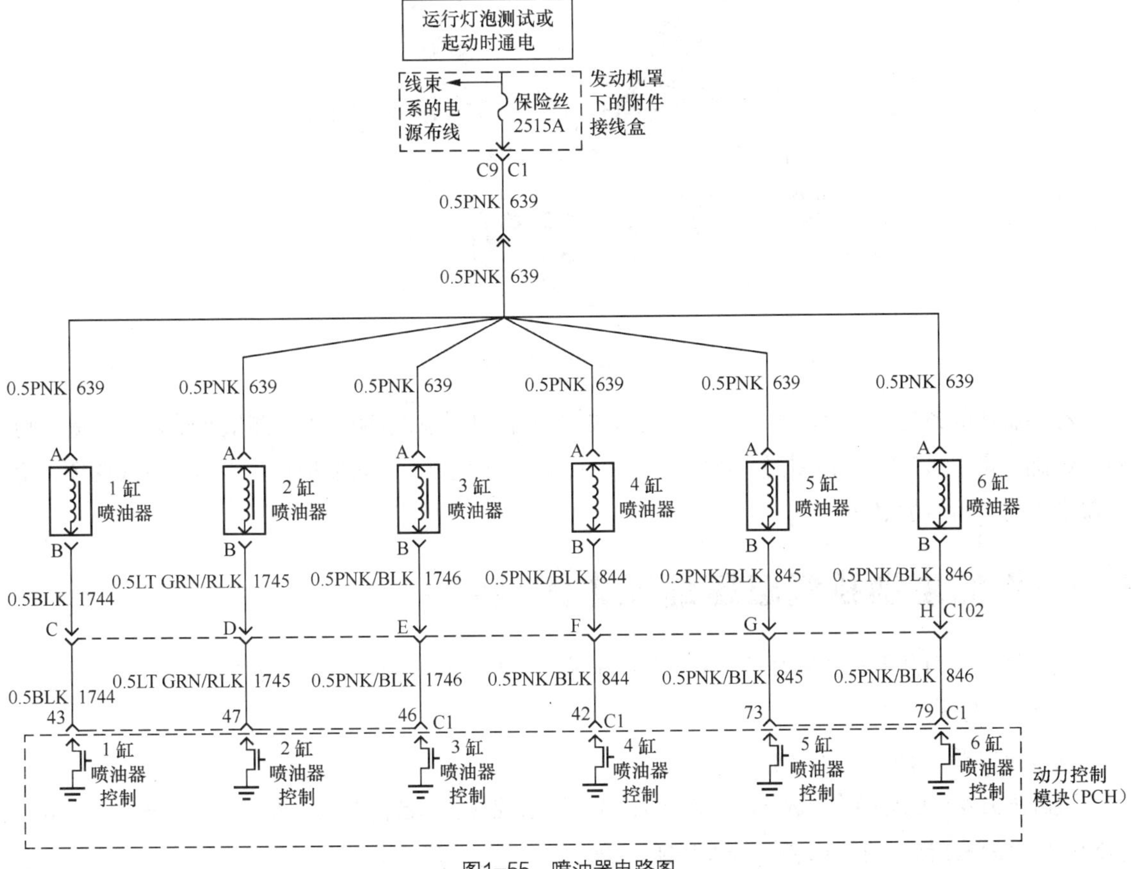

图1-55　喷油器电路图

学习任务6　气缸密封性与排气压力的检测

【知识目标】了解气缸压力、进气歧管真空度、排气压力等技术参数的作用、影响因素及其参数值。

【能力目标】1. 会选用测量仪器，会测量气缸压力、进气歧管真空度、排气压力。

2. 能对测量结果进行分析，并根据测量结果判断发动机的技术状态。

气缸密封性是表征发动机技术状况的重要参数，气缸密封性与气缸体、气缸盖、气缸垫、活塞、活塞环和进排气门等零件的技术状况有关，如图 1-56 所示，在发动机使用过程中，由于这些零件磨损、烧蚀、结焦或积炭，导致气缸密封性下降，使发动机功率下降，燃油消耗率增加，使用寿命大大缩短。

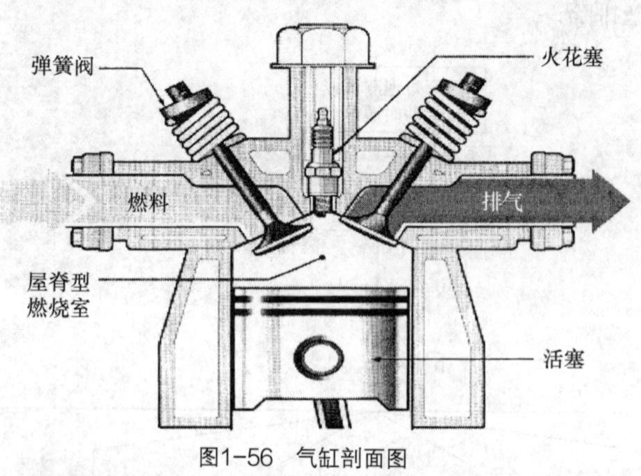

图1-56　气缸剖面图

在不解体的条件下，检测气缸密封性的常用方法有测量气缸压缩压力、测量曲轴箱窜气量、测量气缸漏气量（漏气率）、测量进气歧管真空度等。在就车检测时，只要进行其中的一项或两项，就能确定气缸密封性的好坏。

一、汽油发动机气缸压缩压力的测量

测量气缸压力是用气缸压力表测量发动机压缩行程时气缸内的最大压缩压力。

1. 测量工具

气缸压力表，如图 1-57 所示。

气缸压力表组成有接头、放气阀（按下放气阀放气，泄压，表针归零）、表等。压力表单位采用双轨制，1 磅每平方英寸（psi）约等于 6.9 千帕（kPa）。

2. 测量步骤

① 确认电瓶必须充满或接近充满。

② 先让发动机运行大约 10min 或达到正常温度。

③ 关闭发动机，断火、断油。

断火：使分缸高压线不跳火。丰田车系可拔下 EFI 保险丝；别克凯越可断开曲轴位置传感器线束，或拆下所有气缸高压线（不得用手拔线体本身）。

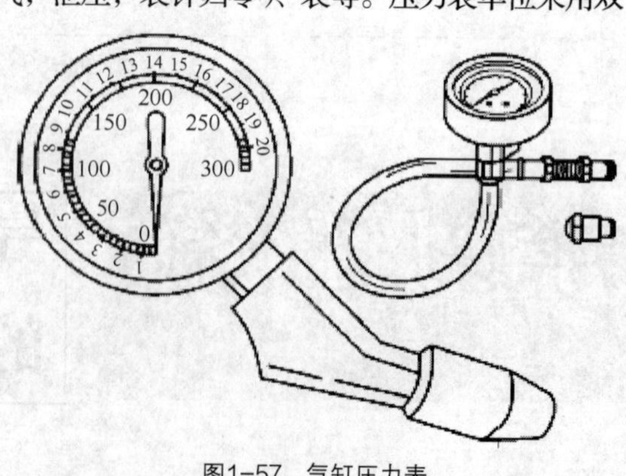

图1-57　气缸压力表

断油：拔下汽油泵保险丝或继电器，或拆下喷油器插头，使喷油器不喷油。

④ 清洁火花塞周围。松动火花塞大约一圈，但不要拆除，用一根空气软管或硬刷将火花塞凹窝的灰尘清除掉。

⑤ 拆下全部火花塞。把全部火花塞卸下来按顺序放好。

⑥ 连接气缸压力表。根据火花塞螺纹直径，选择合适的气缸测试头，并安装到相应气缸火花塞孔。

⑦ 测试气缸压力。将油门踩到底，起动发动机，至少 4 个压缩冲程，或者到表的压力读数停止上升为止。

注意：发动机转速要足够，发动机转速低是测量误差较大的主要原因之一，连续打车不超过 5s，2 次起动间隔 30s 以上。

⑧ 记下读数后，按下放气阀，使表针归零，然后再测一次，取最大值。用同样方法测量其余各缸。（各缸测 2 次，取最大值）

⑨ 对压力值低的气缸，用柱塞式加油器加约三柱机油（约 20mL）到火花塞端口，重新测试，记录压力值。

⑩ 装复各拆卸零件，清洁工具。

3. 检测结果分析

① 各缸压力值应符合该车型维修手册的规定。例如，别克轿车系列最低读数不应低于最高读数 70%，极限不低于 690kPa。一般轿车的缸压为 900～1300kPa，极限为 650kPa，各缸压力差不大于 300kPa。一般柴油机的缸压为 3000kPa 左右。

② 压力正常时，各缸压力迅速均匀地提高，接近规定压力。

③ 压力低的气缸，加入机油后，压力明显提高，故障可能是气缸、活塞、活塞环磨损较大，缸壁间隙、活塞环端隙、侧隙大。

④ 压力低的气缸，若加入机油后，压力不变，故障可能是气门、缸垫密封不良。

⑤ 若相邻两缸压力均低，故障可能是气缸垫了。

二、柴油发动机气缸压缩压力的检测

柴油发动机气缸压缩压力的检测与汽油机是不相同的，主要区别如下。

① 断油：断开高压汽油泵截止电磁阀的线束，无须断火，无节气门。

② 拆下预热塞，从预热塞处接入压力表。拆预热塞比拆喷油器的操作简单得多。

③ 喷油器喷射方式是缸内直喷的发动机，气缸压力低可以加注机油重试。若是涡流式的，不要加机油（机油只能加至燃烧块中，后随排气门排除，加入的机油到不了活塞环）。

④ 气缸压缩压力是汽油机的 2～3 倍。

气缸压力过高的故障原因是：燃烧室容积变小；爆燃（特别是柴油机）。

燃烧室容积变小的原因：燃烧室积炭过多；缸垫薄（不匹配）；缸盖被磨削。

想一想：电动节气门式发动机，如何使节气门全开？

三、气缸漏气量或漏气率的检测

气缸的密封性可用气缸漏气量测量仪（见图 1-58）检测气缸的漏气量的方法进行评价。检测气缸漏气量时，发动机不运转，活塞处在压缩终了上止点位置，从火花塞孔处通入一定压力的压缩空气，通过测量气缸内压力的变化情况，来表征整个气缸组的密封性，即不仅表征气缸活塞摩擦副，还表征进排气门、气缸衬垫、气缸盖及气缸的密封性。该方法仅适用于对汽油机的检测。

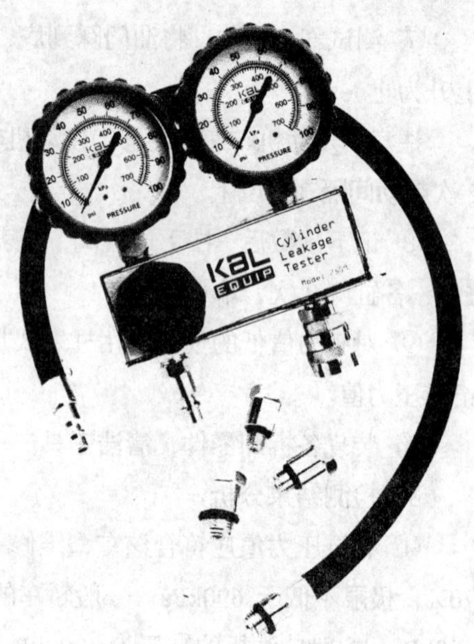

图1-58 气缸漏气量检测仪

（1）气缸漏气量检测前的注意事项

① 起动发动机前，将自动挡的车的变速杆放在“P”挡，手动挡的车的变速杆放在空挡，并拉紧手制动。测试工作中，不要起动汽车，发动机在静止状态下测试。

② 戴保护眼镜。

③ 避免将手、头发、领带、衣服与散热风扇叶子、风扇皮带、转向助力器皮带、压缩机皮带以及发动机转动部件接触，以免造成伤害。

④ 不允许吸烟，使潜在的火源远离汽油和蓄电池。

⑤ 准备一个专用的灭火器。

⑥ 连接或拆除电器部件时，点火开关应在“OFF”挡。

（2）气缸漏气量检测的操作步骤

① 将发动机转至一定温度后，关闭发动机。

② 清洁火花塞周围，拆除所有火花塞，拧紧水箱盖、机油盖，空气滤芯也要清洁。

③ 拆下正时齿轮盖上盖罩；用拧力扳手转动曲轴，对齐凸轮轴正时齿轮上的正时标记，使一缸活塞处于压缩上止点，一缸进排气门全关；以一缸上止点的正时记号为起点，在凸轮轴齿轮上，每隔 90° 做好标记；使用专用工具固定曲轴。

④ 将一端带有快速接头、另一端可旋入火花塞孔的高压橡胶管安装到一缸火花塞孔。

⑤ 将检测仪右侧的压力表连接到快速接头上。

⑥ 将检测仪左侧的压力表通入压缩空气，用调节阀调节左侧压力表的压力值至 392kPa。

⑦ 此时，右侧的压力表显示的是一缸的压力。如果左侧压力表的压力值为 392kPa，右侧压力表的压力值也是 392kPa，则表示一缸密封性良好。例如，如果左侧的压力表的压力值为 392kPa，而右侧的压力表的压力值是 353kPa，则表示一缸的漏气率约为 10%。

通用车系气缸漏气率应小于 18%，帕萨特的气缸空气压力（右侧表的数值）应大于 250kPa，其他车型请参阅维修手册。

对漏气率较大的气缸，同时应检查进气管、加机油口、排气管、散热器加注口处是否有气体漏出，查找漏气部位及原因。

⑧ 转动曲轴，使凸轮轴正时齿轮转 90°，按做功顺序，便是下一个气缸的压缩行程上止点，依照上述方法测量该缸及其余各缸的漏气率。

⑨ 测试结束后，拆除测试仪，并将原车点火系统连接好。

⑩ 君威车正常气缸泄漏率小于 12%～18%，漏气率超过 30%时应维修。君威车的气缸漏气率参数可供其他车型参考。

注：psi 为磅/平方英寸，1 磅/平方英寸约为 6.9kPa。

四、进气歧管真空度的测量

进气歧管真空度（也称负压）是进气歧管内压强实际数值低于大气压强的数值。

正常工作的发动机，其进气歧管内真空度的大小及变化都有固定的范围和规律，反之，如真空度大小与正常值相偏离，则发动机必然存在某种故障，直接影响进气压力传感器的输出信号，导致发动机工作不良。造成真空度读数异常的常见原因有一个或多个火花塞缺火、空气软管破损或软管接头松脱、气门密封不良、气缸盖及衬垫或进气歧管垫等漏气、活塞环漏气严重、废气再循环阀（EGR）不能关闭、曲轴箱强制通风阀（PCV）被卡住而全开等。不同的原因所对应的真空表读数不同，因此掌握常见工况下真空表的正确读数及一些因故障而造成的异常情况，对故障诊断有益。

进气歧管真空度测量步骤如下。

① 发动机热机。

② 安装真空表组（见图 1-59）。拆下发动机进气歧管上的进气软管接头，连接真空表。

③ 变速器挂空挡，起动发动机，怠速运转。

④ 读取真空表上的示值。根据真空表指示值，进行故障分析，找出发动机不能起动的原因。

君威车进气歧管真空度标准值为 50.85～67.8kPa。其他车型进气歧管真空度标准值可查阅维修手册。

⑤ 拆下真空表组，清洁工具。

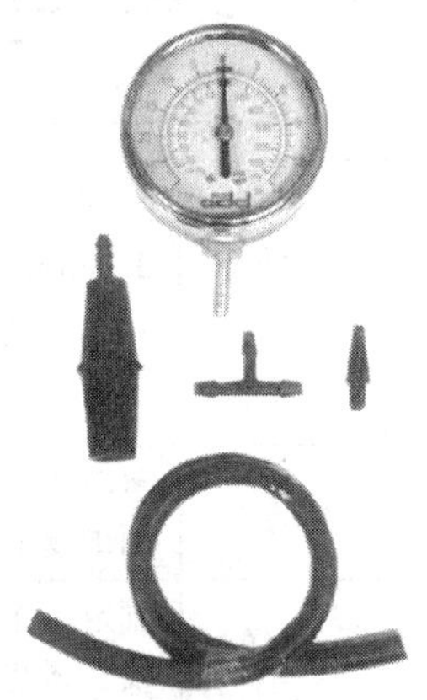

图1-59　真空表

五、排气管压力的测量

通过测量排气管的压力，可以判断三元催化转换器是否堵塞、排气管是否堵塞。

以君威车为例，介绍排气压力的测量的步骤。

（1）发动机热机。

（2）清洁氧传感器周围，用压缩空气清洁氧传感器周围灰尘、异物。

（3）拆卸氧传感器。选择相应工具，拆卸氧传感器，不得敲击、磕碰。如果是双氧传感器应拆卸前氧传感器。

（4）安装排气压力表，如图 1-60 所示。

将压力表安装到氧传感器孔，连接时要注意拧紧的力矩，注意不能过大（损坏螺丝上的螺纹），也不能过松（防止漏气）。

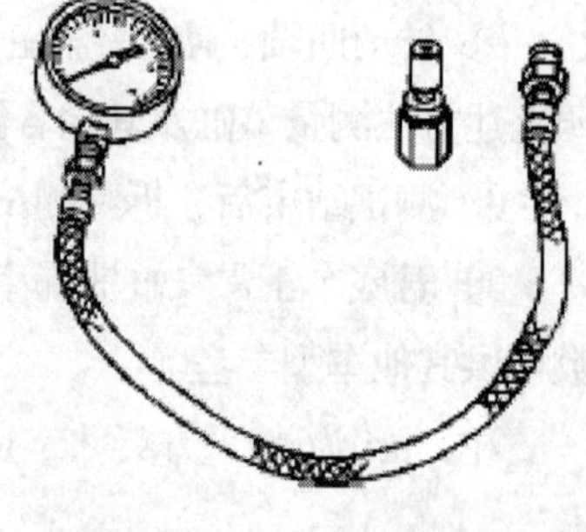

图1-60 排气压力表

（5）测试压力。

① 起动发动机，测量怠速时排气压力值在 8.6kPa 以下。如果怠速时，压力值超过 20kPa，则应立即熄火，不允许提高发动机转速，以防仪器损坏。

② 将发动机转速提供到 2 000 r/min。检查压力不超过 20.7kPa。

③ 根据压力表指示值，判断排气系统是否堵塞。

④ 由于排气温度较高，所以测试时间应尽量缩短（最长不超过 3min）避免仪器连接的橡胶管部件长时间的高温而损坏。

（6）拆下排气压力表。排气压力表拆下后，应采用自然冷却降温的方式，不能强行降低温度，待接头温度和室外温度一致时，方可将仪器放入盒内。

（7）安装氧传感器。按规定拧矩 41N · m 上紧氧传感器，确认无漏气。

（8）清洁工具。

六、任务工单

工作任务	1. 测量气缸压力 2. 测量气缸漏气量 3. 测量进气歧管真空度	学时	2	班级	
姓名		小组		日期	
设备	凯越或赛欧、气缸压力表、真空表、漏气量测试仪、常用维修工具、汽车维修手册等			教学地点	汽车整车实训车间
任务目的	制定工作计划，选用测量仪器，在保证安全的前提下，完成气缸压力、气缸漏气量和进气歧管真空度，并分析测量数据，判断发动机技术状态				

（一）资讯

1. 车辆信息

车型		生产年代		制造厂	
车辆识别码			发动机型号		

2. 故障描述

3. 相关问题

（1）发动机怠速是否正常？

（2）发动机是否烧机油、动力是否充足？

（二）决策与计划

请检测任务要求，确定所需要的检测仪器、工具，并对小组成员进行合理分工，制定详细的工作计划。

1. 需要的检测仪器、工具
2. 小组成员分工
3. 检测计划

（三）实施

序号	检查项目	检测工具	检测结果（kPa）	备注
1	气缸压缩压力		发动机温度： 第一次测量值 1 缸：　　2 缸： 3 缸：　　4 缸： 第二次测量值 1 缸：　　2 缸： 3 缸：　　4 缸： 对压力低的气缸，加注机油后测量值： 检测结果 1 缸：　　2 缸： 3 缸：　　4 缸：	
2	气缸漏气量		不正常的气缸： 漏气部位：	
3	进气歧管真空度		怠速转速： 怠速时真空度： 急加速（2500 r/min）之后真空度：	

数据分析及结论：

____

____。

（四）检验

进行自检与互检、过程检验、竣工检验。

（五）考核与评估

考核项目	评分标准	分数	学生自评	小组互评	备注
团队合作	和谐	5			
活动参与	积极参与	5			

续表

考核项目	评分标准	分数	学生自评	小组互评	备注
维修手册使用	正确使用	5			
任务方案	合理	10			
工具、设备使用	选用正确，使用正确	15			
5S	整理、整顿、清扫、清洁、素养	10			
工作安全	遵守安全操作规程	10			
操作过程	规范、合理、测量数值正确	20			
任务完成情况		10			
工作纪律	严格遵守	5			
工单填写	如实、规范	5			
合计		100			
教师评价（总评）					

注：如果违反操作安全规程，造成人身伤害或设备严重损坏，本任务考核 0 分。

故障范例　捷达轿车机油消耗量过大

1. 故障现象

一辆捷达车，行驶里程 21 万千米，用户反映车辆行驶无力，油耗增加，不足 2000 千米就需要加一次机油。

2. 故障诊断与排除

经进一步检查发现该车排气管冒蓝烟，拆检发现一缸、三缸火花塞有不少积炭，之所以出现上述故障现象，可能是发动机活塞与气缸之间密封不良，动力下降，机油窜入气缸中燃烧所致，初步确定检修方向为发动机机械方面。

检测气缸压力，一缸、三缸的气缸压力为 710～730kPa，标准气缸压力为 900～1200kPa，极限为 750kPa，所以可以确定故障是缸壁间隙过大，活塞环过软、磨损过大或活塞环开口重叠等。拆解发动机维修，检查活塞与气缸之间的间隙为 0.10mm（标准间隙应小于 0.08mm），活塞环磨损过重，经与用户协商，对发动机进行了大修，故障排除。

一、判断题

1. 利用单缸断火法评价发动机各缸工作状况，若测得发动机转速下降值越大，表明该缸工作不良。(　　)

2. 在点火波形检测中，采用多缸平列波形主要是为了比较各缸点火高压，采用多缸并列波形主要时为了比较各缸点火时间。(　　)

3. 当过量空气系数为 0.8～0.9 时，燃烧速度最快；当过量空气系数大于或小于此值时，燃烧速度变慢，点火提前角应减小。(　　)

4. 脱开喷油器连接器，接通点火开关，检查连接器线束端电源线的电压，应为蓄电池电压。(　　)

5. 因热膜式空气流量计的信号是频率型的，所以用万用表检测输出信号时，应选择电阻挡（Ω）。(　　)

6. 电控汽油喷射发动机的点火提前角一般是不可调的。(　　)

7. 汽油泵滤网堵塞会造成燃油喷射系统油压过高故障。(　　)

8. 发动机的点火提前角太小会引起发动机过热。(　　)

9. EGR（废气再循环）装置是为了减少发动机的 NO_x 的排放量。(　　)

10. 发动机大修主要取决于气缸的磨损程度。(　　)

11. 气缸的圆柱度误差是该气缸最大与最小直径差值之半。(　　)

12. 线性节气门位置传感器的输出电压信号随节气门开度变大而减小。(　　)

13. 工作顺序为 1—5—3—6—2—4 的直列四冲程六缸发动机，当第一缸处于做功冲程时，第六缸应为排气冲程。(　　)

14. 大修发动机时，检测合格的活塞可以继承使用。(　　)

15. 所谓占空比是 ECU 输出的控制信号在一个周期内通电周期与通电时间的比值。(　　)

16. 气囊引爆条件，当 SRS 检测电路与触发传感器碰撞传感器任一项接通时就可引爆。(　　)

17. 防盗系统功能只有防盗和警报功能。(　　)

18. 微机可以直接接受由传感器输送的模拟信号。(　　)

19. 同时喷射正时控制是所有各缸喷油器由 ECU 控制同时喷油和停止喷油。(　　)

20. ECU 收不到点火控制器返回的点火确认信号时，失效保护系统会停止燃油喷射。(　　)

21. 君威 PK-3 防盗系统，更换防盗模块或动力系统控制模块（PCM）后的应进行编程学习。(　　)

22. 君威 PK-3 防盗系统的组成中包括车身控制电脑（BCM）。(　　)

23. 凯越高压线阻值约为 3 000Ω。(　　)

24. 火花塞的间隙约为 1.0mm。(　　)

25. 工作正常的火花塞其绝缘体裙部呈赤褐色、无积炭、电极无烧损、电极间隙正常、热分类

正确。(　　)

二、单项选择题

1. 以下能用来表征发动机气缸密封性的诊断参数是(　　)。

A. 气门间隙　　B. 气缸压力　　C. 点火提前角

2. 可以直接读取多种车型故障码的检测仪器是(　　)。

A. 专用型解码器　　B. 通用型解码器　　C. 车用数字式万用表

3. 进气管负压用(　　)检测，无须拆任何机件，而且快速简便，应用极广。

A. 气缸压力表　　B. 真空表　　C. 万用表

4. 在讨论闭环控制时，甲同学说空燃比控制的闭环元件是氧传感器，乙同学说点火系统控制的闭环元件是爆燃传感器，请问谁正确？(　　)

A. 两人说得都不对　　B. 乙同学说得对

C. 两人说得都对　　D. 甲同学说得对

5. 用示波器检测汽油机高压波形时，发现某一个气缸的点火高压过高，说明故障可能在(　　)。

A. 点火器　　B. 点火线圈　　C. 火花塞

6. 将电动汽油泵置于汽油箱内部的目的是(　　)。

A. 便于控制　　B. 降低噪声　　C. 防止气阻

D. 防止短路故障

7. 下列哪一个传感器能向 ECU 输入爆燃信号(　　)。

A. 氧传感器　　B. 缸序判别传感器　　C. 爆燃传感器

D. 大气压力传感器

8. 能有效抑制 NO_x 生成的辅助控制系统是(　　)

A. 三元催化转化器　　B. 废气再循环

C. 燃油蒸气排放控制系统　　D. 进气惯性增压控制系统

9. 对喷油量起决定性作用的是(　　)。

A. 空气流量计　　B. 水温传感器　　C. 氧传感器

D. 爆燃传感器

10. 电控燃油喷射系统的燃油压力一般在(　　)kPa。

A. 150～250　　B. 250～300

C. 300～350　　D. 350～400

11. 在讨论汽车污染物时，技师甲认为 NO_x 排放物是由燃烧室高温造成的；技师乙认为 NO_x 排放是由于浓空燃比造成的。试问谁准确？(　　)

A. 甲正确　　B. 乙正确

C. 两人均正确　　D. 两人均不正确

12. 甲认为气缸的最大磨损通常发生在活塞销轴线方向；乙认为气缸的锥度可以用活塞环和塞尺测量得到。试问谁正确？(　　)

A. 甲正确　　B. 乙正确

C. 两人均正确　　D. 两人均不正确

13. 用高率放电计检查电瓶电压，若指针稳定在（　　），说明蓄电池存电充足，不需要充电。

A. 9～10V　　B. 9V 以下　　C. 10～12V

14. 起动机空转的故障原因是（　　）。

A. 蓄电池亏电

B. 电磁开关回位弹簧折断，或活动铁芯卡住

C. 单向啮合器打滑

D. 主回路通电过早，在驱动齿轮与飞轮齿环还未啮合之前，驱动齿轮就已转动

15. 喷汽油泵改变供油量大小是通过油量调节主力来改变（　　）。

A. 减压带行程　　B. 柱塞无效行程　　C. 柱塞总行程

16. 柴油排气管冒黑烟与（　　）有关。

A. 喷汽油泵供油量过大　　B. 喷汽油泵供油量过小　　C. 活塞环与气缸磨损严峻

17. 当进气歧管内真空度增大时，真空式汽油压力调节器将调节汽油压力（　　）。

A. 提高　　B. 降低

C. 保持不变　　D. 以上都不正确

18. 电控汽油系统的 ECU 能够做所有以下工作，除了（　　）。

A. 接收输入数据　　B. 按顺序处理输入数据并监控输出作用

C. 控制内燃机的运行情况　　D. 存储数据和信号

19. 蓄电池在充电过程中，其电解液密度值为（　　）。

A. 不断增加　　B. 不断下降　　C. 保持不变

20. 柴油机排气管冒蓝烟主要原因是（　　）。

A. 活塞环与缸壁磨损严重　　B. 活塞环与缸壁间隙小　　C. 喷汽油泵供油量过大

三、简答题

1. 简述汽油喷射式燃油供给系统的诊断流程。
2. 电控汽油喷射系统常见的传感器和和执行器分别有哪些？
3. 电控燃油喷射系统中发动机的喷油量怎样控制的？
4. 起动机不转动的故障原因有哪些？
5. 简述起动机不转动的诊断流程。
6. 简述汽油机电控系统故障诊断的一般原则。
7. 燃油供给系统故障诊断注意事项。
8. 简述燃油供给系统不来油或油压较低的故障原因。

四、论述及分析题

1. 一辆丰田凌志 LS400 轿车发动机油耗过大，排气管冒黑烟，低速运转明显抖动。请写出造成上述故障的主要原因及诊断过程。

2. 有一台电控汽油喷射发动机，发动机怠速时测燃油系统的压力为 150kPa。压力是否正常？若不正常，试分析其可能的原因。

3. 简述发动机电控系统导致发动机不能起动的故障原因。

4. 简述点火系所导致的发动机不能运行的故障原因。

5. 简述燃油供给系统不来油的诊断流程。

6. 叙述君威车汽油压力的测量步骤。

学习情境二 发动机动力不足的故障诊断

发动机动力不足的故障原因很多，除点火系、供油系、电控系统、曲柄连杆和配气机构、进排气系统外，冷却系和润滑系故障也直接影响到发动机工作性能。发动机动力不足主要表现为怠速不良和加速不良。诊断时，应根据不同的故障现象，采取不同的诊断方法，既要重点突出，又要全面检查，争取完全彻底地排除故障。

学习任务1 发动机怠速不良的故障诊断

【知识目标】知道发动机怠速不稳的故障原因，熟悉发动机构造、原理。

【能力目标】通过本学习任务，学生能综合运用所学到的专业知识和技能，合理选用工具设备，找到故障部位，按照维修手册的标准规范，完成发动机怠速不良的故障诊断与排除。

怠速不良是发动机最常见的故障之一，它有多种表现形式，怠速过低、怠速不稳伴随着抖动、冷或热车怠速不稳、怠速过高等。造成怠速不良的原因很多，发动机进气系统、点火系统、供油系统、电控系统、排气系统、发动机机械系统故障皆有可能导致怠速不稳，也可能是几个故障共同引起的，在故障诊断与排除的过程中，要根据具体的故障现象和发动机类型来分析故障原因，找到故障部位。

一、故障现象

发动机正常怠速一般为700～800r/min。起动后发动机怠速不稳定，机体抖动，转速偏低或转速忽高忽低甚至熄火，中速以上抖动不明显，动力不足，油耗上升。

二、故障原因

1. 怠速控制不良

怠速控制阀或线路故障、怠速进气道堵塞。

2. 点火系工作不良

个别缸不点火或点火不良、点火正时不正常。

3. 喷油器工作不良

个别缸不喷油或喷油不良。

4. 相关传感器或电脑工作不良

① 节气门位置传感器及其线路不良。

② 空气流量计、进气压力传感器及其线路不良。

③ 氧传感器及其线路故障。

④ 电子控制单元损坏。

5. 发动机机械故障

① 气门间隙不正常。

② 气缸密封性不良：气门漏气、缸垫破损、活塞及活塞环、气缸磨损等。

③ 正时皮带不正常。

④ 配气相位不良。

6. 进气歧管漏气（节气门—气门之间）

① 节气门垫、进气歧管垫。

② 进气歧管上的各个真空管漏气，包括 EGR 阀常开、燃油蒸汽回收装置工作不良等。

7. 其他

① 油品不合格。

② 空调开关、动力转向开关信号不良。

③ 进气不畅等。

三、诊断流程

发动机怠速不良故障诊断流程图，如图 2-1 所示。

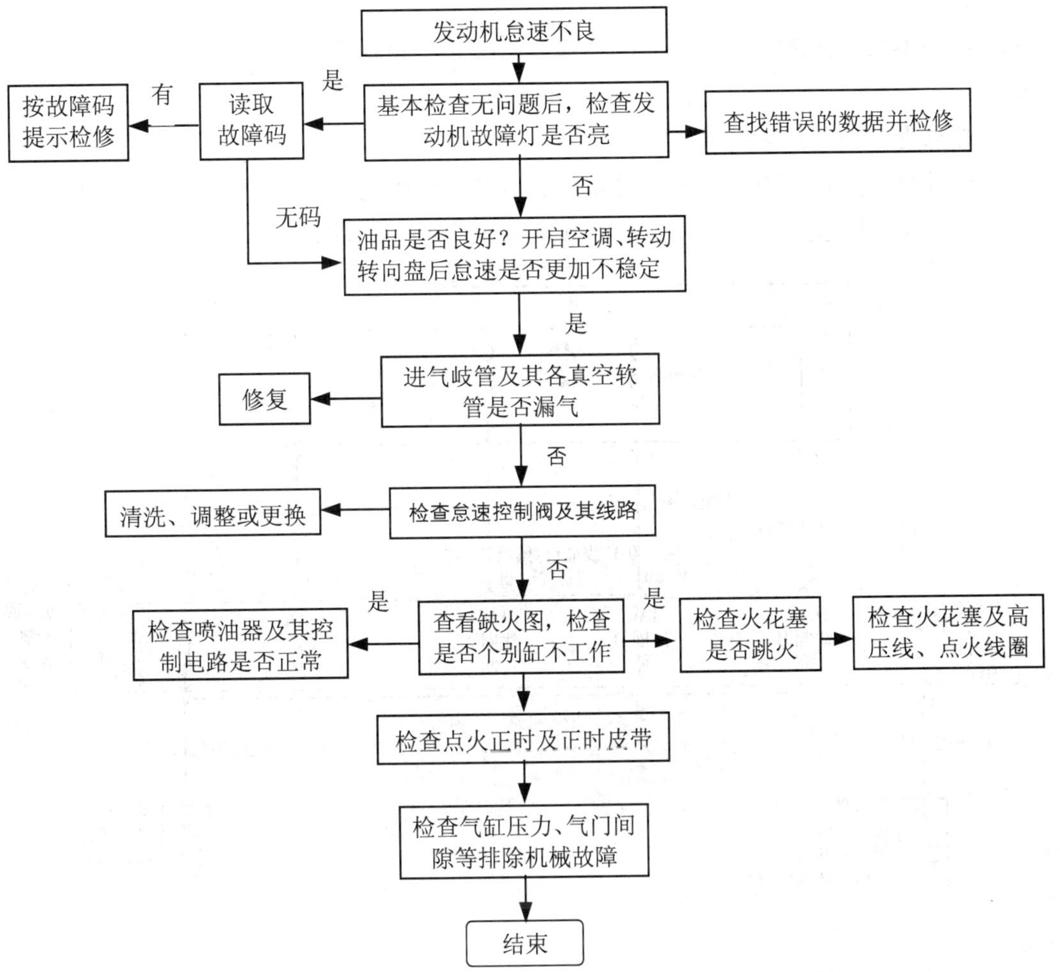

图2-1　发动机怠速不良的故障诊断流程

四、故障检测与排除

1. 首先进行基本检查

打开发动机舱盖，检查是否漏油、漏水、漏电；检查火花塞高压线是否脱落；线束线插是否松动脱落；进气歧管上的真空软管是否断裂、脱落等。确认油品无问题。

2. 检查故障指示灯

检查故障指示灯是否亮，如果亮，用故障诊断仪读故障码和数据流。

3. 检查进气歧管

检查进气歧管是否漏气，必要时测量进气歧管真空度。

4. 使用 TECH2 查看缺火图（详见专项技能）

检查是否有工作不良的气缸。若有工作不良的气缸，先检查火花塞高压线，后做断油试验。无火或火弱为点火系统故障。

5. 断油试验

用故障诊断仪做断油试验（详见学习任务 2 专项技能），检查怠速不良是否与喷油器或其控制电路有关。

6. 检修怠速控制阀及其控制电路

君威怠速控制阀电路如图 2-2 所示。拆卸怠速控制阀检查，必要时清洗。测量其线圈电阻，其电源线电压应为电瓶电压，排除怠速控制阀及其控制电路可能存在的故障。

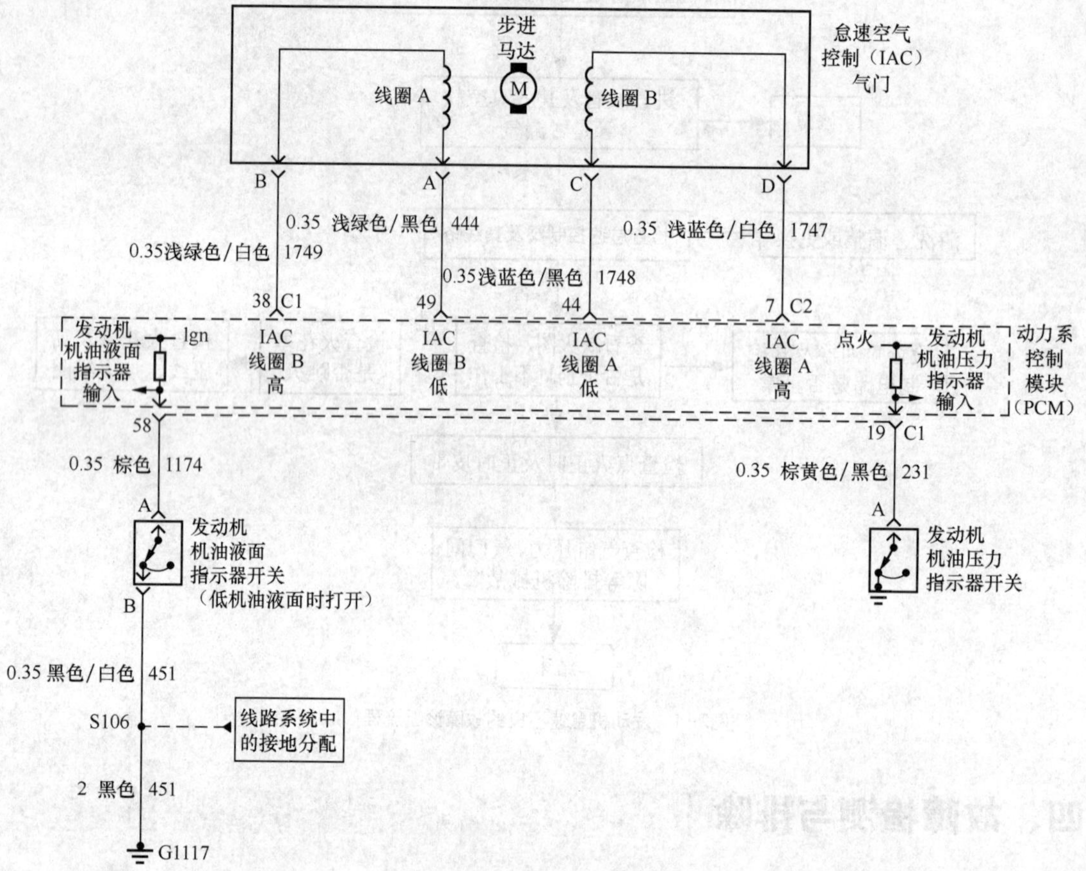

图2-2 君威怠速控制阀电路

7. 检查点火正时及正时皮带

8. 检修发动机机械故障

① 拆卸火花塞检查是否有机油、水、汽油。

② 检查气门间隙。

③ 测量气缸压力。

五、专项技能

使用 TECH2 查看缺火图，操作步骤如下。

① 关闭君威车点火开关，连接 TECH2，起动发动机，使之怠速运转。

② 按 TECH2 PWR 键打开，进入（按 Enter 键）"主菜单 F0：诊断"，进入"选出厂年份，例如，2004"，进入"车辆识别 小客车"，进入"车辆识别 别克"，进入"车辆识别 W"，进入"诊断 F0 动力总成"，进入"2.5L V6 LB8"，进入"车辆识别 4 速自动"，进入"动力总成 F2：特殊功能"，进入"特殊功能 F5：缺火图表"，如图 2-3 所示。图 2-3 所示中 6 缸的阴影部分说明此缸工作较差，其他缸几乎无阴影，说明工作良好。

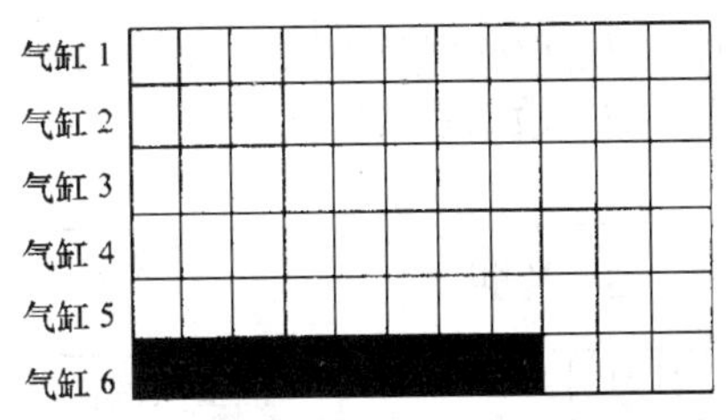

图2-3　故障检测仪TECH2上显示的缺火图示（累计电流计数）

六、任务工单

工作任务	发动机怠速不良的故障诊断	学时	2	班级	
姓名		小组		日期	
设备	君威轿车、TECH2、真空表、数字万用表、试灯、跨接线、常用维修工具、汽车维修手册等			教学地点	汽车整车实训车间
任务目的	制定工作计划，并利用诊断设备和常用维修工具确定故障部位，在保证安全的前提下，对故障部件进行检测和更换，完成怠速不良的故障诊断				

（一）资讯

1. 车辆信息

车型	君威 2.5L	生产年代		制造厂	
车辆识别码		发动机型号			

2. 故障描述

3. 相关问题

（1）发动机中高速、急加速时是否正常？

（2）发动机怠速不良时，排气管是否有"突突"声？

（3）发动机怠速不良是在冷车时？热车时？还是冷热车怠速均不良？

（二）决策与计划

请根据起动系统故障检修的任务要求，确定所需要的检测仪器、工具，并对小组成员进行合理分工，制定详细的工作计划。

1. 需要的检测仪器、工具

2. 小组成员分工

3. 起动机不工作故障检修的工作计划

（三）实施

1. 故障现象确认

2. 故障原因分析

____

3. 诊断

序号	检查项目	检查方法	检查结果	备注
1	发动机外部、各传感器、执行器及其线路	基本检查法、经验检查法		
2	故障码、数据流	使用 TECH2	点火提前角： 怠速转速： 故障码： 错误的数据流：	
3	进气歧管是否漏气	真空表	数值：	
4	是否有工作不良的气缸	查看缺火图		
5	怠速控制阀及其线路 清洗怠速控制阀	TECH2 拆卸 万用表	怠速控制阀开度： 线圈电阻： 电源线电压：	

4. 故障排除

故障点：____。

处理措施：____。

（四）检验

进行自检与互检、过程检验、竣工检验。

（五）考核与评估

考核项目	评分标准	分数	学生自评	小组互评	备注
团队合作	和谐	5			
活动参与	积极参与	5			
维修手册使用	正确使用	5			
任务方案	合理	10			
工具、设备使用	选用正确，使用正确	15			
5S	整理、整顿、清扫、清洁、素养	10			
工作安全	遵守安全操作规程	10			
操作过程	规范、合理、测量数值正确	20			
任务完成情况		10			
工作纪律	严格遵守	5			
工单填写	如实、规范	5			
合计		100			
教师评价（总评）					
注：如果违反操作安全规程，造成人身伤害或设备严重损坏，本任务考核 0 分。					

任务延伸 柴油机喷油器技术状况的检测

柴油机喷油器的技术状况决定柴油机燃油的喷射质量，因此对柴油机的燃烧过程和技术性能有重大影响。喷油器技术状况的检测应在专用试验器（喷油器校正仪）上进行，如图 2-4 所示。校正仪由手压泵、油箱及压力表组成。油箱内的柴油经滤清后流入手压泵的油腔，压动手压泵泵油时，高压油经油管流入喷油器，使喷油器喷油，同时在压力表上显示出油压。

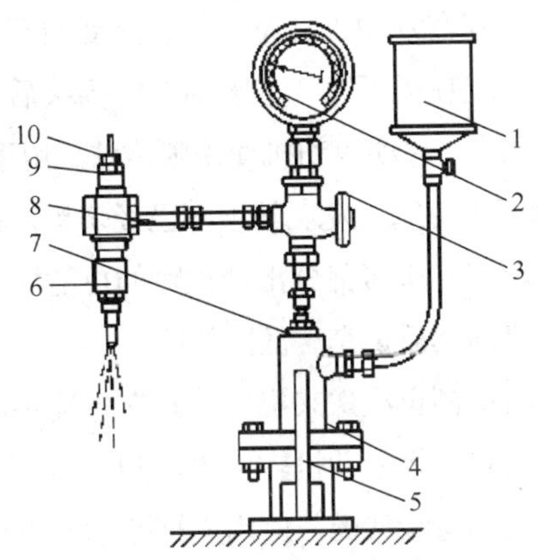

图2-4 喷油器校正试验

1—油箱；2—压力表；3—开关；4—高压汽油泵；5—手柄；6—喷油器；7—锁紧螺母；8—高压油管；9—放气螺塞；10—调节螺栓

1. 喷油压力测试

拆下试验器的锁紧螺母，旋松调节螺钉，然后把喷油器装在试验器（见图 2-4）上，压动校正仪手柄，排出留在油管和喷油器中的空气和脏物。

以 60 次/min 的速度按压试验器手柄，同时观察喷油器喷油过程中压力表上的读数。各缸喷油器的喷油压力应相同，并符合制造厂的规定标准。CA6110 型柴油机喷油压力为 17.2MPa，五十铃 4JB1、4JA1 喷油压力为 18.5 MPa。如果喷油器的喷油压力不符合规定，可通过增、减喷油器调压弹簧处的垫片或调整喷油器调压螺钉的旋入量调节喷油压力。旋入调压螺钉时，提高压力；反之，则降低压力。

调整喷油器后，应旋紧试验器锁紧螺母，再次进行喷油压力试验，直至调整到符合标准值。

2. 喷雾质量检查

以 120 次/min 的速度按压校正仪手柄，喷油器喷出的油雾束应细小均匀呈雾状，油束的锥角、喷射方向应符合要求。

3. 喷油滴漏现象的检查

当以较慢的速度按压校正仪手柄或在低于标准喷油压力停止按压手柄时，喷油器喷孔处不应有油滴流出。

故障范例 凯越 1.6L 怠速不良的故障诊断

1. 故障现象

一辆 2006 年 1 月出厂，行驶了 4000km 的凯越 1.6L 车，来我站报修，怠速不稳。

2. 故障诊断与排除

首先进行着车检查，该车的确存在发动机怠速不稳、抖动的现象。使用 TECH2 检测，没有故障代码。使用逐缸断油的方法，发现在拔下第二缸喷油头的插头后，发动机抖动未加剧。检查第二缸高压线，未见因漏电引起的烧蚀点，起动发动机使用喷水法，用手触摸高压线，也未见漏电现象，测量电阻为 3kΩ 左右，正常。拆下火花塞，发现其顶部已经烧黑。将该火花塞与其他缸的火花塞对调，故障仍在二缸。因为该车是新车，机械部分出现故障的可能性极小，起动发动机也没有异响，所以推测故障点在喷油器。更换喷油器后试车，故障排除。

更换喷油器后第 3 天，客户将车辆再次送来报修，热车怠速不稳。进行着车检查后发现，原地着车发动机怠速运行十分平稳，只是在将发动机转速提高到 3000r/min 以上并快速收油门时，发动机才会出现怠速不稳现象，时间大约持续 20s。使用逐缸断油的方法，没有发现工作不良的气缸。首先怀疑怠速马达反应失准，使用 TECH2 检测怠速马达步幅，使用 TECH2 的特殊功能测试怠速马达功能正常。使用 TECH2 检测发动机数据（见表 2-1），只发现长期燃油调整值为-10%，第二氧传感器数值长期在 800mV 左右。用燃油压力表检查系统压力，发现燃油压力为 305kPa，而正常燃油压力为 284～325kPa，系统压力正常，燃油压力不是造成这个现象的原因。

表 2-1 凯越 1.6 故障车的检测数据

项　目	常水温、怠速	40℃水温、怠速
发动机转速	750～850r/min	927r/min
设定怠速	812r/min	925r/min
IAC 位置	24～30 计数	54 计数
所需 IAC 位置	24 计数	54 计数
ECT 传感器	93℃	40℃
大气压力	101kPa	10 kPa
喷油器 PWM 传感器	3.4～3.8ms	5.8ms
O_2S/HO_2S1	100～900mV	100～900mV
O_2S/HO_2S1	800mV	716mV
短期燃油调整	−1%	0
长期燃油调整	−10%	1%

因为这是一辆新车，而且刚刚换过喷油器，故怀疑其使用的燃油有问题。于是断开原车油路使用外接燃汽油泵供油，故障仍然存在。这时开始考虑第二氧传感器数值为什么长期在 800mV 左右，其正常数值应在 450mV 左右变化。分析原因，可能是积炭导致的，于是拆下全部喷油头，使用内窥镜检查气门附近的积炭，发现有较多黏性积炭（见图 2-5）。

免拆清洗发动机进气道积炭和喷油头后，进行一段高速行驶试车，回来后再次检查，故障已经不存在，而且长期燃油调整值为 0，第二氧传感器数值在 400mV 左右。

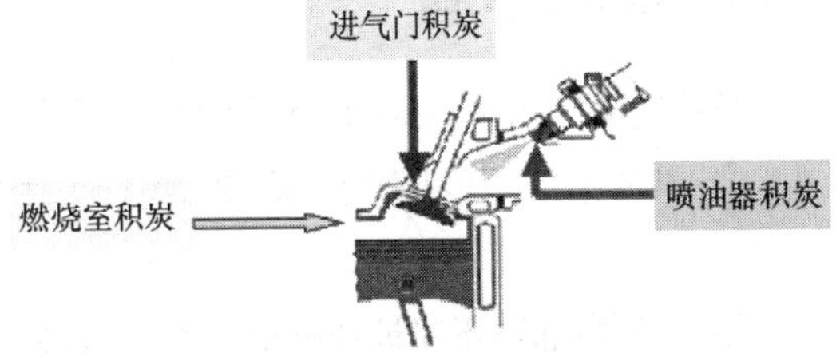

图2-5　容易产生积炭的部位

3. 点评

由于积炭的结构类似海绵，当气门形成积炭以后每次喷入气缸的燃油就会有一部分被吸附，使得真正进入气缸的混合气变稀。吸附在积炭上的汽油又会被发动机的真空吸力吸入气缸内燃烧，又使混合气变浓。这样，发动机的可燃混合气时稀时浓，从而导致发动机工作不良。而第 2 缸喷油头的损坏 90%也是由于发动机积炭导致卡死。其根本原因还是由于汽油的质量不合格造成的。

一般来说，积炭对车辆造成的影响主要是冷起动困难、冷起动后怠速抖动、冷起动后加速不良等故障现象。而这辆车是在热车收油门后才出现怠速抖动的情况，冷车无故障，所以才在维修上走了弯路。

学习任务2　发动机加速不良的故障诊断

【知识目标】1. 知道发动机加速不良的故障现象、原因、诊断和排除方法。

2. 知道发动机主要传感器的参数值。

【能力目标】1. 能够对发动机加速不良的故障进行综合分析，制定合理的诊断流程或检修计划。

2. 能够正确选择和使用检测仪器和设备，完成发动机加速不良的故障诊断和排除。

发动机加速不良主要是因为混合气过稀、点火不良、气缸密封性不良、电控系统控制失误及排气不畅、变矩器不良等原因，造成发动机功率损失过大。其发动机加速不良故障的具体诊断过程如下。

一、故障现象

1. 发动机在各种转速下皆运转不稳，且运转无力，缸体抖动，加速困难，油耗增加，排气管有“突突”声。

2. 发动机无负荷运转时基本正常，但节气门突然开大加速时，发动机转速不能及时升高，甚至下降、熄火，并且伴随有爆燃声、排气管“突突”声或回火声。

3. 车辆行驶时，踩油门踏板提速很小或不提速；油门踏板踏到底时仍感到动力不足，达不到最高车速（提示：对这种故障现象，首先应检查制动器有无拖滞、轮胎气压及车轮轴承是否过紧等）。

二、故障原因

导致发动机加速不良的具体原因主要有以下几点。

① 供油不足。包括汽油泵供油不良、因汽油、油箱内有杂质造成汽油滤芯或汽油泵滤网堵塞等。

② 个别喷油器不喷油或喷油不良。包括喷油器本身有故障、喷油器控制电路故障和电脑故障。

③ 空气流量计、进气压力、节气门位置等传感器或电脑故障。

④ 个别缸火花塞不点火或点火不良、点火正时失准，包括火花塞、高压线、点火线圈、点火控制器及线路等。

⑤ 发动机机械。如气缸压力偏低、进排气门密封不良等。

⑥ 排气管堵塞或进气不畅等。

三、诊断流程

加速不良的诊断流程如图 2-6 所示。

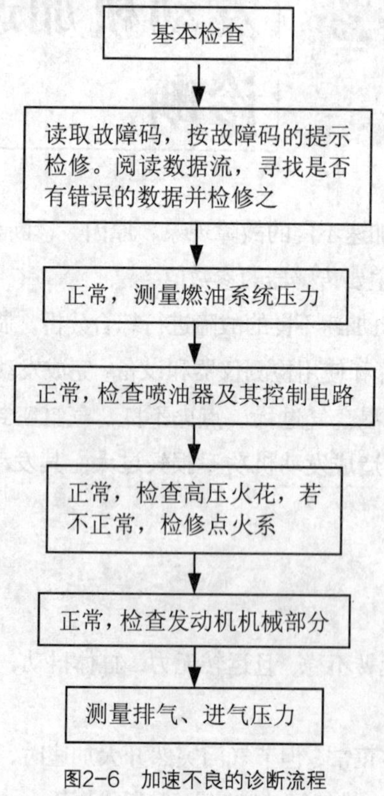

图2-6 加速不良的诊断流程

四、故障检测与排除

下面以君威车为例，进行发动机加速不良的故障诊断与排除。

1. 基本检查

检查有无燃油，燃油是否泄漏，汽油泵是否工作，检查进排气管路是否通畅，检查各电器元件、高压线连接是否正常，检查制动器有无拖滞、轮胎气压及车轮轴承是否过紧等。

2. 电控系统的检查

如果故障灯（MIL）亮起，应检查电控系统。

① 用故障诊断仪调去故障码，按故障码的指示维修。

② 阅读空气流量计、进气压力传感器、节气门位置传感器、点火正时等数据流，如果数据流不正确，查找故障原因。

③ 用故障诊断仪监视爆燃传感器 KS 系统是否有出现火花延迟变大。如果爆燃延迟大于 10～12 度，断开爆燃传感器并将传感器线束连接器接地，在故障诊断仪上监视爆燃延迟，这时应没有爆燃延迟出现，如果有爆燃延迟出现则检查动力系统控制模块。

④ 检查排气再循环系统的操作是否正常。

3. 燃油系统的检查

（1）检查燃油系统。

测试燃油系统压力。

（2）检查燃油喷油器及其控制电路

① 进行喷油器作动试验（详见专项技能）。

② 用万用表测量燃油喷油器线圈电阻。

③ 用试灯测试喷油器控制电路，正常为试灯闪亮，不亮或不闪亮检查线路或电脑。

详见学习情境一中的学习任务 5：燃油供给系统的故障诊断。

4. 检查导致发动机混合气变浓的项目（长期燃油修正主要在负数范围）

为了实现驱动性能燃油经济性和排放控制的最佳可能组合，采用了闭环空/燃计量系统。在闭环中，动力系统控制模块 PCM 监视加热氧传感器 1 信号并基于加热氧传感器 HO2S 信号电压调节供油量。供油量变化可以利用故障诊断仪查看长期和短期燃油微调值来了解。理想的燃油微调值接近 0。如果加热氧传感器信号指示过稀状况，动力系统控制模块将添加燃油使燃油微调值高于 0。如果检测到过浓状况，燃油微调将低于 0，指示动力系统控制模块正在减少供油量。如果检测到严重过浓状况，动力系统控制模块将设置 DTC P0172。其动力系统控制模块控制长期燃油调节值的最大权限允许 −25%～+20%的范围。其动力系统控制模块控制短期燃油调节值的最大权限允许在−27%～+27%的变化范围。

① 燃油压力高，如果压力太高，系统将变得很浓。

② 燃油喷射器故障。

③ 检查蒸发排放炭罐燃油饱和。如果蒸发排放炭罐装满了燃油，检查炭罐控制和软管。

④ 断开空气流量传感器并查看过浓的情况是否改善。若过浓情况未改善，则更换空气流量传感器。

⑤ 通过检查燃油压力调节器真空管路是否出现燃油，检查燃油压力调节器膜片是否泄漏。

⑥ 节气门位置（TP）传感器输出间歇将导致错误指示发动机加速，使系统加浓。

如果确定诊断故障代码属于间断性故障，则查阅故障记录，可以确定诊断故障代码上次是何时设置的。

5. 检查导致发动机混合气变稀的项目（长期燃油修正主要在正数范围）

① 加热氧传感器导线——传感器引出线可能布线不当并接触排气系统。

② 动力系统控制模块与发动机机体接地不良。

③ 燃油压力低——如果压力太低，系统将变得稀薄。动力系统控制模块能够补偿一定程度的压降。但若燃油压力太低，DTC P0171 则被设置。

④ 燃油喷射器故障。

⑤ 真空泄漏。检查真空软管是否断开或损坏和进气歧管、节气门体、排气再循环系统和曲轴箱通风系统是否真空泄漏，认真进行外观检查。

⑥ 排气泄漏。排气泄漏可能引起外部空气被吸入通过加热氧传感器的排气流，使得系统表现稀薄。检查是否存在导致虚假过稀状况指示的排气泄漏。

⑦ 断开空气流量传感器并查看过稀状况是否得到校正。如果这样，更换空气流量传感器。

⑧ 燃油污染——水，甚至很小的量，可能会传送到燃油喷射器。水能引起稀排气指示。燃油中过量酒精也会。

6. 点火系统的检查

① 用火花塞试验器试火，无火或火弱为点火系统故障。详见学习情境一中的学习任务 4：点火系统的故障诊断。

② 拆下火花塞检查其技术状况，必要时更换。如果火花塞被汽油或机油污染，则在更换火花塞前，应首先确定引起污染的原因。

7. 发动机机械方面的检查

（1）气缸压力是否过低——进行发动机气缸压力测试。

（2）气门密封面是否泄漏、燃烧室是否有积炭。

（3）按以下检查不正确的基本发动机零件。

① 凸轮轴。

② 缸盖、缸垫及气缸。

③ 活塞、活塞环等。

8. 检查三元催化转换器及排气系统是否堵塞（详见任务延伸部分），检查进气管系统是否堵塞

9. 检查变矩器、离合器的操作是否正常

五、专项技能

喷油器作动试验（也称气缸功率平衡），操作步骤如下。

① 关闭君威车点火开关，连接 TECH2，起动发动机，使之怠速运转。

② 按 TECH2 PWR 键打开，进入（按 Enter 键）“主菜单 F0：诊断”，进入“选出厂年份，例如：2004”，进入“车辆识别 小客车”，进入“车辆识别 别克”，进入“车辆识别 W”，进入“诊断 F0 动力总成”，进入“2.5L V6 LB8”，进入“车辆识别 4 速自动”，进入“动力总成 F2：特殊功能”，进入“特殊功能 F2 燃油系统”，进入“燃油系统 F0：气缸功率平衡”，如图 2-7 所示。

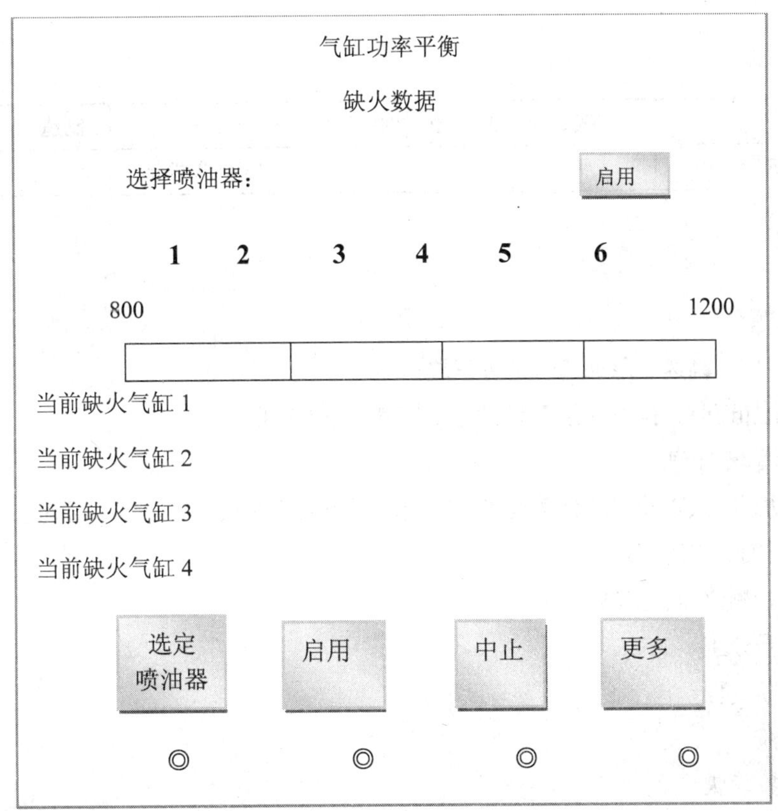

图2-7　气缸功率平衡试验操作示意图

③ 拉紧手制动，关闭 A/C，等待发动机转速稳定。

④ 按“选定喷油器”键，选择喷油器后，按“中止（指令喷油器不喷油）”键，发动机转速应明显下降，按“启用”键，发动机转速上升明显，说明该缸喷油器工作良好；否则，说明该缸喷油器或喷油器控制电路有故障。

⑤ 按“选定喷油器”键，依次选择 1～6 缸喷油器，进行“中止”、“启用”试验，通过发动机转速的变化情况，检查各缸喷油器工作是否正常。

六、任务工单

工作任务	发动机加速不良的故障诊断	学时	2	班级	
姓名		小组		日期	
设备	君威轿车、TECH2、红外线温度仪、数字万用表、常用维修工具、汽车维修手册等			教学地点	汽车整车实训车间
任务目的	制定工作计划，会选用诊断设备和工具、查阅维修资料，在保证安全的前提下，完成发动机加速不良的故障诊断和排除				

（一）资讯

1. 车辆信息

车型	君威 2.5L	生产年代		制造厂	
车辆识别码			发动机型号		

2. 故障描述

3. 相关问题

（1）发动机中、高速、急加速时是否正常？

（2）发动机加速时，排气管是否有“突突”声？是否冒烟？

（二）决策与计划

请根据起动系统故障检修的任务要求，确定所需要的检测仪器、工具，并对小组成员进行合理分工，制定详细的工作计划。

1. 需要的检测仪器、工具
2. 小组成员分工
3. 制定诊断流程

（三）实施

1. 故障现象确认
2. 故障原因分析

3. 诊断

序号	检查项目	检查方法	检查结果	备注
1	发动机外部、各传感器、执行器及其线路	基本检查、经验检查法		
2	故障码、数据流	使用 TECH2	故障码： 数据流：	

续表

序号	检查项目	检查方法	检查结果	备注
2	故障码、数据流	使用 TECH2	发动机温度： 转速： 点火提前角： 空气流量计： 进气压力传感器： 节气门位置传感器： 短期燃油调节值： 长期燃油调节值： 错误数据：	
3	喷油器作动试验	TECH2		
4	点火系、发动机机械			
5	三元催化转化器	红外线温度仪	外观： 进口温度： 出口温度： 进出口温度差：	

4．故障排除

故障点：________________________________。

处理措施：______________________________。

（四）检验

进行自检与互检、过程检验、竣工检验。

（五）考核与评估

考核项目	评分标准	分数	学生自评	小组互评	备注
团队合作	和谐	5			
活动参与	积极参与	5			
维修手册使用	正确使用	5			
任务方案	合理	10			
工具、设备使用	选用正确，使用正确	15			
5S	整理、整顿、清扫、清洁、素养	10			
工作安全	遵守安全操作规程	10			
操作过程	规范、合理、测量数值正确	20			
任务完成情况		10			
工作纪律	严格遵守	5			
工单填写	如实、规范	5			
合计		100			
教师评价（总评）					

注：如果违反操作安全规程，造成人身伤害或设备严重损坏，本任务考核 0 分。

三元催化转化器常见故障诊断及检测

为了有效控制排放污染，现代汽车普遍加装了废气三元催化转化器，汽车在使用过程中由于缺火、可燃混合气浓度偏高、燃料使用不当、点火过迟、烧机油及机械碰撞等因素均可造成三元催化转化器工作性能下降，甚至失效，加剧了汽车的排放污染，影响发动机的正常工作。随着车辆使用年限和里程的增加，三元催化转化器的故障率呈现上升的趋势，很有必要采用正确的方法加强对其工作性能的检测，以便及时发现故障和维修，保证车辆的正常的行驶，充分发挥其净化尾气、有效保护环境的功效。

1. 三元催化转化器的常见故障现象

（1）加速发闷，发动机易熄火甚至不能起动

三元催化转化器的故障形式包括堵塞、破损和中毒等几种。在使用过程中，其故障形式主要表现为转化器堵塞，从而造成发动机排气管堵塞，使发动机加速发闷、易熄火和不能起动。自从禁止使用含铅汽油以来，电控发动机三元催化转化器的中毒故障明显减少，但如果使用了假冒伪劣汽油，也容易导致三元催化转化器堵塞。

（2）动力不足、加速不良

三元催化转化器堵塞，必然造成发动机排气不畅，动力不足、加速不良，严重时导致发动机动力明显下降，常常表现为车辆达不到最高车速。如设计最高车速为 180km/h 的汽车，油门踏板长时间踏到底，最高车速还是相差较大。

（3）发动机温度过高

由于废气不能及时排出，造成发动机温度过高。

2. 三元催化转化器常见故障原因

（1）机械损坏

在路况较差的情况下，车辆底盘与地面刮碰，可能会造成三元催化的破损、陶瓷内芯破损、壳体裂纹等机械损伤。

（2）催化转化器过热

过热是指催化器内部温度超过 850℃，载体和涂层上的贵金属因高温烧损而脱落，使化学反应无法正常进行。催化器过热的主要原因是发动机失火（缺火）、混合气过浓，发动机失火或混合气过浓即有未燃烧的混合气排出燃烧室，未燃烧完的混合气在催化器内遇到高温而燃烧，使催化器温度迅速上升。其原因主要有以下几点。

① 喷油器故障。如密封不严、滴油、堵塞、损坏等，造成混合气过浓。

② 点火系故障。如火花塞、高压线故障，点火能量不足等造成缸内混合气不能点火。

③ 机械故障。如缸壁间隙过大、活塞环不密封；废气涡轮增压器油封漏油造成烧机油；气门烧蚀；气缸垫击穿等。凡是发动机有冒蓝烟现象，都应检查三元催化转化器是否受到污染。

（3）催化器中毒

催化器中毒分铅中毒和慢性中毒，铅来源于含铅汽油，慢性中毒是指锌、磷、硫等元素引起的催化器中毒，其中锌、磷来源于机油添加剂，硫来源于汽油。

3. 三元催化转化器的检测方法

（1）测量排气背压法

拆卸前氧传感器，连接排气背压表，测量怠速时排气压力值，对于大众车系应在 8.6kPa 以下，在发动机 2500r/min 时观察压力表的读数，此时压力值应小于 17.24kPa，此时若排气管背压大于或等于 20.70kPa，则说明排气系统堵塞。其他车系的排气背压值可以此作参考。

（2）测量进气歧管真空度法

把真空表连接到进气歧管上，起动发动机并缓慢加速，在正常情况下，进气管的真空度应为 57～71kPa。当三元催化转化器发生堵塞时，进气歧管的真空度将低于标准值，而且波动很大，如果急加速时真空度下降得更为明显，三元催化转化器堵塞后进气管真空度的变化如表 2-2 所示。

表 2-2　三元催化转化器堵塞后进气管真空度的变化

状态	正常数值	三元催化转化器堵塞的进气管真空度
怠速	稳定在 57～71kPa	45kPa 左右，有时可达 55kPa，随后很快跌落到 0
急加速	迅速关闭节气门时，真空表指针在 7～85kPa 灵敏摆动	由 45kPa 急速下降到 5kPa 以下，同时真空表指针随节气门的急剧变化而大幅波动

（3）红外温度计测量法

① 如果三元催化转化器的出口温度等于或低于进口温度，说明三元催化转化器已经失效；如果怠速时三元催化转化器的出口温度比进口温度高约 10%，而在正常工作温度下进口温度与出口温度没有差别，也说明三元催化转化器失效。

② 如果三元催化转化器的出口温度高于进口温度 20℃～100℃，说明三元催化转化器工作正常。

③ 如果三元催化转化器的出口温度大大高于进口温度（超过 120℃），说明进入三元催化转化器的废气中含有异常多的 CO 和 HC，产生这一现象的原因往往是发动机的燃烧过程不良，或者是电控系统出了问题，需要对发动机做进一步检测，查明真实的故障原因。

（4）利用双氧传感器信号电压波形分析法

在许多 OBD-Ⅱ系统中，都安装了两个氧传感器，分别装在前后两端。安装在三元催化后段的氧传感器电压波动要比安装在三元催化器前段的氧传感器的电压波动小得多，这是由于三元催化在转化 CO 和 HC 化合物时消耗氧气。当三元催化损坏时，其转化效率基本丧失，使前后端的氧气值接近，如果用诊断仪测得前后氧传感器信号的电压波形和波动范围趋于一致，说明三元催化器已损坏。

（5）尾气成分检测和分析法

在正常情况下，尾气在通过三元催化转化器之前，其 CO_2 的含量为 13.2%～14.2%，在通过三元催化转化器之后，其 CO_2 的含量可能达到 15%。怠速时，CO 的含量应小于 1%，HC 的含量应小于 200×10^{-6}，NO_x 的含量应小于 100×10^{-6}。如果 CO、HC 和 NO_x 的含量都很高，应怀疑三元催化转化器是否失效。

（6）直观检查法

首次起动发动机后，先进行快速暖机，然后观察排气管管口，若管口有水珠排出，说明三元催化转化器能够将废气中的 CO、HC 转化为 CO_2 和水蒸气，三元催化转化器没有损坏，工作情况正常。如果起动后不久，看到排气歧管至三元催化转化器之间有明显烧红的现象，车冷却后三元催化转化器前部泛蓝或有起铁屑现象，说明三元催化转化器已经损坏。

三元催化转化器损坏的原因多数是“被损坏”，应综合分析找到故障源头，连同故障源头零件一起维修，否则的话，即使换了新的三元催化转化器，过一段时间后，还会出现故障。所以，当出现三元催化转化器疑似故障时，应采取正确的检测方法，准确判断其工作状态，及时排除故障，保证维修质量。

大众速腾车三元催化转化器故障的诊断

1. 故障现象

一辆大众速腾车，发动机型号 CFBJ，底盘号 LFV2A21K3A3001191，行驶里程 6260km，故障现象为发动机排放指示灯报警。

2. 故障诊断与排除

① 用 VAS5051 检查有故障记忆：01056 催化转换器系统，气缸列 1 效率低于临界值静态。

② 读取数据流。

a. 01-08-001 第 3 组显示 0 长效空燃比修正系数失效，需清除故障后才能读取当前长效空燃比系数修正值。

b. 清除故障码后，再次读取显示：−0.2%～4%。

c. 01-08-032 组第一区−4.5%、第二区 3.5%。

d. 01-08-031 组第一区在 0.2～0.8V 变化，第二区在 0.42～0.53 变化，初步判断三元催化器有问题。

③ 为了更准确地确认故障点，用 VAS5051 对前后氧传感器进行波形读取，得到如图 2-8 所示波形，前后氧传感器信号的电

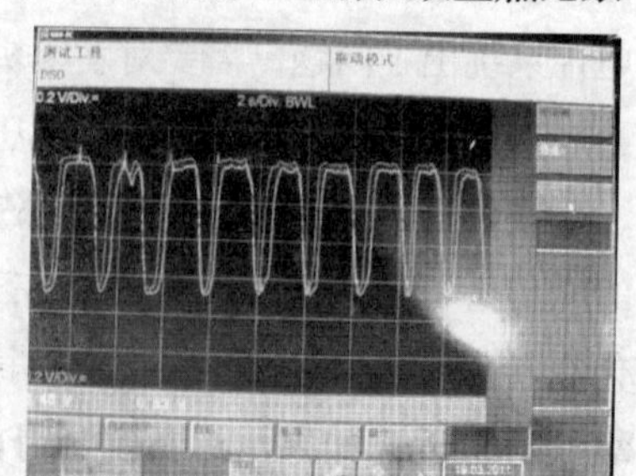

图2-8 前后氧传感器波形对比

压波形和波动范围基本一致，说明三元催化器损坏。

该故障是因为喷油器有问题，造成混合气较浓，燃烧不良，导致三元催化器损坏。更换喷油器及三元催化器后故障排除。

一、判断题

1. 突然将加速踏板踩到底，使汽车处于急加速状态，若听到的突爆声强烈，且车速提高后长时间不消失，则为点火时间过早。(　　)

2. 发动机怠速过低，通常是进气系统漏气或怠速控制阀有故障。(　　)

3. 在拆卸燃油系统内任何元件时，都必须首先释放燃油系统压力。(　　)

4. 电子控制系统中的信号输入装置是各种传感器。(　　)

5. 微机可以直接接受由传感器输送的模拟信号。(　　)

6. 只有当发动机运转时，在基本设定功能才可以完成节气门控制部件与发动机控制单元匹配。(　　)

7. 如果控制单元编码没有显示或者更换了控制单元之后，都必须对控制单元编码。(　　)

8. 热线式空气流量计前后端装有防护网，前面的防护网防止发动机回火时把铂丝烧坏。(　　)

9. 当进气压力传感器的真空管漏气时，发动机油耗会减少。(　　)

10. 在热膜式空气流量计的护套内设有一个铂膜式温度补偿电阻，目的是防止进气温度变化使测量精度受到影响。(　　)

二、单项选择题

1. 以下(　　)是电喷发动机怠速转速过高的原因之一。

A. 怠速控制阀有故障　　B. 车速传感器有故障　　C. 喷油器线圈断路

2. 汽油喷射发动机的怠速通常是由(　　)控制的。

A. 自动阻风门　　B. 节气门位置传感器

C. 步进电机　　D. 继电器

3. 一般来说，缺少了(　　)信号，电子点火系将不能点火。

A. 进气量　　B. 水温

C. 上止点　　D. 转速

4. 当结构确定后，电磁喷油器的喷油量主要决定于(　　)。

A. 喷油脉宽　　B. 点火提前角

C. 工作温度　　D. 油管油压

5. 电控点火系统的火花塞间隙一般为(　　)。

A. 0.35～0.45mm　　B. 0.6～0.8mm

C. 1.0～1.1mm　　D. 1.2～1.4mm

6. 正常情况下，进气管的真空度应为（　　）。

A. 57～71kPa　　B. 45～57kPa　　C. 71～85kPa

三、简答题

1. 三元催化转化器的常见故障现象有哪些？

2. 三元催化转化器的检测方法有哪些？

四、论述及分析题

1. 分析电喷发动机怠速不良有哪些故障原因？

2. 93款三菱轿车，发动机工作不稳定，急加或慢加油均加不上，且加油时放炮回火，排气管冒蓝黑烟。请分析造成上述故障的主要原因。

Chapter 3

学习情境三

发动机过热、机油压力过低的故障诊断

发动机冷却系统由水箱、风扇、水泵、节温器、进出水管、水温感应塞、水温表等组成。发动机冷却系的技术状况，对发动机的动力性、经济性及可靠性的影响很大。试验资料表明：当冷却水温度从 90℃降到 40℃时，燃料消耗量约增加 30%，功率约降低 10%；当冷却水温度从 90℃升到 120℃时，耗油量增加，功率却降低约 5%；当冷却水温度从 80℃降到 30℃时，材料磨损量将增加 5 倍左右。因此，轿车发动机水温应保持在 90℃左右的最适宜温度，才能使发动机工作正常，从而延长其寿命。

发动机冷却系的常见故障有冷却液温度过高（发动机过热）或过低及冷却液消耗过大等。如果出现发动机过热故障时应及时检修，否则，将引起气缸拉缸等严重后果。

发动机润滑系由机油集滤器、机油泵、机油滤清器、机油压力传感器、机油道等组成。摩擦阻力是发动机起动和运转时的主要内部阻力，改善润滑状况可减小发动机的机械损失，提高发动机输出的有效功率。润滑状况不良时，发动机做相对运动的配合副磨损加剧，正常配合间隙被破坏，还易于产生发动机“拉缸”或“烧瓦”等破坏性故障。因此，发动机润滑系的技术状况对于保障发动机正常工作和提高使用寿命是非常重要的。

润滑系检测的主要参数为：机油压力、机油消耗量和机油品质。这些参数既可表征润滑系的技术状况，又可反映曲柄连杆机构有关配合副的技术状况。

发动机润滑系机油压力的高低首先取决于润滑系的技术状况，如机油泵性能、限压阀的调整、机油通道和机油滤清器的阻力等，同时，机油压力还与机油品质和机油的温度、黏度有关，温度高、机油黏度低，则机油压力变小；反之，则油压升高。此外，机油压力还与曲轴主轴承、连杆轴承和凸轮轴轴承的间隙等有关，轴承磨损后间隙增大时，轴承间隙处机油泄漏量增大而使机油压力下降。若机油泵技术状况正常，则机油压力的降低主要由曲轴主轴颈和连杆轴颈磨损过大而引起，因此机油压力常常作为诊断相关轴承间隙的重要参数。

学习任务1 发动机过热的故障诊断

【知识目标】1. 熟悉发动机过热、机油压力过低的故障现象、故障原因及诊断方法，知道发动机冷却系、润滑系的参数值。

2. 能看懂电动风扇电路图。

【能力目标】1. 能够对发动机过热、机油压力过低的故障现象进行故障分析，制定合理的诊断流程。

2. 能够正确选择和使用检测仪器和设备，完成发动机过热、机油压力过低的故障诊断和排除。

发动机过热的故障诊断应注意如下事项。

① 待发动机冷却下来后，必须用抹布包裹水箱盖（即使水温不高时），先松动水箱盖少许泄压，头部远离加水口，然后再打开水箱盖，以防止冷却液飞溅。

② 有的汽车发动机熄火后，因水温较高，其电动式冷却风扇仍然有可能转动，在风扇叶片附近检修时，应保持距离。

③ 应使用专用防冻液，废旧防冻液不应乱倒。

一、故障现象

1. 发动机起动后，冷却水的温度上升很快。

2. 运转中的汽车，水温表指针经常指在100℃以上并伴随有冷却液沸腾现象。

二、故障原因

1. 冷却液量不足或冷却系泄漏。

2. 水箱表面脏垢、变形，冷却液水垢过多。

3. 电动风扇控制电路故障，导致风扇不转。

4. 风扇本身有故障。如风扇电机损坏、皮带松弛或打滑、风扇离合器失效等。

5. 水温表或水温警告灯指示有误。如感应塞损坏，线路搭铁、脱落或指示表失灵、水温表控制电路故障等。

6. 节温器失效，不能正常开启，致使冷却液大循环工作不良。

7. 水泵有故障。如水泵的泵水量不足，水泵皮带过松打滑，水泵的轴承松旷，水泵轴与叶轮脱转，水泵的叶轮、叶片破损，水泵的密封面、水封漏水及水泵内有空气等。

8. 气缸垫破损、水套裂纹。
9. 点火时间过迟，混合气过稀或过浓，气门间隙不正常。
10. 夏季发动机使用不合理，如载重汽车经常超负荷工作等。

三、诊断流程

发动机过热诊断流程，如图 3-1 所示。

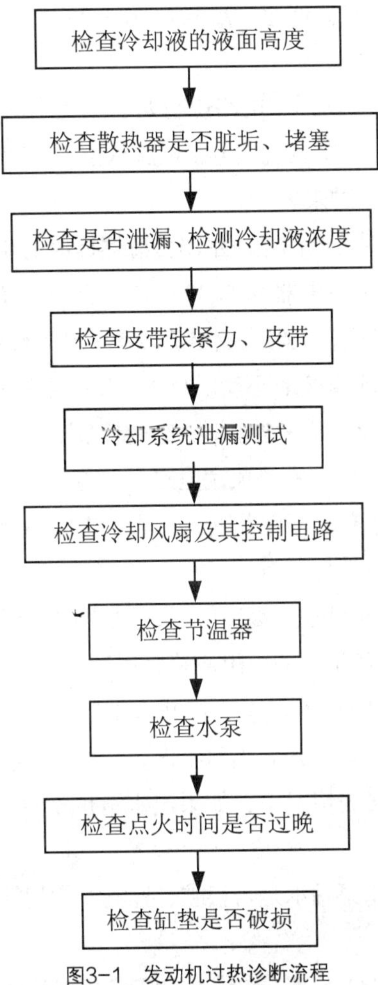

图3-1 发动机过热诊断流程

四、故障检测与排除

① 检查冷却液的液面高度应在 MIN-MAX 之间（见图 3-2），以及冷却液中的锈皮或水垢是否过多等。若防冻液水垢过多，应清洗水箱，或加入清洁剂清洁。

② 检查冷却液是否泄漏。

③ 检查散热器表面是否脏垢、堵塞。

④ 检查传动带张紧力、传动带张紧轮，张紧轮正常工作并且张紧力是否适度。

⑤ 冷却系统泄漏测试。

⑥ 检查发动机冷却液是否太稀。使用冰点仪测试冷却液浓度，应低于-27℃。

⑦ 检查冷却风扇是否有故障不能工作。使用 TECH2 指令风扇低速、高速转动，如果不转，检修低速、高速对应的控制电路及风扇。

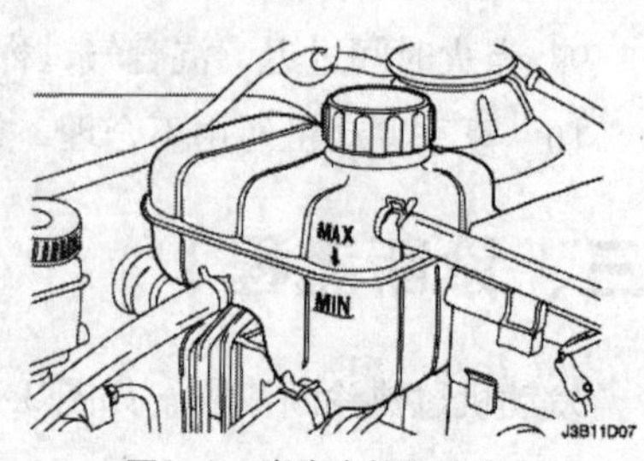

图3-2　膨胀水箱标准液位

君威电动风扇控制电路如图 3-3 所示，电路说明如下。

风扇马达由发动机罩下附件导线接线盒供电，电流从位于发动机罩下附件导线接线盒中的风扇控制保险丝 6（40A）和 21（15A）过来。

低速转动。当水温超过 97 度时（此信号由水温传感器提供），PCM 指令低速风扇控制接地，继电器 12 闭合，电流经过左侧风扇—继电器 9 的 30—87A 端子—右侧风扇—S105-G117 接地，电路导通，左右风扇皆转，两个风扇串联，电阻大、电流较小、转速较低。

高速转动。当水温过高时，低速接地不动，PCM 指令高速风扇控制处接地，继电器 9、10 通电闭合，左侧的风扇电路为:保险丝 6—继电器 12—左风扇—继电器 9 的 30—87 端子—S105—G117 接地，电路导通，左侧风扇转动。右侧风扇电路：保险丝 21—继电器 10—右侧风扇—S105—G117 接地，电路导通，右侧风扇转动。两个风扇并联，电阻减小，电流较大，故两个风扇是高速转动。

诊断时，使用 TECH 2 驱动风扇低速、高速转动，如果风扇不转，检查其对应的电路或风扇。

用万用表检查电动风扇 A、B 两端子的电阻应符合规定。

⑧ 检查节温器是否卡滞在关闭位置。小心打开水箱盖，加速时查看水箱内的冷却水是否循环，或拆下节温器后面的水箱进水管，查看出水状况，出水量不充足或水箱内的冷却水不循环，拆下并检查节温器。在不装节温器的情况下，如果出水量也不足，检查水泵的工作性能及缸体水道是否堵塞。

⑨ 检查水泵是否出现故障。水泵轴承是否松旷、异响、磨损等。

⑩ 检查点火时间是否过晚。

⑪ 检查气缸（缸垫或缸套破损）是否漏气。该故障发生时往往有排气管冒白烟（水蒸气）、发动机抖动（某缸进水，火花塞潮湿不点火）、冷却液沸腾等现象出现。

在水箱处检查气缸漏气的方法：冷起动发动机，打开水箱盖（小心沸水往外冲），如果在几分钟内水箱的水冒气泡，水开锅（沸腾），应该是发动机气缸漏气。

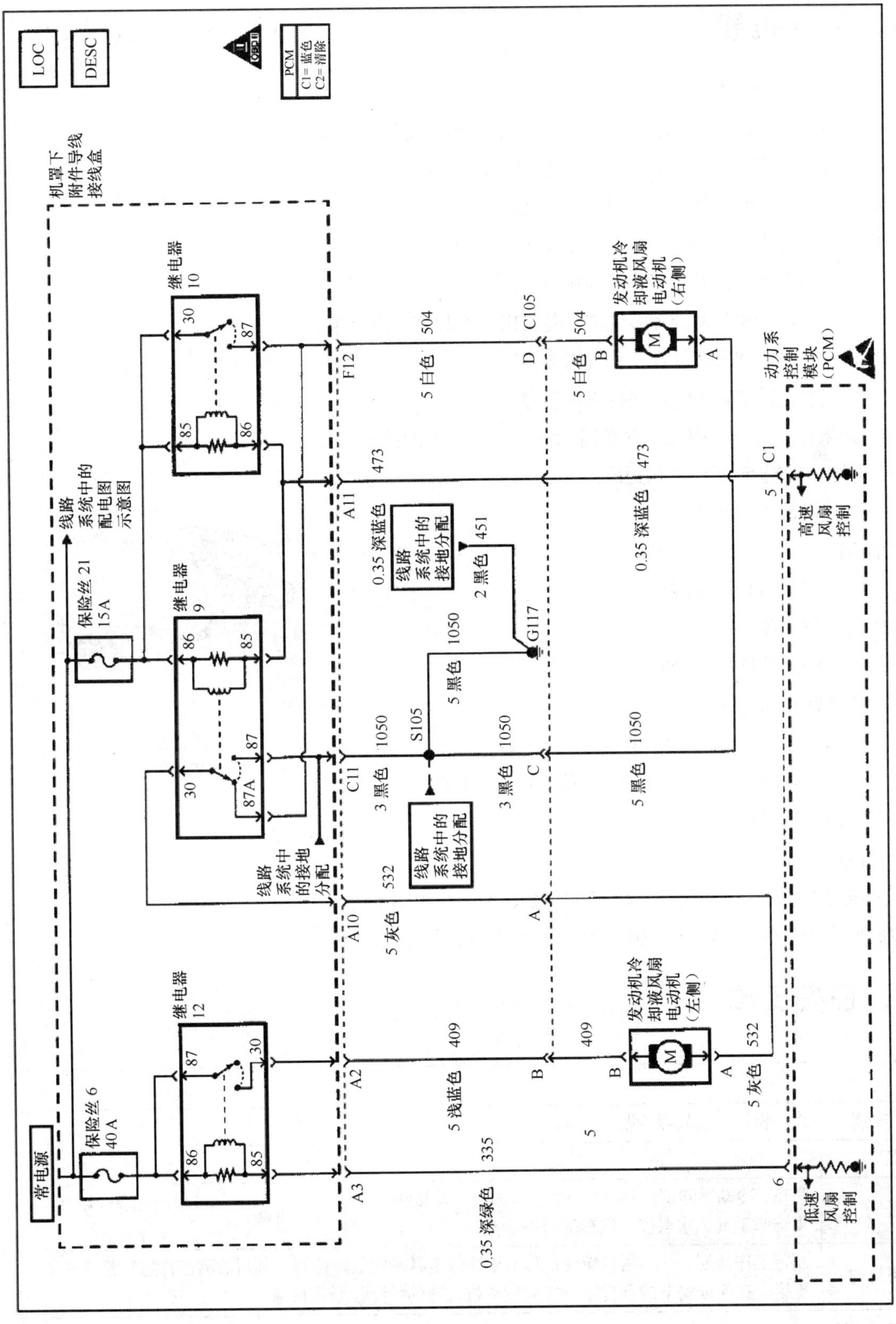

图3-3　君威电动风扇控制电路

五、专项技能

1. 冷却系统泄漏测试

冷却系统测试仪，用来检查水箱及管路是否泄漏。测试步骤如下。

① 使用普通泵和压力表测试铝质/塑料散热器压力。

② 确信冷却系统冷却，然后再拆卸散热器盖。

③ 连接压力表并施加正常的系统工作压力切勿超过 138 kPa。

④ 观察压力表指针看是否有泄漏迹象。

⑤ 检查散热器和其他冷却系统零件是否出现冷却液渗出迹象。

⑥ 根据需要维修所有软管和软管接头。

⑦ 检查散热器盖确保能够保持正常压力。

⑧ 如果在压力测试中发现散热器泄漏，标记泄漏的部位，以便在散热器拆卸后能够找到该部位。

2. 散热器盖压力测试

所需工具：J24460-01 冷却系统测试仪（见图 3-4），按照压力盖帽说明拆卸压力盖帽。

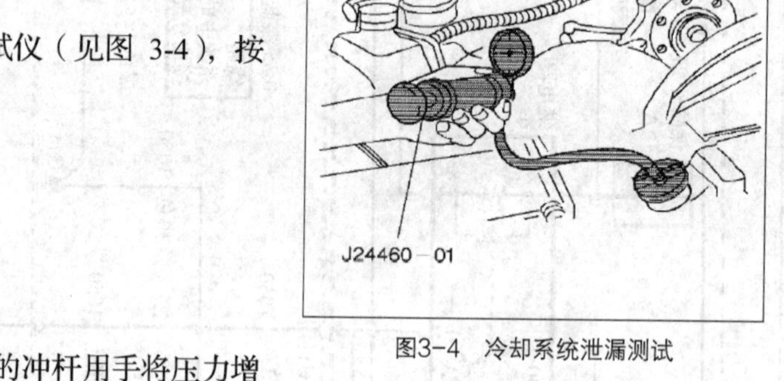

图3-4 冷却系统泄漏测试

① 拧开压力盖。

② 用水浸润散热器盖衬垫。

③ 清洗密封面上的沉淀物。

④ 把压力盖安装到 J24460-01 上。

⑤ 使用J24460-01冷却系统测试仪的冲杆用手将压力增加到压力盖的规定值。

⑥ 注意压降速度。

⑦ 压力表上的读数应能够在相应的压力刻度范围内保持 10s 以上。

⑧ 如果散热器盖不能将压力保持在 10s 以上则将其更换。

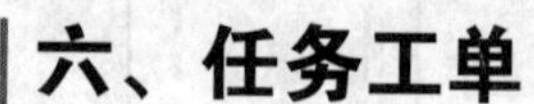

六、任务工单

工作任务	发动机过热的故障诊断	学时	2	班级	
姓名		小组		日期	
设备	整车、冷却系测试仪、数字万用表、试灯、跨接线、常用维修工具、冰点仪、汽车维修手册等			教学地点	汽车整车实训车间
任务目的	制定工作计划，并利用诊断设备和常用维修工具确定故障位置，并对故障部件进行检测和更换，在保证安全的前提下，完成发动机过热的故障诊断和排除				

（一）资讯

1. 车辆信息

车型	君威 2.5L	生产年代		制造厂	
车辆识别码			发动机型号		

2. 故障描述

3. 相关问题

（1）发动机冷却系除发动机过热外，还有哪些故障？

（2）如何检查节温器故障？

（3）如何检查水泵？

（二）决策与计划

请根据发动机过热故障诊断任务要求，确定所需要的检测仪器、工具，并对小组成员进行合理分工，制定详细的工作计划。

1. 需要的检测仪器、工具

2. 小组成员分工

3. 发动机过热故障诊断的工作计划

（三）实施

1. 故障现象确认

2. 故障原因分析

3. 诊断

序号	检查部项目	检查方法	检查结果	备注
1	冷却液液位、水质、是否泄漏、散热器是否脏垢、皮带张力、水泵是否有异响等	外观检查法、经验检查法		
2	冷却液浓度	冰点测试仪	浓度值（冰点值）：　℃	
3	水箱、水箱盖泄漏测试	J24460-01 测试仪	水箱施加的压力：　kPa	
4	风扇是否转动	用 TECH2 驱动风扇转动	左风扇低速：　高速： 右风扇低速：　高速：	
5	风扇电机	万用表	电阻值：	
6	风扇控制电路 冷却风扇继电器（12） 冷却风扇继电器（9） 冷却风扇继电器（10）	关闭点火开关，拔下 3 个继电器，用万用表测量继电器插孔电压	继电器 12 的 86、87 端子电压： 继电器 9 的 86 端子电压： 继电器 10 的 85、30 端子电压：	

4. 故障排除

故障点：____。

处理措施：____。

（四）检验

进行自检与互检、过程检验、竣工检验。

（五）考核与评估

考核项目	评分标准	分数	学生自评	小组互评	备注
团队合作	和谐	5			
活动参与	积极参与	5			
维修手册使用	正确使用	5			
任务方案	合理	10			
工具、设备使用	选用正确，使用正确	15			
5S	整理、整顿、清扫、清洁、素养	10			
工作安全	遵守安全操作规程	10			
操作过程	规范、合理、测量数值正确	20			
任务完成情况		10			
工作纪律	严格遵守	5			
工单填写	如实、规范	5			
合计		100			
教师评价（总评）					

注：如果违反操作安全规程，造成人身伤害或设备严重损坏，本任务考核0分。

任务延伸 冷却液消耗过多的故障诊断

1. 故障现象

发动机有漏液现象，冷却液液面下降过快，需经常添加冷却液。

2. 故障原因

① 散热器损坏，水泵密封不良和管路接头损坏、松动等造成冷却系外部渗漏。

② 气缸垫损坏，缸体缸盖处的水套破裂，气缸盖翘曲和缸盖螺栓松动等造成冷却系内部渗漏。

3. 故障诊断与排除

① 检查冷却系有无外部渗漏现象。由于发动机的冷却液通常加有染料着色，若有外部渗漏，则外部渗漏部位较为明显，应重点检查软管、接头、散热器和水泵等部位。

② 检查冷却系有无内部渗漏现象。一般内部渗漏时会伴随有发动机无力、排气管排白烟、散热器内冒气泡、机油液面升高及机油呈乳白色等现象。这时，应拆检缸体、缸盖和缸垫。

故障范例　上海别克凯越轿车发动机冷却液温度过高

1. 故障现象

一辆 2003 年款凯越轿车，装备 1.8L T18SED 发动机，行驶里程为 50 000km。该车冷起动后怠速和加速都良好，但若怠速时间过长，则出现发动机冷却液温度过高、加速无力的现象，同时仪表板上的冷却液温度警告灯点亮，冷却液从膨胀水箱上盖中溢出。

2. 故障诊断与排除

接车后，用故障检测仪 TECH2 读取发动机故障码，无故障码显示。引起发动机冷却液温度过高的原因主要有冷却液量不足或变质、散热器前部有灰尘、冷却系统管路泄漏或堵塞、节温器打不开、点火正时过早或过迟、电控风扇损坏、风扇控制电路故障、水泵故障、气缸盖或气缸体开裂或冷却水套堵塞等。经检查，发现散热器前部没有灰尘。因冷车起动后怠速和加速都良好，可以确定点火正时没有问题。结合车况（新车），判断发动机冷却液量不足或变质、冷却系统管路泄漏或堵塞、节温器打不开、水泵故障、气缸盖或气缸体开裂或堵塞等的可能性也不大。

分析引起该车故障的原因很可能是冷却风扇及其控制电路出现了问题。首先用 TECH2 检查电控风扇是否工作，具体步骤如下。

① 打开点火开关但不起动发动机，连接 TECH2，先进入“Powertrain”（发动机动力系统）通过光标键选择“F2-Special Function”（特殊功能），驱动风扇转动，主、辅风扇无低速运转，辅冷却风扇可高速运转，但主冷却风扇无高速运转。

通过以上检查可以判断，此车主冷却风扇没有高、低速，辅冷却风扇只有高速没有低速。引起这种故障的原因主要是主冷却风扇或风扇控制电路的问题。

② 为了判断主冷却风扇是否损坏，拔下主冷却风扇插头，直接给主冷却风扇施加蓄电池电压，主冷却风扇高速运转，说明主冷却风扇没有问题，故障原因在风扇控制电路。

③ 上海别克凯越轿车发动机冷却风扇控制电路如图 3-5 所示，其冷却风扇为直流电动机风扇，安装于散热器的后端，左、右侧各一个（主、辅冷却风扇）。两个冷却风扇均由发动机控制模块（ECM）控制，在冷却液温度达到一定程度或空调开关打开时，即进入工作状态。当冷却液温度高于一定值或空调管路制冷剂的压力升高至一定值时，ECM 控制风扇高速运转，以适应发动机工作的需要。

④ 冷却风扇控制电路工作原理如下。

a. 低速运转控制。当冷却液温度超过 97℃或空调开关开启时，ECM 控制 K28 搭铁，冷却风扇低速继电器线圈通电，在电磁力作用下继电器常开触点闭合，两风扇低速运转。其电流路径为熔丝 SB3—冷却风扇低速继电器触点 30、87—主冷却风扇电动机—冷却风扇控制继电器触点 30、87A—辅冷却风扇—搭铁（G102）。此时主、辅冷却风扇电动机处于串联状态，两风扇均低速运转。

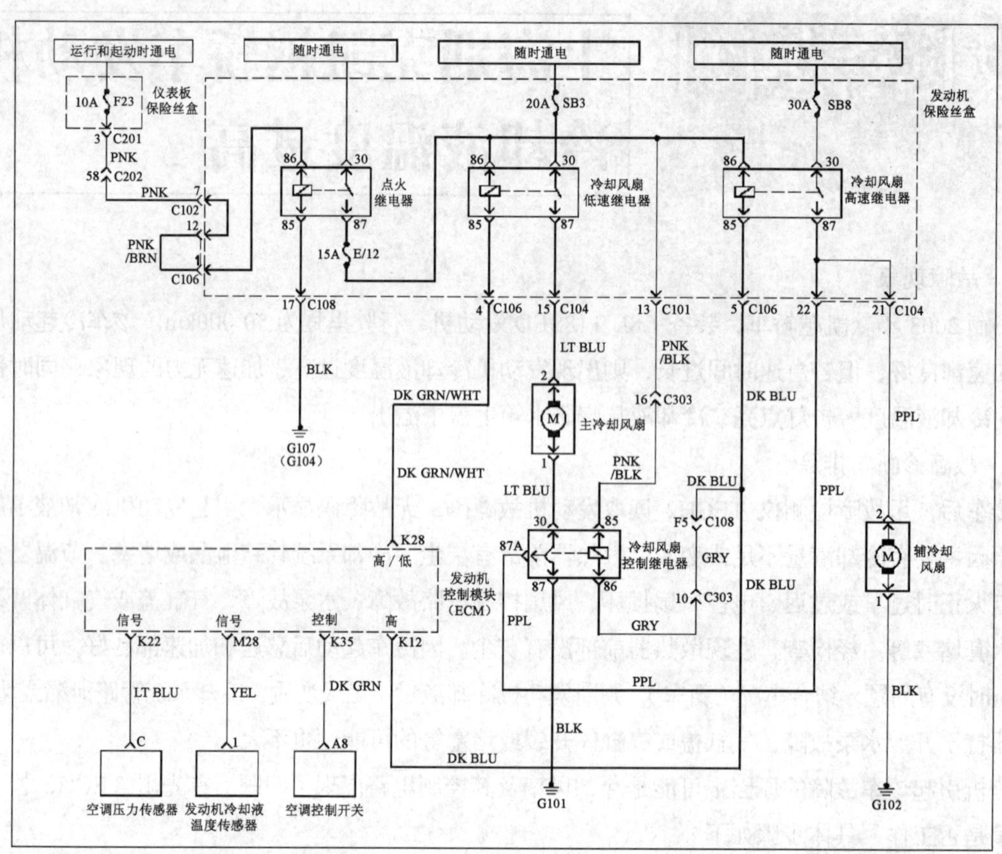

图3-5 凯越发动机冷却风扇控制电路

b. 高速运转控制。当发动机冷却液温度超过 101℃或空调管路中制冷剂的压力大于 1.882MPa 时，ECM 控制 K28 和 K12 搭铁。K28 搭铁时，冷却风扇低速继电器线圈通电，继电器常开触点闭合；K12 搭铁时，冷却风扇高速继电器和冷却风扇控制继电器线圈通电，冷却风扇高速继电器常开触点闭合，冷却风扇控制继电器触点 30 与触点 87 接通，两风扇高速运转。主冷却风扇的电流路径为：熔丝 SB3—冷却风扇低速继电器触点 30、87—主冷却风扇电动机—冷却风扇控制继电器触点 30、87—搭铁（G101）。辅冷却风扇的电流路径为：熔丝 SB8—冷却风扇高速继电器触点 30、87—辅冷却风扇—搭铁（G102）。此时主、辅冷却风扇电动机处于并联状态，两风扇均高速运转。

通过分析冷却风扇的控制电路可知，当 K28 不能搭铁、熔丝 SB3 烧断、冷却风扇控制继电器或冷却风扇低速继电器损坏时，即会导致主冷却风扇没有高、低速，辅冷却风扇只有高速没有低速。

⑤ 根据上述分析，将一根导线一端与 K28 连接，另一端搭铁，发现主、辅冷却风扇仍不工作，说明熔丝 SB3 烧断或冷却风扇低速继电器损坏。

检查熔丝 SB3，没有问题。拔下冷却风扇低速继电器，在冷却风扇低速继电器端子 86 与 85 上施加蓄电池电压，用万用表电阻挡测量冷却风扇低速继电器触点 30 与 87 之间的电阻为∞，说明冷却风扇低速继电器损坏。为了判断冷却风扇控制继电器是否有故障，在主冷却风扇 2 端子上施加蓄电池电压，主、辅冷却风扇均低速运转，说明冷却风扇控制继电器没有故障。

⑥ 更换一个冷却风扇低速继电器，起动发动机，当冷却液温度超过 97℃或空调开关开启时，主、辅冷却风扇均低速运转。当发动机冷却液温度超过 101℃时，主、辅冷却风扇均高速运转，故障完全排除。

机油压力过低的故障诊断

【知识目标】1. 熟悉机油压力过低的故障原因。

2. 知道发动机润滑系的参数值。

【能力目标】1. 能够对机油压力过低的故障现象进行故障分析，制定合理的诊断流程。

2. 能够正确选择和使用检测仪器和设备，能进行正确诊断并找到故障零件或故障部位。

3. 根据安全技术规定的要求修复或更换部件，排除故障。

为了给摩擦表面不断供给润滑油，以使摩擦表面保持可靠润滑，润滑系的机油压力应高于某一最低压力。在低于最低允许压力时，由于润滑不良会使零件磨损加剧而早期损坏。技术状况良好的发动机在正常转速范围内，汽油机机油压力应为 196～392kPa，柴油发动机机油压力应为 294～588kPa。若中等转速下的机油压力低于 147kPa，怠速时低于 49kPa（各车型准确机油压力值详见其维修手册），则发动机应停止运转并检查润滑系。

一、故障现象

1. 发动机发动后，机油压力很快降低，机油压力警告灯亮或报警蜂鸣器响。
2. 发动机在运转中，机油压力始终过低，机油压力警告灯亮。

二、故障原因

1. 油底壳内机油不足。
2. 机油黏度小，不符合要求。
3. 泄漏。机油进回油管接头松动或油管破裂，曲轴前油封、后油封、凸轮轴油封等密封不良，油底壳衬垫、气门室罩盖垫、正时齿轮室盖衬垫渗漏等。
4. 机油滤清器旁通阀不密封，或其弹簧折断，或弹力不足。
5. 机油泵磨损严重，限压阀调整不当，其弹簧折断或弹力不足，使供油压力过低。

6. 机油集滤器堵塞。
7. 曲轴主轴承、连杆轴承或凸轮轴轴承间隙过大。
8. 机油压力表或其感传器失效。

三、诊断流程

机油压力过低的诊断流程如图 3-6 所示。

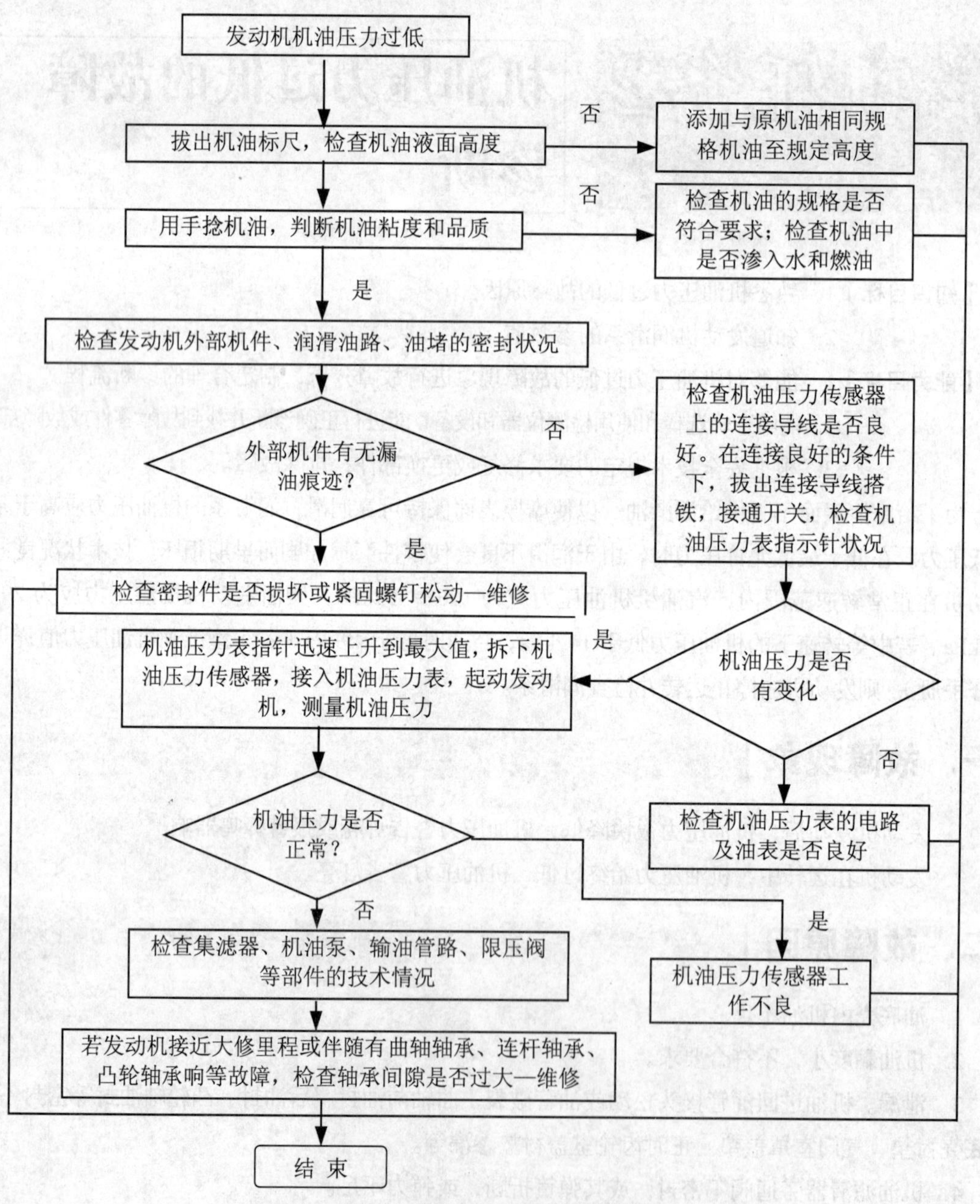

图3-6 机油压力过低的诊断流程

四、故障检测与排除

1. 检查机油量是否不足。拔出机油尺检查油面高度，如过低应及时加机油。

2. 检查机油粘度是否过小。用拇指和食指蘸少许机油，两指拉开，检查机油是否过稀。

3. 若机油量充足，黏度正常，外部无泄漏，则检查机油压力表及其传感器。可换用新机油压力传感器或表，运转发动机看机油压力是否正常。若机油压力正常，则说明原机油压力传感器或表失效；若机油压力仍低，则进行下步检查。

4. 拆下机油传感器，接入机油压力表，测量机油压力。压力值应符合维修手册的规定。若机油压力较低，进行下步检查。

5. 检查机油滤清器旁通阀是否堵塞不能开启。若有故障，则更换机油滤清器；若正常，则进行下步检查。

6. 拆下油底壳，检查集滤器是否堵塞，机油进油管接头是否松动或油管破裂。若正常，则进行下步检查。

7. 检查机油泵是否磨损严重。若机油泵工作正常，则油压过低的原因可能是曲轴主轴承、连杆轴承、凸轮轴轴承的间隙过大所致，应进行维修。

注：有的车的机油压力值可在汽车仪表盘上的机油压力表上显示出来，但该类型机油压力表和油压传感器不能保证必要的测量精度，因此在定期检测时，应采用专用机油压表检测机油压力。

五、专项技能

机油压力的测量

1. 所用车辆及仪器：凯越 1.6L、机油压力表。

2. 操作步骤如下。

① 发动机应达到正常温度，无泄漏，发动机轴承、挺杆等应无噪声。

② 检查机油液面高度。

③ 升起车辆并拆下发动机机主润滑油道上的

机油压力传感器，装上机油压力表（见图 3-7），然后起动发动机，在 2000r/min 的转速下，机油压力应在 400 kPa 左右（在低温、怠速时也在 400 kPa 左右）。

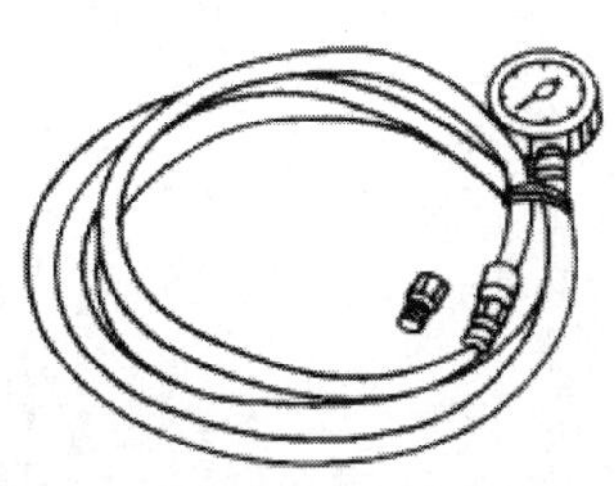

图3-7　机油压力表

④ 若显示的压力足够，则检查机油压力开关或线路；若机油压力较低，应检查机油泵及集滤器等。

六、任务工单

工作任务	机油压力过低的故障诊断	学时	2	班级	
姓名		小组		日期	
设备	凯越 1.6L、机油压力表、数字万用表、常用维修工具、汽车维修手册等			教学地点	汽车整车实训车间
任务目的	制定工作计划，使用机油压力表、常用维修工具，在保证安全的前提下，完成机油压力过低的故障诊断和排除				

（一）资讯

1. 车辆信息

车型	凯越 1.6L	生产年代		制造厂	
车辆识别码			发动机型号		

2. 故障描述

3. 相关问题

（1）机油消耗过多的故障原因？

（2）正常情况下，发动机机油的消耗量是多少？

（3）如何检查机油品质？

（二）决策与计划

请根据机油压力过低的诊断任务要求，核对所需要的检测仪器、工具，并对小组成员进行合理分工，制定详细的工作计划。

1. 核对检测仪器、工具
2. 小组成员分工
3. 制定机油压力过低的诊断计划

（三）实施

1. 故障现象确认
2. 故障原因分析

3. 诊断

序号	检查部项目	检查方法	检查结果	备注
1	机油液面高度	拔出机油尺		
2	机油品质	经验法		
3	机油管、气门室罩盖、前后油封、油底壳垫、正时齿轮盖垫、滤清器及压力传感器等处是否泄漏	目视法、擦拭法		
4	机油压力传感器及其线路	搭铁法、换件		
5	测量机油压力	机油压力表	水温： 转速： 压力值：	

4. 故障排除

故障点：____。

处理措施：______________________________________。

（四）检验

进行自检与互检、过程检验、竣工检验。

（五）考核与评估

考核项目	评分标准	分数	学生自评	小组互评	备注
团队合作	和谐	5			
活动参与	积极参与	5			
维修手册使用	正确使用	5			
任务方案	合理	10			
工具、设备使用	选用正确，使用正确	15			
5S	整理、整顿、清扫、清洁、素养	10			
工作安全	遵守安全操作规程	10			
操作过程	规范、合理、测量数值正确	20			
任务完成情况		10			
工作纪律	严格遵守	5			
工单填写	如实、规范	5			
合计		100			
教师评价（总评）					

注：如果违反操作安全规程，造成人身伤害或设备严重损坏，本任务考核0分。

任务延伸 润滑系其他故障的诊断与检测

一、机油消耗过多的故障诊断

1. 故障现象

① 机油消耗率超过正常值。

② 排气管冒蓝烟。

2. 故障原因

发动机机油消耗量过多有两种可能，机油外漏或机油进入燃烧室烧掉。其可能原因如下。

① 缸壁间隙过大或活塞环密封性变差，使机油窜入燃烧室燃烧。

② 活塞环装配不当，如锥面环、扭曲环上下方向装反，则发动机工作时活塞环具有向燃烧室泵油的作用，不断地将润滑缸壁的机油刮入燃烧室燃烧。

③ 活塞环的端隙、背隙及边隙过大，以及活塞环安装时有对口现象，均容易使机油进入燃烧室。

④ 气门导管磨损过甚，气门杆油封损坏，使机油容易进入燃烧室。

⑤ 曲轴箱通风不良，会使曲轴箱内气体压力和机油温度升高，气体压力升高容易造成机油渗漏、蒸发，进入气缸燃烧，使机油消耗过多。

⑥ 机油压力过高，容易导致机油窜入燃烧室燃烧。

⑦ 机油泄漏。

3. 故障诊断与排除

① 检查发动机各部件外表面有无漏油处或漏油痕迹。应重点检查主要漏油部位，如曲轴前端和后端及凸轮轴后端油堵。若有漏油处，应进行检修排除。

② 检查机油是否被吸入气缸燃烧而损耗。发动机工作时，若排气管明显地冒蓝烟，则说明机油进入燃烧室参与了燃烧。当发动机高速运转或急加速时，排气管大量冒蓝烟，同时机油加注口也向外冒蓝烟，则说明活塞、活塞环与气缸壁磨损过甚，或者活塞环的端隙、边隙及背隙过大，或者活塞环卡死、开口转到一起、弹力不足，或者扭曲环方向装反等，使机油容易窜入燃烧室。若发动机大负荷运转时，排气管冒蓝烟而机油加注口不冒烟，则表明气门导管磨损过甚，气门杆油封损坏，使机油被吸入燃烧室。

③ 检查机油压力是否正常。若机油压力过高，有可能引起烧机油，应检查发动机润滑系，排除机油压力过高的故障。

④ 检查曲轴箱通风情况。曲轴箱通风不良，不但会造成机油渗漏、蒸发，还能使油底壳衬垫或气门室盖衬垫冲破，造成严重泄漏。此外，汽油机目前大都采用强制封闭式曲轴箱通风装置，因某

种因素还会导致机油被大量吸入气缸而燃烧。检查曲轴箱强制通风阀（PCV），若 PCV 阀变脏、堵塞或损坏，有可能引起烧机油，应予以清洗维护或更换。

⑤ 对于采用气压制动的汽车，当松开湿储气筒放水排污开关后，若发现伴有大量油污排出，则表明空气压缩机的活塞、活塞环与气缸壁磨损过甚。

二、机油消耗量的检测

机油消耗量的影响因素很多，润滑系渗漏、气缸活塞组磨损、空气压缩机工作不正常、机油规格不符等都会影响机油消耗量。因此，机油消耗量除可反映发动机润滑系技术状况外，还可据此判断发动机气缸活塞组的磨损情况。因为在所用机油牌号正确且其他机构技术状况正常的情况下，气缸活塞组磨损过多、间隙增大，机油窜入燃烧室燃烧是机油消耗量增大的重要原因。

汽车正常使用时，发动机机油消耗量并不大。磨损小、工作正常的发动机，机油消耗量为（0.1～0.5）L/100km 甚至更低；发动机磨损严重时，可达 1L/100km 或更多。

三、润滑油品质的检测

汽车发动机润滑油为机油，在使用过程中，由于杂质污染、燃油稀释、高温氧化及添加剂消耗或性能丧失等原因，致使机油品质逐渐下降直至功能丧失。同时在外观上，还表现为颜色变黑、黏度上升或下降。

引起机油污染的杂质主要来自摩擦表面的磨损微粒、外界尘埃以及积炭等，发动机工作不正常、不完全燃烧或缺火可使未燃燃油流入油底壳而使机油稀释。发动机工作过程中产生的高温，特别是当发动机气缸活塞组磨损严重、间隙增大，在燃烧行程有高温、高压气体窜入曲轴箱时，会加剧机油氧化，从而使机油变质。机油中的清净分散剂是机油的一种重要添加剂，具有从发动机摩擦表面分散、移走磨损微粒和积炭等的能力，使之悬浮在机油中而不沉淀在摩擦表面，以减轻摩擦表面的磨损。机油在使用过程中清净分散剂的消耗及性能降低，也会逐渐失去其清净分散作用。

综上所述，机油品质下降将严重影响发动机性能，有时会导致严重后果，因而加强对汽车发动机机油的定期检测与分析，实行按质换油，具有极为重要的意义。这样做不仅可以节约机油，保证发动机良好润滑，而且可以据此了解掌握润滑系直至整台发动机技术状况的变化。在 GB 18565—2001《营运车辆综合性能要求和检验方法》中，明确规定了我国营运柴油车和汽油车的机油换油指标，可课后查阅有关标准。

上海别克轿车机油压力报警灯常亮

1. 故障现象

一辆上海别克新世纪（LB8 2.5L）轿车，行驶里程为 45000km，产生敲缸声，在其他修理厂刚修完，更换了活塞等部件。但是现在打着车，机油压力报警灯就亮。而且，发动机内部仍有轻微的金属敲击声。

2. 故障诊断与排除

由于此车在别处修过，所以在维修之前，先咨询了以前修理厂的同行，都做了哪些维修内容。同行们称，分解发动机后，发现发动机的活塞均有不同程度的磨损，并将其更换。曲轴轴承和连杆轴承等均正常，机油泵和滤清器也比较不错，并且仔细地清洗过，在装复之前将把所有的部件均清洗干净。

了解该车维修信息之后，进一步对该车进行故障排除。首先，打着车仔细听发动机的声音，有一种金属的敲击声，而且机油压力报警灯被点亮。抽出机油尺检查液位及油的颜色，均正常。

机油压力报警灯点亮，说明机油压力低或者机油压力传感器的线路有故障。而在打开点火开关做仪表盘灯泡检测的时候，机油压力报警灯自动被点亮，然后熄灭，这说明故障不在线路上，问题还是在润滑系统上。

在维修之前有必要对该车的润滑系统油路做一下说明。

机油通过齿轮式机油泵输入到机油滤清器，然后机油到达曲轴轴颈，润滑曲轴主轴承，再通过曲轴上钻出的连通油道，供给连杆轴承。此油道再通过垂直的连通油孔，将机油供给凸轮轴轴承。凸轮轴轴颈的机油道将机油供给液压挺杆，液压挺杆通过推杆将机油送给摇臂。曲轴箱内部有挡块，导流从摇臂流回的机油，向凸轮轴凸起段供油，完成了整个系统的润滑。

根据此原理，初步怀疑此油道有堵塞的地方。拆下机油滤清器，彻底放掉现有的机油，然后再用压缩空气，从机油滤清器处注入压缩空气，目的是清洁一下整个油路，这是在不分解发动机的情况下清洁油路最简便的方法。清洗之后，又重新加注新的机油至规定量，起动车后，机油压力报警灯过一会又被点亮。为了更加准确地判断故障点，决定测量此车的机油压力值。主要操作方法如下。

① 升起车辆，拆下机油滤清器。

② 把柱塞阀装配到 J25087-C 基座的大孔中，把软管装配到 J25087-C 基座的小孔中，将压力表连接到软管的端部。如图 3-8 所示为 J25087-C 连接到滤清器的位置图。

③ 把橡胶塞的平面侧插入旁通阀，不要用力压旁通阀。

④ 把 J25087-C 连接到滤清器对应的位置上。

⑤ 起动发动机并检查机油压力，显示值为 132～178kPa 左右。无论如何加油，油压值也无大的波动。经过上述测试，可以判断问题出在发动机上，而且，此车还伴有异响存在，于是，决定再次分解发动机做进一步的检查。

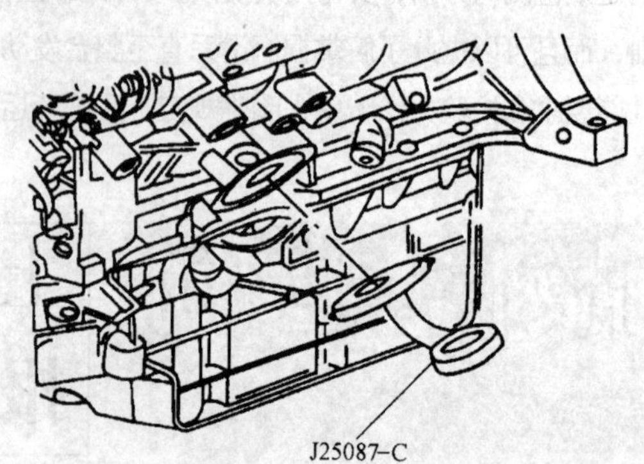

图3-8 J25087-C连接到滤清器的位置

经过与车主沟通并获得同意后，再次分解了发动机，当拆下曲轴、曲轴轴承、连杆轴承、活塞、挺杆、推杆等后发现，这些部件基本正常。再把凸轮轴拆下检查，这时发现凸轮处有较大的磨损，而且其轴承也磨损严重，必须全部更换。根据这种情况可以断定，故障原因为凸轮轴轴承磨损严重，造成间隙变大，导致机油泄压。因油压低，造成凸轮轴凸轮有较大磨损；因润滑不良和间隙过大产生了异响。于是，再次更换凸轮轴和轴承，重新装配发动机后，故障排除。

学习测试

一、判断题

1. 水温传感器安装在发动机水套上，与冷却水直接接触。(　　)
2. 冷却水温度传感器随着冷却水的温度升高，其热敏电阻阻值也随之增高。(　　)
3. 冷却液温度传感器输入给电脑的是数字信号。(　　)
4. 节温器开启为冷却液大循环。(　　)
5. 曲轴轴承或凸轮轴轴承间隙变大后，机油压力会下降。(　　)
6. 冷车刚起动时，因温度较低，机油黏度大，机油压力会很大。(　　)
7. 夏季发动机长时间大负荷工作时，水温容易升高。(　　)
8. 夏季如果散热器散热效果不良，开空调容易导致水温升高。(　　)

二、单项选择题

1. 汽油发动机在正常状况下，润滑系的机油压力约为（　　）。

A. 100～200kPa　　B. 196～400 kPa

C. 305～592kPa　　D. 250～300 kPa

2. 轿车发动机正常水温是（　　）。

A. 90℃左右　　B. 80℃～90℃　　C. 90℃～100℃

3. 工作正常的发动机，机油消耗量为（　　）。

A. 0.8～1.1L/100km　　B. 0.6～0.8L/100km　　C. 0.1～0.5L/100km

4. 凯越 1.6L 发动机在 2000r/min 的转速下，其机油压力应在（　　）。

A. 400kPa 左右　　B. 100～200kPa　　C. 200～300kPa

5. 若发动机排气管冒（　　），说明发动机烧机油。

A. 黑烟　　B. 蓝烟　　C. 白烟

三、简答题

1. 发动机过热的诊断流程。
2. 机油消耗过多的故障原因。

四、论述题

1. 简述发动机过热的故障原因。
2. 简述机油压力过低的故障原因。

学习情境四

汽车动力传输不良的故障诊断

汽车动力传输系统（传动系统）由离合器、变速器、万向传动装置、主减速器、差速器和半轴等组成，如图 4-1 所示。越野型 SUV 车、越野车、工程车和特殊用途车等还包括分动器。汽车传动系与发动机协同工作，保证汽车在各种使用条件下的正常行驶，它具有减速增矩，实现汽车倒驶，必要时中断传动、差速及万向传动等功能。汽车传动系技术状况的变化，对汽车动力性、燃油经济性和滑行性等性能有直接影响。传动系常见故障为功能异常和异响。

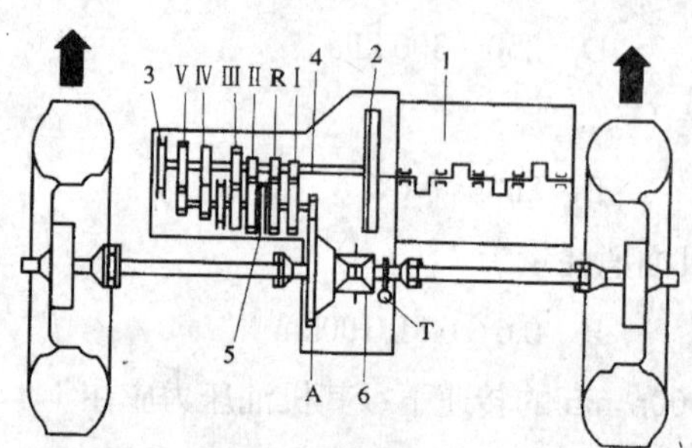

图4-1　传动系组成示意图

1—发动机；2—离合器；3—变速器；4—输入轴；5—输出轴/小齿轮轴；6—差速器；
I、II、III、IV、V—1、2、3、4、5挡齿轮；R—倒挡齿轮；A—主减速器齿轮；T—车速表齿轮

学习任务1　离合器打滑的故障诊断

【知识目标】1. 知晓离合器的作用、原理和类型。

2. 熟悉离合器常见的故障现象、故障原因及诊断方法。

【能力目标】1. 能够判断出离合器的技术状况。

2. 会选用合适的工具及检测设备，规范操作，完成离合器常见故障的诊断与排除。

离合器是依靠摩擦力矩来传递动力的，其功用是保证发动机顺利起动和汽车平稳起步，保证传动系换挡时工作平稳，防止传动系过载。

摩擦片式离合器主要由主动部分、从动部分、压紧机构和操纵机构组成。

手动挡凯越车的离合器为液压操纵、膜片弹簧式离合器，其结构如图 4-2 所示。

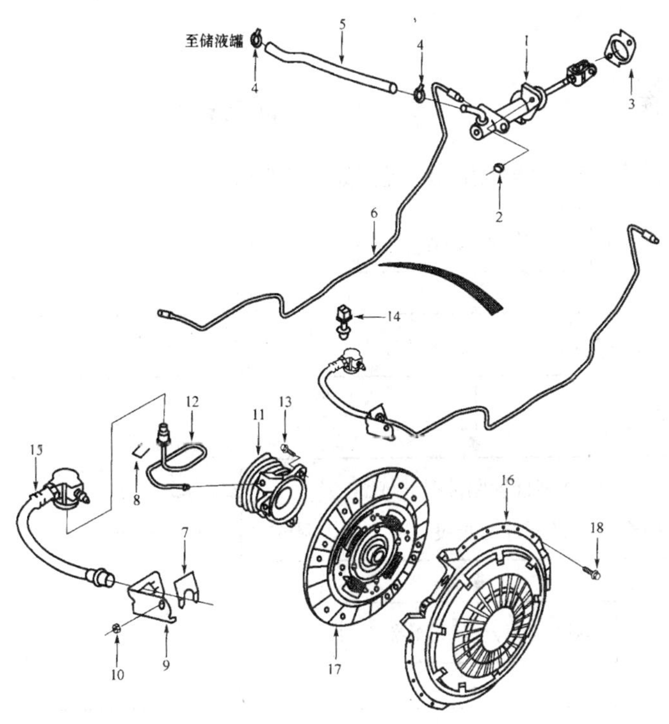

图4-2　凯越离合器结构

1—离合器总泵；2—螺母；3—衬垫；4—夹子；5—储液罐软管；6—离合器总泵油管；7—夹子；8—夹子；9—支架；10—螺栓；11—离合器分泵；12—分泵油管；13—螺栓；14—夹子；15—软管；16—压盘；17—离合器片；18—螺栓

离合器的常见故障有离合器打滑、离合器分离不彻底、起步发抖、离合器异响等。

一、故障现象

1. 汽车起步时，完全放松离合器踏板，汽车不能起步或起步困难。

2. 汽车行驶中加速时，车速不能随发动机转速的提高而增加，发动机的动力不能完全传至驱动轮，造成行驶无力，上坡时现象明显，严重时会散发出因摩擦衬片过热而产生的烧焦气味。

二、故障原因

打滑的主要原因是由于离合器摩擦片摩擦力不足，而摩擦力不足则是由以下原因造成的。

① 离合器踏板自由行程过小或消失。

② 膜片弹簧内端与分离轴承的间隙过小或消失，离合器分泵不回位。

③ 离合器摩擦片磨损减薄，铆钉外露，表面硬化、烧蚀或沾有油污，使摩擦系数下降。

④ 压盘磨损后太薄，使压紧力不足。

⑤ 膜片弹簧过软，弹力不够，膜片弹簧内端不平。

⑥ 离合器盖变形或与飞轮的连接松动，使压盘处于半分离状态，在传递动力时打滑等。

⑦ 驾驶员操作问题。行驶中没有完全放开离合器踏板，过多使用半脚离合状态，超载运行，爬陡坡，使离合器磨损严重。

三、诊断流程

液压操纵、膜片弹簧式离合器打滑诊断流程如图 4-3 所示。

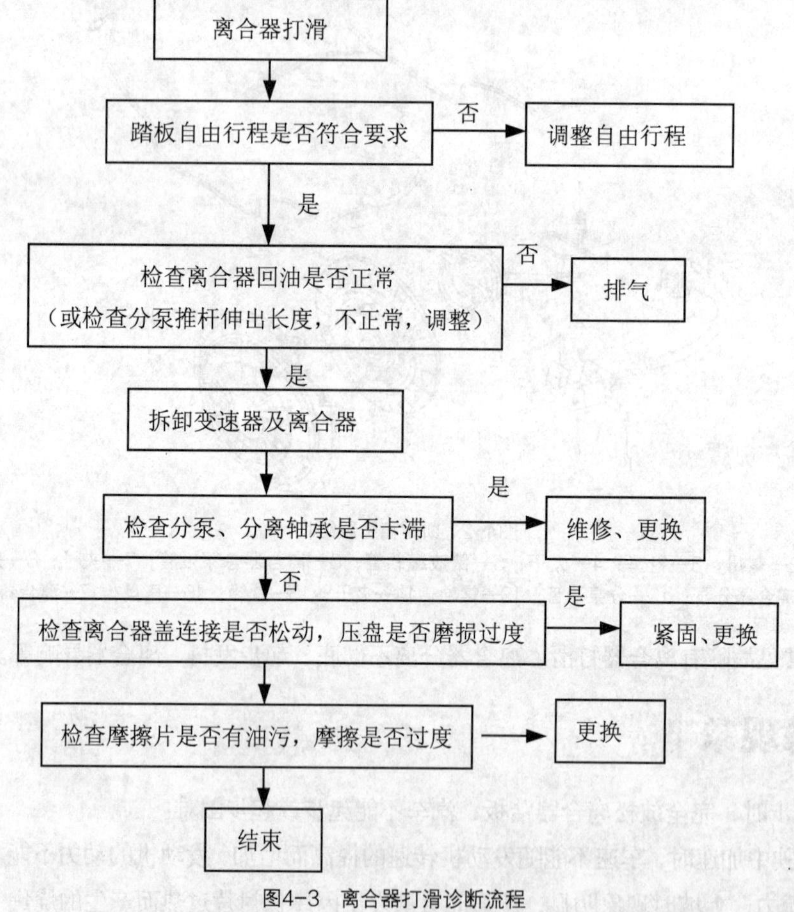

图4-3 离合器打滑诊断流程

四、故障检测与排除

1. 起动发动机，踏下离合器踏板，将变速杆挂入低速挡位，拉紧手制动杆，稍微踏下油门，慢抬离合器踏板，使离合器接合，发动机不熄火，即为离合器开始打滑故障。

2. 判定为离合器打滑后，再检查离合器踏板自由行程是否符合要求，必要时调整。

3. 检查离合器储液罐液位应正常，检查离合器回油是否正常。若不正常，则排气。对于外置式分泵，检查分泵活塞推杆伸出长度。若不正常，则维修。

4. 如上述调试无效，应拆下变速器和离合器总成，检查离合器总成。

① 检查离合器盖连接螺栓是否松动。

② 检查压盘是否过度磨损、是否变形，如图 4-4 所示，压盘工作面的沟槽深度不超过 0.5mm，平面变形量不超过 0.20mm。

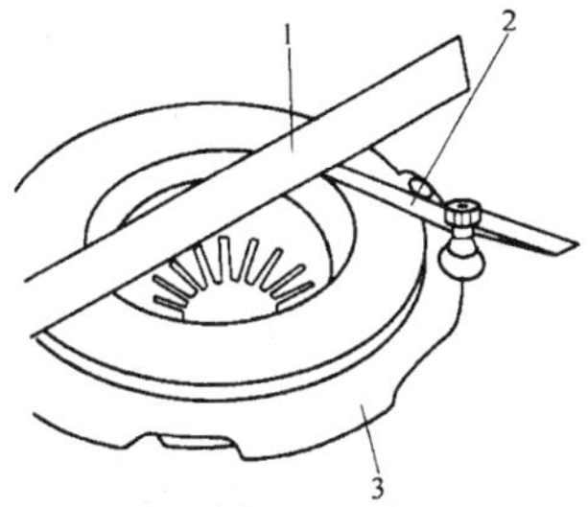

图4-4　检查压盘平面变形量

③ 检查膜片弹簧内端是否平齐、是否过度磨损，如图 4-5 所示。磨损深度不超过 0.5mm，宽度极限值为 5mm。若不正常，则更换。

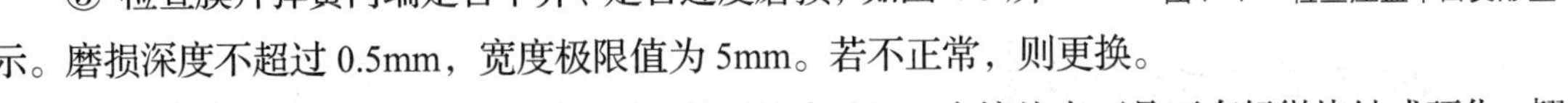

④ 检查摩擦片状况，例如摩擦片表面是否沾有油污，摩擦片表面是否有轻微烧蚀或硬化。翘曲变形量（端面跳动量）应小于 0.50mm（距外边缘约 2.5mm 处测量），如图 4-6 所示。

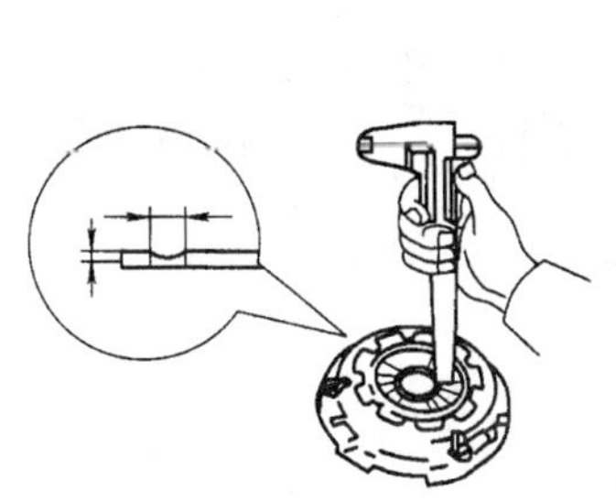

图4-5　检查膜片弹簧内端磨损深度和宽度

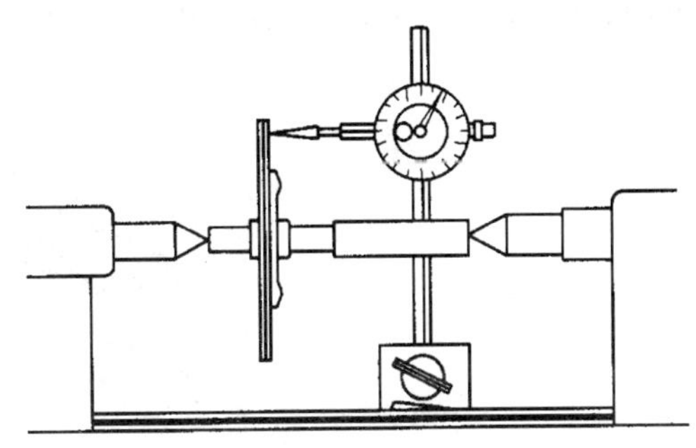

图4-6　摩擦片翘曲量的测量

⑤ 摩擦片是否有个别铆钉外露，铆钉深度应大于 0.3mm（威驰车应大于 1.6mm）等，如图 4-7 所示。

⑥ 分离轴承的检查。从轴向施力并转动分离轴承应灵活自如，如图 4-8 所示，轴向间隙不超过 0.6mm。

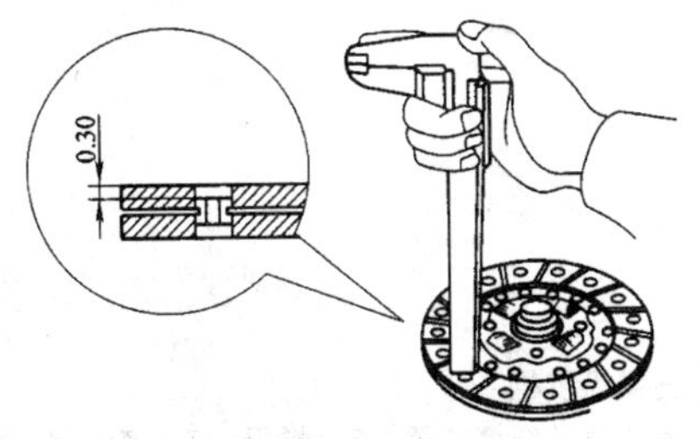

图4-7　摩擦片铆钉头深度的测量

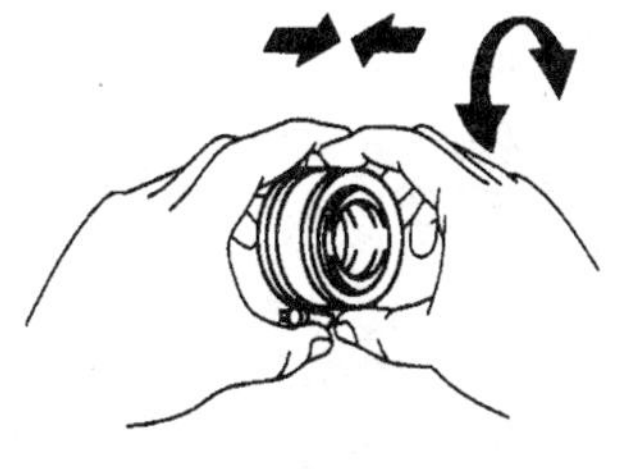

图4-8　分离轴承的检查

提示：① 分离轴承是永久润滑的，无需再润滑。

② 安装摩擦片时，要注意正反方向，要使用专用工具，如图 4-9 所示。

③ 准确的参数值，详见其对应的维修手册。

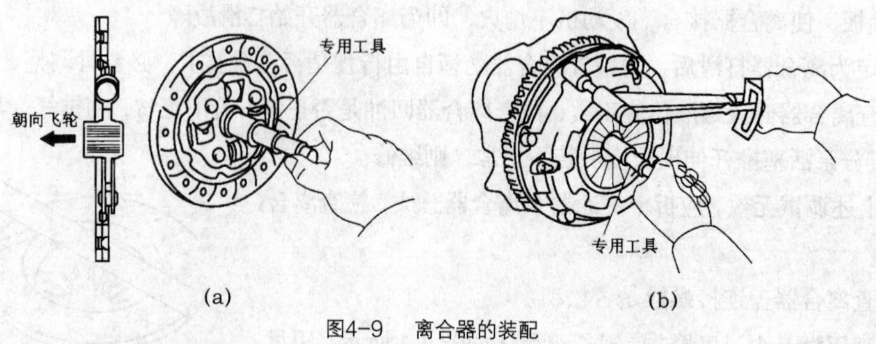

图4-9 离合器的装配

五、专项技能

离合器踏板行程检查与调整

1. 说明

对上海通用凯越轿车的离合器踏板行程检查与调整是一项基本技能。离合器操纵机构采用液压式，主缸推杆长度可调整，压盘采用膜片式，结构如图 4-10 所示。

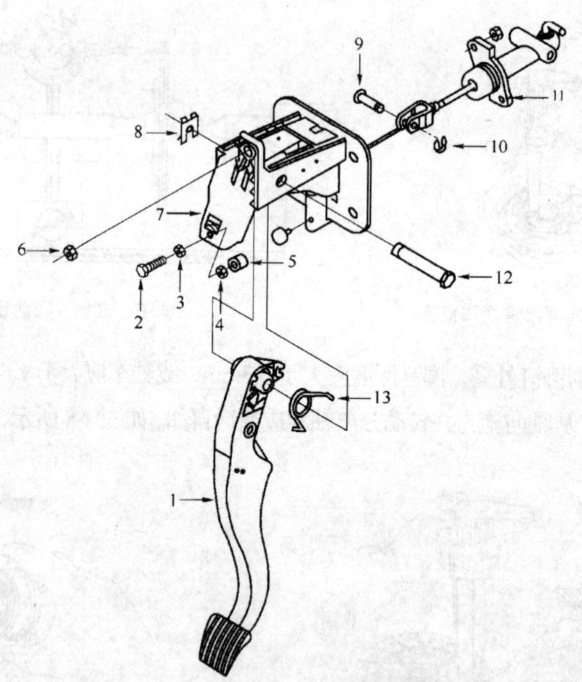

图4-10 凯越离合器操纵机构

1—离合器踏板；2—螺栓；3—螺母；4—锁止螺母；5—离合器踏板缓冲器；6—螺母；7—离合器踏板撑杆；8—E形圈；9—销；10—E形圈；11—离合器总泵；12—离合器踏板轴；13—扭转弹簧

2. 技术要求与标准

① 规范进行踏板行程的检查与调整。

② 两个学生相互配合，能在 30min 内完成。

③ 技术标准如表 4-1 所示。

表 4-1　技术标准

规格值	
踏板自由行程	6～12mm
踏板工作行程	130～140mm
踏板分离行程	30～40mm
油液	DOT3 制动液

3. 实训器材

① 凯越手动变速器轿车。

② 常用工具如表 4-2 所示。

表 4-2　常用工具

序　号	名　称	规　格	备　注
1	开口扳手	8/10mm	
2	开口扳手	10/14mm	
3	角尺	150mm	

4. 作业准备

① 检查举升机。

② 将车辆开进工位，拉紧驻车制动器，检查车辆是否平稳。

③ 铺上护套。

5. 操作步骤

（1）确定离合器踏板自由行程

用手轻压离合器踏板并在感到有阻力时测量踏板下降距离。行程应该为 6～12mm，如图 4-11 所示。

（2）测量离合器踏板工作行程

将离合器踏板踩到底。测量起止位置之间的距离。踏板行程应为 130～140mm，如图 4-12 所示。

（3）调整离合踏板自由行程

以上测量结果如果不符合要求，则松开锁止螺母并转动推杆如图 4-13 所示，将离合器踏板自由行程调整到 6～12mm。

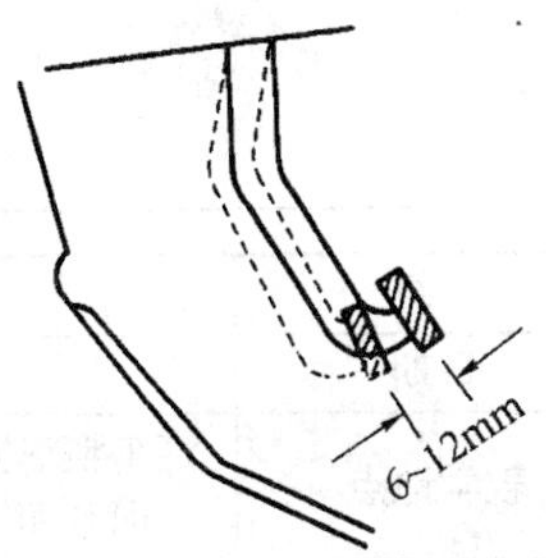

图4-11　踏板自由行程

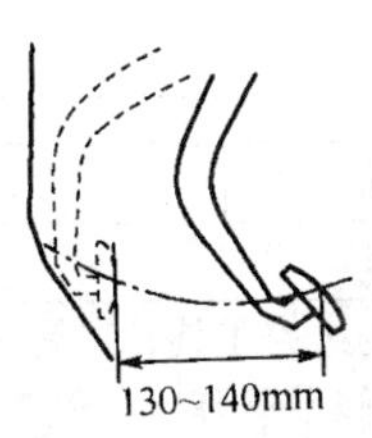

图4-12　踏板工作行程

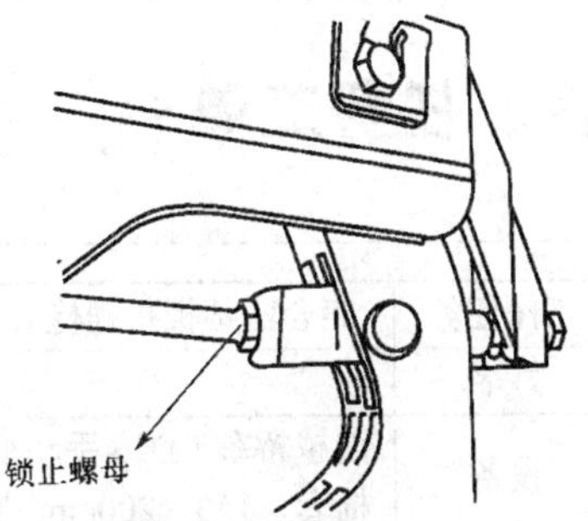

图4-13　锁止螺母

踏板工作行程应在130～140mm，调整后紧固锁止螺母。

（4）离合器分离检查与调整（见图4-14）

① 起动发动机，使发动机怠速运行。

② 在将变速杆移到倒挡位置时，慢慢踩下离合器踏板并测量未听到齿轮噪声时的点和离合器踏板完全踩下时的点之间的距离，距离应在30～40mm。

③ 如果该距离不在规定范围内，应按如下步骤进行检查。

a. 离合器踏板高度。

b. 离合器踏板自由行程。

c. 系统中有空气。

d. 离合器盖板和压盘。

（5）排除空气

断开管路进行修理时，“空气”容易进入液压系统，在放气时，离合器/制动器储液罐中的离合器/制动液必须保持在MIN（最低）或以上。

① 将乙烯树脂软管连接到放气塞上。将乙烯树脂管的另一端插入装有一半制动液的玻璃容器，如图4-15所示。

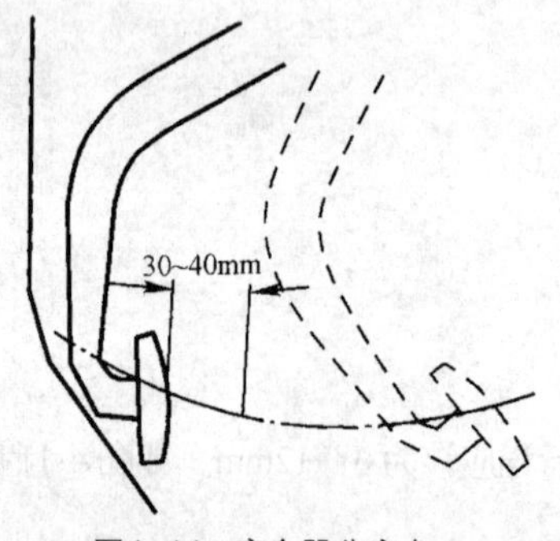

图4-14 离合器分离点

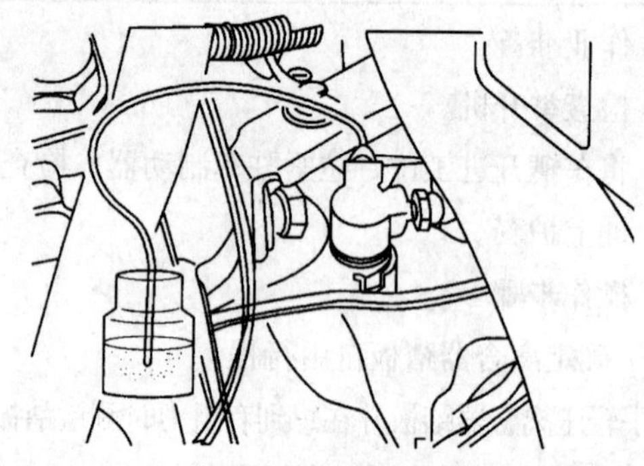

图4-15 排除空气

② 缓慢来回踩动离合器踏板几次。

③ 踩离合器踏板时，松开放气螺寒，直到开始有油液流出；关闭放气螺塞。

④ 重复步骤③，直到油液不带气泡为止。

⑤ 将制动液加注到储液罐中，直到液面合适。

六、任务工单

工作任务	离合器踏板行程检查	学时	2	班级	
姓名		小组		日期	
设备	凯越轿车（D16手动变速箱）、常用维修工具、工具车、座椅套、150～200mm直尺、汽车维修手册等			教学地点	汽车整车实训车间
任务目的	检查和调整离合器踏板行程				

（一）资讯

1. 车辆信息

车型	凯越（D16 手动变速箱）	生产年代		制造厂	
车辆识别码			发动机型号		

2. 检查离合器踏板行程

3. 相关问题

（1）离合器是否有异响？

（2）离合器分离状况如何？

（3）变速器挂挡是否顺畅？

（二）决策与计划

请根据资讯情况，确定所需要的测量仪器、工具，并对小组成员进行合理分工，制定工作计划。

1. 需要的测量仪器、工具

2. 小组成员分工

3. 工作计划

（三）实施

项　　目	检查结果（mm）	是否标准	调整后的数值（mm）	备注
1. 踏板工作行程				
2. 踏板自由行程				
3. 踏板分离点行程				
4. 油量检查				
5. 油质检查 （1）油品颜色 （2）油品气味 （3）油品杂质 （4）油品是否存在混加的现象				

故障排除

故障点：____。

处理措施：____。

（四）检验

进行自检与互检、过程检验、竣工检验。

（五）考核与评估

考 核 项 目	评 分 标 准	分数	学生自评	小组互评	备注
团队合作	和谐	5			

续表

考核项目	评分标准	分数	学生自评	小组互评	备注
活动参与	积极参与	5			
维修手册使用	正确使用	5			
任务方案	合理	10			
工具、设备使用	选用正确，使用正确	15			
5S	整理、整顿、清扫、清洁、素养	10			
工作安全	遵守安全操作规程	10			
操作过程	规范、合理、测量数值正确	20			
任务完成情况		10			
工作纪律	严格遵守	5			
工单填写	如实、规范	5			
合计		100			
教师评价（总评）					
注：如果违反操作安全规程，造成人身伤害或设备严重损坏，本任务考核0分。					

任务延伸 离合器其他故障的诊断

以机械式操纵机构、周布螺旋弹簧、摩擦式离合器为例，介绍离合器部分的相关故障诊断。

一、离合器分离不彻底

1. 故障现象

① 汽车起步时，将离合器踏到底仍感到挂挡困难，或虽然可以强行挂入，但未等抬起离合器踏板，车就前移或熄火。

② 变速时挂挡困难或挂不进挡，变速器内发出齿轮撞击声。

2. 故障原因

①离合器踏板自由行程过大，工作行程太小，使压盘后移不足，不能完全解除对从动盘的压紧力，离合器处于半结合状态。

② 分离杠杆弯曲变形，支座松动，轴销孔磨穿，轴销脱出，分离杠杆与分离轴承的接触面高低不一。

③ 离合器从动盘翘曲、钢片碎裂、摩擦面凹凸不平，更换了过厚的新摩擦衬片，从动盘或中间

压盘正反面装错，使其不能分离。

④ 离合器从动盘毂键槽与变速器第一轴花键齿锈蚀或有油污，使从动盘移动卡滞而分离不开。

⑤ 变速器第一轴前轴承润滑不良而咬住，导致发动机直接拖转变速器。

⑥ 液压式操纵机构中主缸活塞与推杆的间隙调整不当，主缸或工作缸漏油。油路中有空气，使工作油压低，离合器不能分离彻底。

3. 故障诊断与排除

① 将变速杆放在空挡位置，踏下离合器踏板，另一人在车底用螺丝刀拨动离合器从动盘，正常状态下拨动较轻松，若难以拨动即为离合器阻滞。

② 检查离合器踏板自由行程是否过大，分离杠杆高度是否一致且符合出厂规定，分离杠杆安装是否牢固。

③ 若上述调试无效，应拆下离合器总成进行检查。若从动盘正反面装错，应检查其平整度后正确装复。若使用新的过厚摩擦衬片，可在装复时，在离合器盖与飞轮之间各连接点加装相同的适当厚度的垫圈。若从动盘翘曲、钢片碎裂，应予以更换。

④ 检查中间压盘是否装反，装复时位置必须正确；分离弹簧弹力是否过软或折断，不合格者应予以更换。

⑤ 液压式操纵机构的离合器不能分离时，若踏下离合器踏板感觉轻，且工作缸的推杆不动，则表明油路中有空气，应进行放气；若主缸和分泵缸漏油，可清洗其内腔和活塞等，必要时更换。

二、离合器异响

1. 故障现象

这种故障表现在使用离合器过程中，当离合器踏板踩下或放松时发出不正常响声。

2. 故障原因

① 分离轴承缺油或磨损，回位弹簧过软、折断或脱落。

② 分离杠杆螺钉折断或支架销及孔磨损松旷。

③ 离合器摩擦片铆钉松动或铆钉头外露。

④ 离合器片键槽与主轴键齿磨损过度。

⑤ 离合器片钢片碎裂或减振弹簧折断。

⑥ 踏板回位弹簧过软、折断或脱落。

3. 故障诊断与排除

（1）发动机怠速运转，离合器踏板完全放松，听到间断的撞击声。

① 如踏板能勾起，且勾起后响声消失，这是踏板回位弹簧过软、折断或脱落，使分离轴承不能退回原处而刮碰分离杠杆所致，此时应更换回位弹簧。

② 如踏板位置能回到原位，应拆下离合器底盖，检查分离轴承回位弹簧是否有效；分离轴承与分离杠杆间隙是否符合规定，不符时应予以修复。

（2）发动机怠速运转，踏下离合器踏板过程中发出的响声。

① 当分离轴承与分离杠杆刚接触时，听到有声响，可初步判断为分离轴承缺油，滚珠与滚道间润滑不良。若加润滑油后仍有响声，则为轴承因缺油烧损，轴承滚珠破碎或卡死不能转动，应更换轴承。

② 卸下离合器底盖，观察分离轴承运转，有火花出现，表明分离轴承已烧结不转动，应更换轴承。

③ 踏下离合器踏板后，听到的是阻轧声，这是分离轴承架损坏或滚珠破碎，应更换轴承。

④ 在双片离合器中，踏板踏到底发响，若反复改变发动机运转速度，响声会更大，放松踏板，则响声消失，这是中间压盘销孔与传动销磨损松旷所致，若不严重，可继续使用。严重时可将传动销转换 90° 安装来排除声响。如仍不能解决，则用加粗的传动销或检修中间压盘，以恢复原有的配合间隙。

（3）车辆起步时，刚放松离合器踏板时发出的响声。

① 离合器将要接合中听到尖锐啸声，随即踏下踏板，响声消失，放松踏板又出现，这是从动盘钢片破碎或铆钉头外露刮碰压盘或飞轮所致，应检修。

② 离合器踏板刚放松，听到“喀哒”一声响，随后刚踏下踏板，也能听到同样声响，大多是由分离杠杆磨损松旷或从动盘或摩擦衬片的铆钉松动引起，也可能因从动盘毂与变速器一轴的花键磨损过度所致。

对于从动盘铆钉松动和花键磨损过度，可通过下述方法检查。

将发动机熄火，卸下离合器底盖，踏下离合器踏板，另一人用螺丝刀拨动从动盘，如松旷量大，则为故障。

③ 离合器踏板以很慢的速度提起，车辆冲撞起步，发出“哐当”响声，这是主、从动部分突然结合所致。原因来自两方面：一是杆系传动卡滞，使压盘突然压向从动盘；二是从动盘变形或摩擦衬片沾有油污，造成离合器断续接合而引起冲撞。

三、离合器抖动

1. 故障现象

在汽车起步或运行中换挡时，因离合器接合柔和性的变化，导致车身发生抖动的现象，即为离合器抖动。

2. 故障原因

① 离合器摩擦衬片厚度不均匀，表面不平整，烧蚀、硬化和变形，铆钉头外露。

② 离合器从动盘毂花键孔磨损，铆钉松动，钢片翘曲变形或破裂。

③ 压盘翘曲不平，不能平稳地与摩擦片接合；压紧弹簧弹力不均匀、折断或高度不一；离合器膜片弹簧破裂，造成离合器压紧力分布不均衡。

④ 扭转减振器的离合器，减振弹簧过软或折断；减振器盘破裂，失去扭力缓冲作用。

⑤ 发动机支架、飞轮、变速器与离合器壳等的固定螺栓松动，悬置橡胶垫老化、碎裂，影响离合器稳定性。

⑥ 离合器操纵杆系润滑不良，磨损松旷；分离轴承进退不灵活。

⑦ 变速器第一轴和发动机曲轴中心线不同心。

3. 故障诊断与排除

① 发动机怠速运转，将变速杆挂入低速挡位，稍加大油门的同时，慢慢放松离合器踏板，若汽车前后抖动，表明这是离合器抖动的故障。

② 确认离合器抖动故障后，检查发动机支架、变速器与离合器壳固定是否牢固。

③ 晃动操纵杆系，如旷量明显，找出松旷的连接点进行检修。

④ 卸下离合器底盖，检查分离杠杆高度是否一致，若高度差超过 0.20mm，应予以调整。

⑤ 若上述调试无效，应拆下离合器，检查压盘、压紧弹簧和从动盘，如有故障应予以修理或更换。

故障范例 速腾 2.0 离合器打滑

1. 故障现象

一辆速腾 2.0，行驶里程为 5 000km，底盘号为 LFV3A11K363020680，发动机号为 BJZ009698。该车离合器打滑，当转速到达 3 000r/min 时 5 挡车速仅能达到 45km/h。客户强调离合器一直有打滑的迹象。平时该车行驶距离短、速度低，又是新车，以为磨合磨合就会好了。今天在高速上行驶时，发现离合器打滑非常严重才来报修。

2. 诊断与排除

拉紧手动制动，使车辆处于完全制动状态，踏下离合器踏板，然后在 1 挡发动，再放开离合器踏板。此时如果发动机能够熄火，说明离合器无故障；反之，离合器有打滑，需拆卸、检查离合器。

试车确定离合器打滑，同时能闻到离合器打滑的煳味。更换离合器片、压盘后行驶了两天，高速时离合器又出现打滑现象。

离合器片打滑的原因见前述。

经检查离合器踏板自由行程太小，同时离合器踏到底再松到很高程度，才能起步。拆下离合器分泵，轻轻按压离合器分泵的推杆，能按压到底，并能回位。轻踏离合器踏板，分泵推杆能伸出，放松离合器踏板，分泵推杆能回位。这与新车对比相同，大致判定离合液压系统正常。这时用手晃动分离拨叉，发现拨叉没有游动余量，同时拨叉烫手，不能回位。

在大多数情况下，离合器片、压盘与飞轮都是处于结合的状态，以保证动力的最大传递。此时，分离拨叉与分离轴承处于自由状态，不参与工作。当踩下离合器踏板时，离合器分泵的推杆推动分离拨叉，分离拨叉推动分离轴承，分离轴承前移克服压盘弹簧的压紧力推动从动盘移动，使从动盘逐渐和飞轮分离，达到切断动力传输的目的。此时，分离拨叉、分离轴承处于工作状态。

当需要重新恢复动力传递时，为使汽车速度和发动机转速变化比较平稳，应该适当控制离合器踏板回升的速度，使从动盘在压紧弹簧压力作用下，向接合的方向移动与飞轮恢复接触。二者接触面间的压力逐渐增加，相应的摩擦力矩也逐渐增加。当飞轮和从动盘接合还不紧密，二者之间摩擦力矩比较小时，二者可以不同步旋转，即离合器处于打滑状态。随着飞轮和从动盘接合紧密程度的逐步增大，二者转速也渐趋相等，直到离合器完全接合而停止打滑时，汽车速度方能与发动机转速成正比。

只有当离合器打滑时，离合器片才摩擦生热，产生的热量通过压盘、分离轴承，才能传到分离拨叉，造成分离拨叉温度异常。分离拨叉为什么没有一定的间隙？带着这个疑问，通过仔细检查，发现固定换挡支架的固定螺栓拧入变速器壳体过多，正好挡住分离拨叉，致使分离拨叉不能回位。这是造成离合器打滑的根本原因。通过与新车对比，发现固定支架橡胶内应有一个铁套，所修的车没有铁套，造成螺栓拧入过多，挡住分离拨叉，致使分离拨叉不能回位，导致离合器打滑。

排除方法：装上相同规格的铁套，故障排除。

学习任务2 手动变速器跳挡的故障诊断

【知识目标】1. 知晓手动变速器的基本结构和原理。

2. 知道变速器常见故障现象、故障原因、诊断与排除方法。

【能力目标】1. 能够正确进行手动变速器油液检查和补充。

2. 能以小组为单位，完成手动变速器的故障诊断与排除。

变速器具有变速变矩、使汽车倒驶、利用空挡切断发动机的动力传递等功用，其组成主要有操纵机构、传动机构及壳体等，图 4-16 所示为前置前驱轿车变速器传动简图，图 4-17 所示为中型载货汽车 6 挡变速器传动示意图。变速器工作时，各零部件需适应运转速度的频繁变化，同时承受各

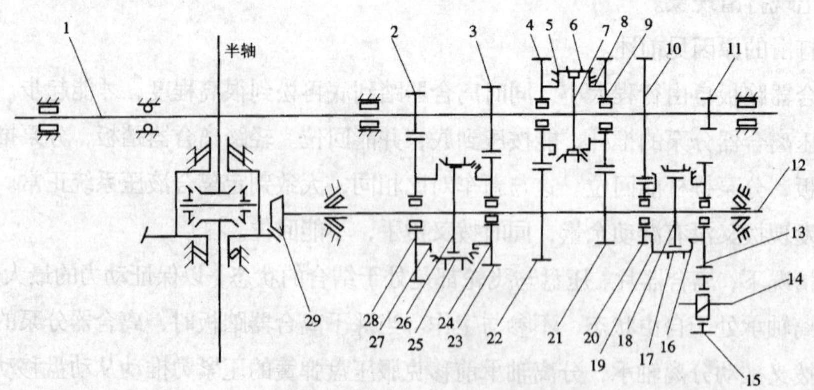

图4-16 前置前驱变速器传动简图

1—输入轴；2、3、4、9、10—1、2、3、4、5挡主动齿轮；5、8、16、19、24、27—同步器锁环；6、17、25—同步器接合套；7、18、26—同步器花键毂；11、13—倒挡主、从动齿轮；12—输出轴；14—倒挡齿轮轴；15—倒挡中间轴；20、2l、22、23、28—5、4、3、2、1挡从动齿轮；29—主减速器主动锥齿轮

种不同载荷，随着汽车行驶里程的增加其磨损、变形也随之加大，各零件间的配合关系变坏，引起跳挡、乱挡、换挡困难、卡挡、异响及漏油等一系列故障。

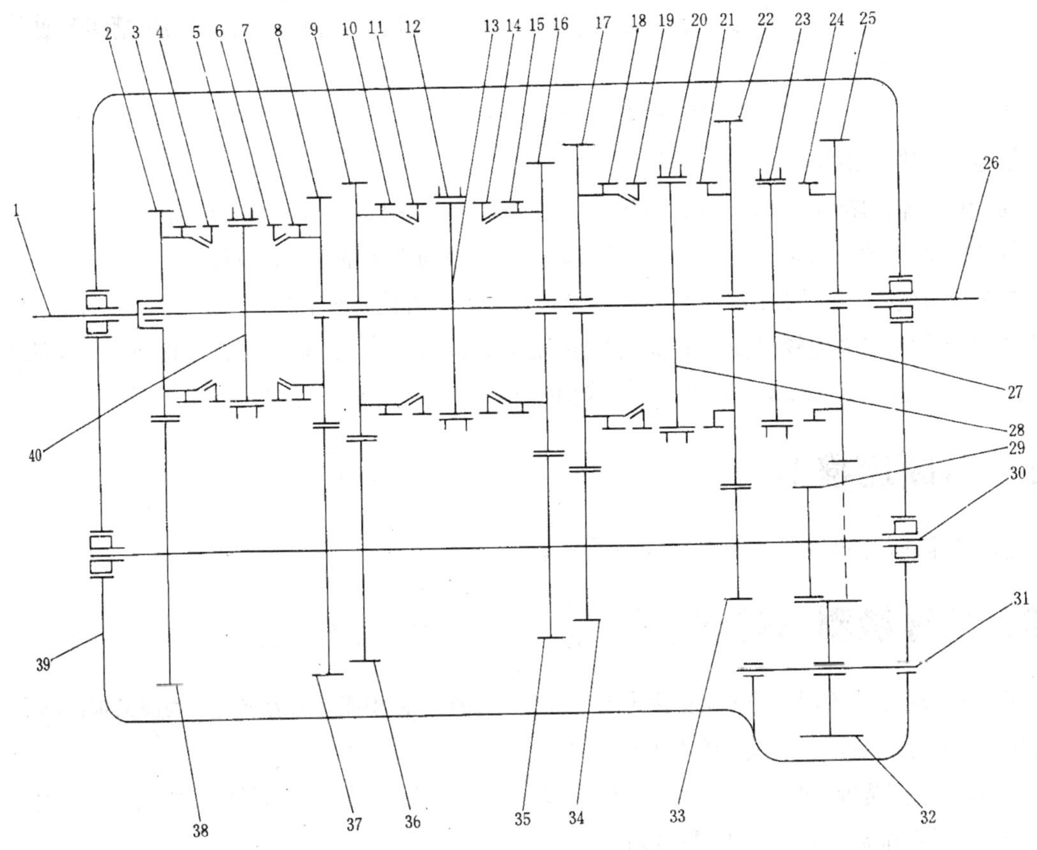

图4-17 中型载货汽车6挡变速器传动示意图

1—第一轴；2—第一轴常啮合传动齿轮；3—第一轴齿轮接合齿圈；4—6挡同步器锁环；5、12、20、23—接合套；6—5挡步器锁环；7—5挡齿轮接合齿圈；8—第二轴5挡齿轮；9—第二轴4挡齿轮；10—4挡齿轮接合齿圈；11—4挡同步器锁环；13、27、28、40—花键毂；14—3挡同步器锁环；15—3挡齿轮接合齿圈；16—第二轴3挡齿轮；17—第二轴2挡齿轮；18—2挡齿轮接合齿圈；19—2挡同步器锁环；21—1挡齿轮接合齿圈；22—第二轴1挡齿轮；24—倒挡齿轮接合齿圈；25—第二轴倒挡齿轮；26—第二轴；29—中间轴倒挡齿轮；30—中间轴；31—倒挡轴；32—倒挡中间齿轮；33—中间轴1挡齿轮；34—中间轴2挡齿轮；35—中间轴3挡齿轮；36—中间轴4挡齿轮；37—中间轴5挡齿轮；38—中间轴常啮合传动齿轮；39—变速器壳体

一、故障现象

① 汽车在行驶中，变速杆自动跳回空挡。

② 自动跳挡多发生在4、5挡。

二、故障原因

① 操纵机构磨损松旷、失调，使齿轮啮合不到位。

② 自锁故障。拨叉轴定位凹槽磨损松旷，钢球磨损失圆，定位弹簧过软或折断，使拨叉轴定位

无力，轴向前后窜动。拨叉固定螺钉松动，齿轮前后振动，超过了自锁装置的弹簧的压力，使变速杆回到空挡位置。

③ 拨叉弯曲变形，工作面磨损过度，使齿轮不能正常啮合，或者由于拨叉与环槽间隙增大，使齿轮前后移动而出现跳挡。

④ 齿轮或齿套沿齿长方向磨损成梯形或锥形，使齿与齿间隙过大，齿面产生冲击，或产生轴向力，使齿面滑移而跳挡。

⑤ 齿轮与轴的花键磨损，键槽间隙过大，使齿轮在传动中摆动，滑动齿轮逐渐移位而出现跳挡。

⑥ 轴与轴承磨损松旷，使两个啮合齿轮轴线不平行而产生轴向力，或使一、二轴不同心旋转，一、二轴径向跳动而形成齿面不正常啮合，造成接合套或齿轮退回空挡。

⑦ 输出轴常啮合齿轮衬套、止推垫片磨损松旷，同步器散架或同步器锁销松动而导致跳挡。

⑧ 变速器固定螺栓松动，引起一、二轴不在同一轴线上，造成挂挡时齿轮不到位等。

三、诊断流程

手动变速器跳挡的诊断流程如图 4-18 所示。

四、故障检测与排除

① 确认跳挡后，体察变速杆换挡操作中的手感，若阻力甚小或无阻力感时，为拨叉轴自锁不良；若变速杆移动距离变短，为拨叉弯曲变形，如图 4-19 所示。

② 检查自锁装置。拨叉轴定位凹槽磨损松旷，钢球磨损失圆，定位弹簧过软或折断，使拨叉轴定位无力，轴向前后窜动等，如图 4-19 所示。

③ 如果手感明确，啮合到位，则拆下变速器盖察看滑动齿轮啮合长度，齿端是否磨成梯形或锥形。若齿形良好，则晃动滑动齿轮，检查花键槽与花键的配合是否松旷。当上述检查均正常时，进一步检查输入轴轴承是否松旷，方法是：踏下离合器踏板，用撬棍扳动齿轮轴，察看轴承松旷量，如有松旷则应修复或更换新件。

④ 带同步器的变速器若有跳挡，应检查锥环牙齿和摩擦锥面磨损情况（滑块式同步器）或锁销有无松动（锁销式同步器）。

⑤ 若挂挡行驶中有啸叫声，变速杆震摆后跳挡，应检查输出轴常啮合齿轮衬套及止推垫片磨损程度。

⑥ 当均未发现故障所在时，进一步检查第一轴与曲轴的同轴度。可旋松变速器固定螺栓，挂直接挡，松开手制动，用手摇柄转动发动机。如果变速器与飞轮壳接触面的间隙不均匀（有大有小），则将缝隙塞住，再将变速器紧固后试车，若情况好转或故障消失，说明一轴与曲轴不同轴而造成跳挡。如果在高速行驶时有明显声响，突然加速时，响声很清晰，则是滑动齿轮花键配合松旷。

⑦ 汽车在任何挡位、任何车速下均有一种“咝、咝”声，且伴有过热现象（变速器毂体有烫手的感觉），这是由于缺油或油质变坏引起的。

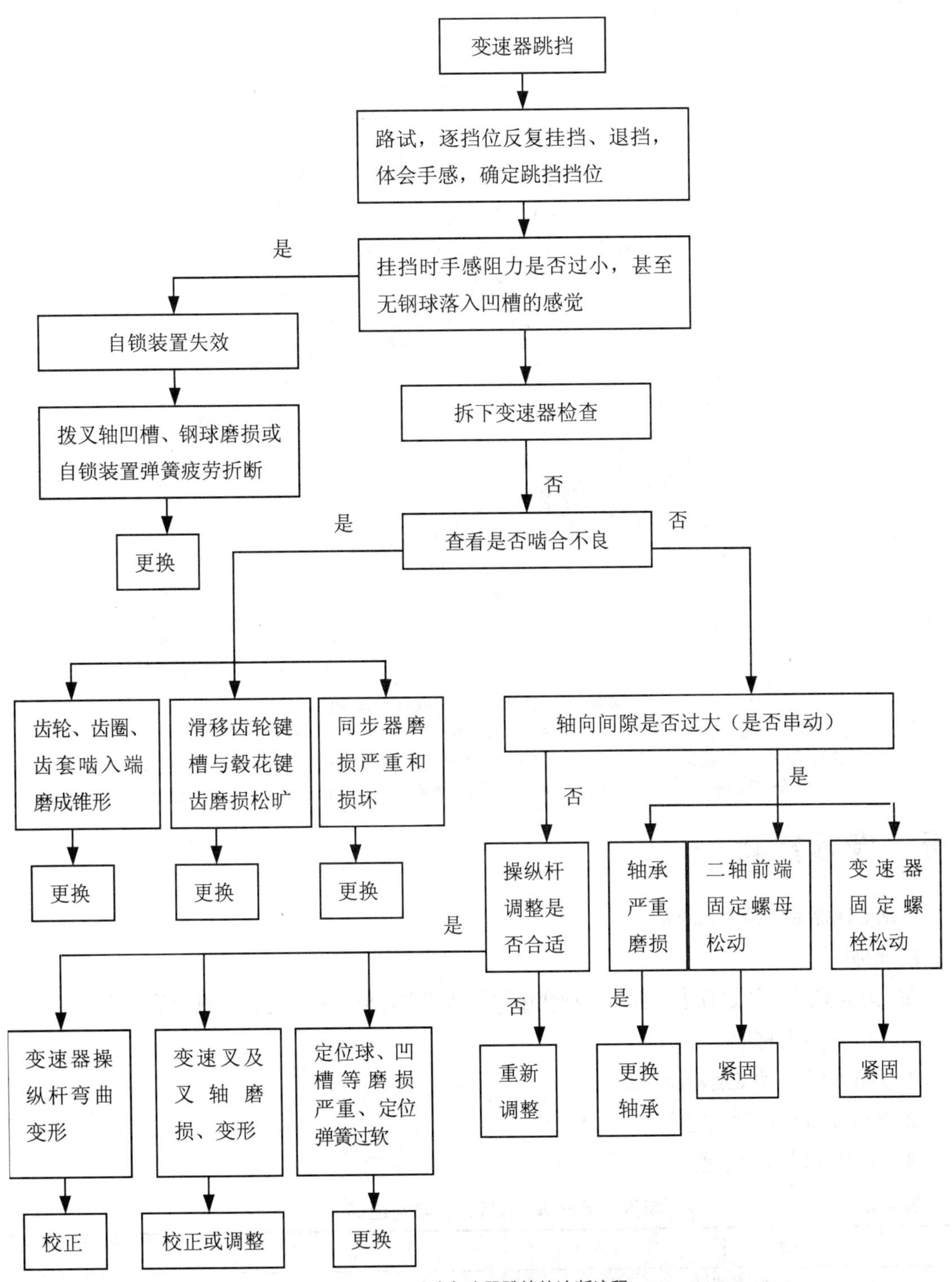

图4-18 手动变速器跳挡的诊断流程

对于因缺油所致故障，应按规定加注润滑油，而对于油质变坏所引起的故障，应放油后进行清洗，再加入规定型号和数量的润滑油。

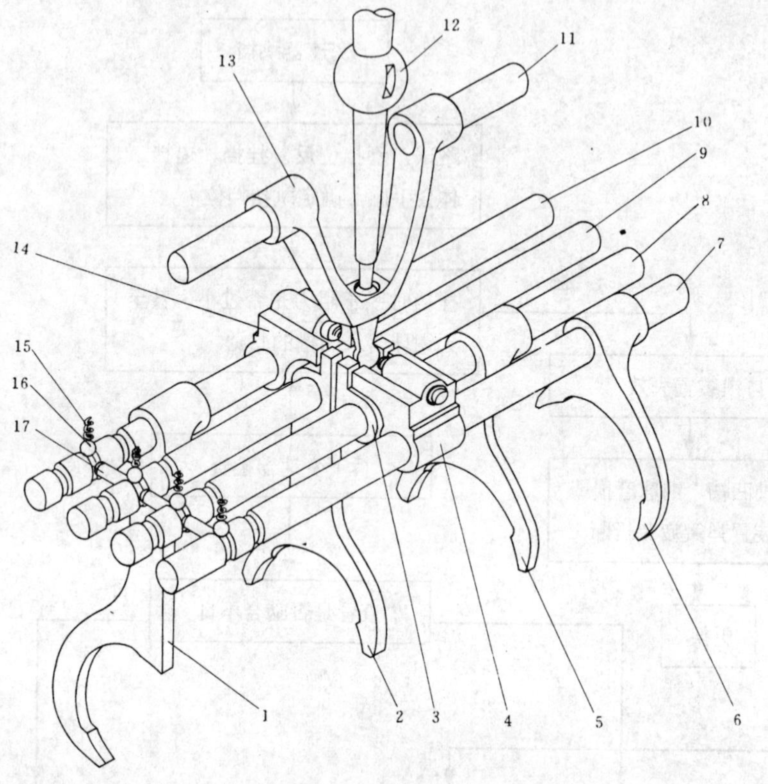

图4-19 6挡变速器操纵机构示意图

1—5、6挡拨叉；2—3、4挡拨叉；3—1、2挡拨块；4—倒挡拨块；5—1、2挡拨叉；6—倒挡拨叉；7—倒挡拨叉轴；8—1、2挡拨叉轴；9—3、4挡拨叉轴；10—5、6挡拨叉轴；11—换挡轴；12—变速杆；13—叉形拨杆；14—5、6挡拨块；15—自锁弹簧；16—自锁钢球；17—互锁柱销

五、专项技能

手动变速器油液检查与添加

1. 说明

在汽车定期维护的过程中，应对手动变速器的油液进行检查和补充，这属于基本技能。

2. 技术要求与标准

① 规范检查手动变速器油。

② 能在20min内独立完成。

③ 技术标准如表4-3所示。

表4-3　　凯越1.6轿车（D16手动变速器）

名　称	规　格	
手动变速器油	SAE80	1.8L
差速器齿轮盖板螺栓	40N · m	

3. 实训器材

① 凯越轿车（手动变速器D16）。

② 常用工具如表 4-4 所示。

表 4-4　常用工具

序　　号	名　　称	规　　格	备　　注
1	套筒	12mm	
2	套筒	13mm	
3	拧力扳手	150 mm	

4. 作业准备

① 检查举升机。

② 将车辆开进工位，停车，铺上护套。

③ 顶好车位置，稍微举升车辆，检查车辆是否平稳。

④ 水平举升车辆并锁止。

提示：在车辆进行维修和操作之前，必须确保汽车安全地支撑在举升机上。

5. 操作步骤

（1）外观检测

① 变速器外壳有无裂缝。

② 变速器有无漏油。

③ 车速表“软轴”连接是否正常。

（2）检查变速器油液

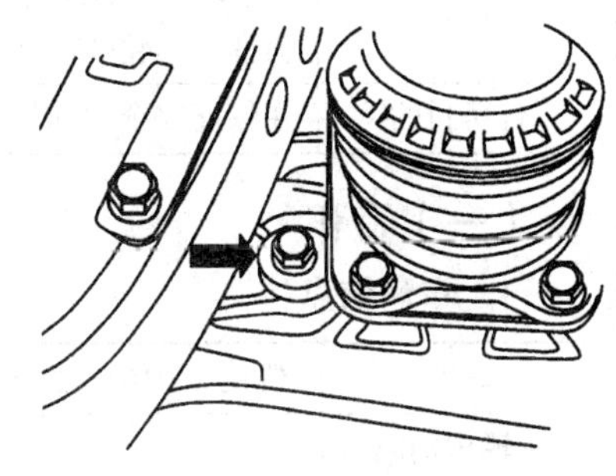

图4-20　变速器油加注塞

① 在变速器油液处于低温时，拆卸加注塞，如图 4-20 所示。

② 检查变速器油液，应该达到油塞孔下缘，如图 4-21 所示。

a. 变速器油量是否正常。如果通过螺塞孔看不到油面，小心地将手指直着插入螺塞孔中，然后向下弯曲，再将手指抽出，检查留在手指上的油面高度。如图 4-20 所示。

b. 变速器油质是否正常。油液应该保持新鲜的颜色和正常的气味，如果脏了需要更换。如果油液中带有白色或黄色金属碎片，则说明变速器内部磨损严重。

c. 如果液面过低，通过加注塞添加 SAE80 手动变速驱动桥油液，直到油液开始流出，如图 4-22 所示。

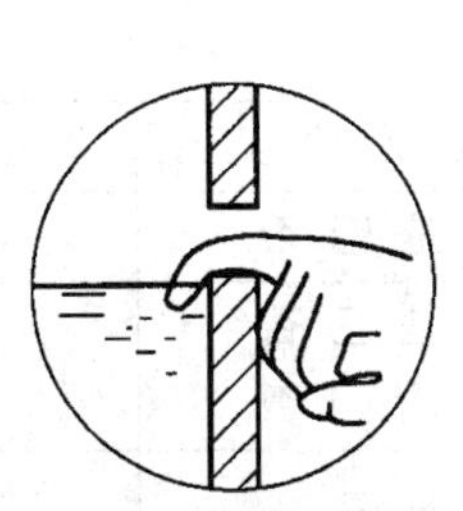

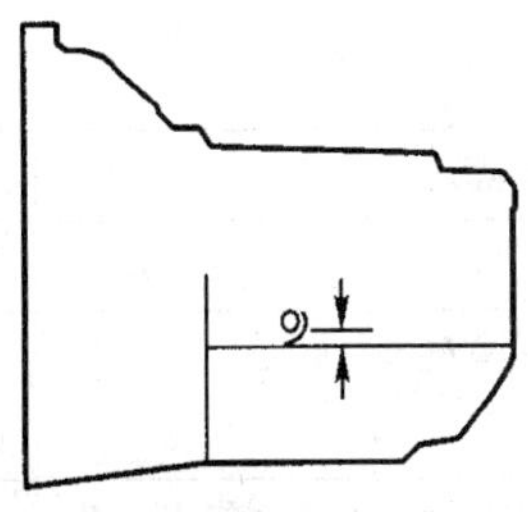

图4-21　变速器油位检查

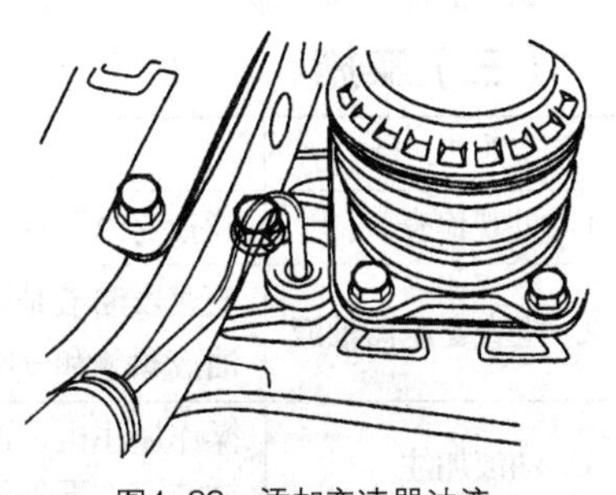

图4-22　添加变速器油液

d. 重新安装加注塞并紧固。

提示：

① D16 手动变速器不需要进行油液更换，只需要检查或补充油液。

② 如果油液受到污染，拆卸差速器齿轮盖板，放出油液，然后按照规定扭矩紧固差速器齿轮盖板螺栓。

③ 如果需要更换油液，建议起动汽车一段时间之后，将变速器油液泄放，这样有利于排放，加快换油操作以提高效率。

六、任务工单

工 作 任 务	手动变速器油液检查和补充	学时	2	班级	
姓名		小组		日期	
设备	凯越轿车（D16 手动变速器）、常用维修工具、工具车、座椅套、齿轮油加注机、汽车维修手册等			教学地点	汽车整车实训车间
任务目的	在保证安全的前提下，完成手动变速器油液检查和补充				

（一）资讯

1. 车辆信息

车型	凯越（D16 手动变速器）	生产年代		制造厂	
车辆识别码			发动机型号		

2. 是否更换过变速器油？

3. 是否拆修过变速器？

4. 变速器技术状态如何？

（二）决策与计划

请根据资讯情况，确定所需要的仪器、工具，并对小组成员进行合理分工，制定工作计划。

1. 仪器、工具及油品（注意型号）。

2. 小组成员分工。

3. 工作计划。

（三）实施

项　目	操作要点及规范	完 成 情 况	备注
1. 外观检查	检查变速器周围是否漏油	□ 是 □ 否	
2. 检查变速器油液	变速器油液是否达到油塞孔下缘？ 油液颜色和气味是否正常	□ 是 □ 否 □ 是 □ 否	
3. 油液加注	操作加注机，通过加注塞添加 SAE80 手动变速驱动桥油液，直到油液开始流出	□ 是 □ 否	

故障排除

故障点：________________________________。

处理措施：________________________________。

（四）检验

进行自检与互检、过程检验、竣工检验。

（五）考核与评估

考核项目	评分标准	分数	学生自评	小组互评	备注
团队合作	和谐	5			
活动参与	积极参与	5			
维修手册使用	正确使用	5			
任务方案	合理	10			
工具、设备使用	选用正确，使用正确	15			
5S	整理、整顿、清扫、清洁、素养	10			
工作安全	遵守安全操作规程	10			
操作过程	规范、合理、测量数值正确	20			
任务完成情况		10			
工作纪律	严格遵守	5			
工单填写	如实、规范	5			
合计		100			
教师评价（总评）					

注：如果违反操作安全规程，造成人身伤害或设备严重损坏，本任务考核0分。

任务延伸　手动变速器其他故障的诊断

一、变速器换挡困难

1. 故障现象

换挡时，变速杆操作沉重，不能平稳地挂入挡位。

2. 故障原因

① 操纵机构失调，变速杆和拉杆弯曲变形，各活动连接处磨损松旷，使齿轮啮合不到位。

② 拨叉固定有松动、弯曲变形或严重磨损，拨叉端头严重锈蚀使变速叉轴移动困难。

③ 拨叉轴弯曲、锈蚀或有毛刺，锁止弹簧过硬或互锁销被卡住，使拨叉轴无法轴向移动。

④ 齿轮端面因摩擦产生飞边，或接合套花键磨损、起毛或损坏；新换齿轮齿端面倒角太小。

⑤ 同步器锥环牙齿沿轴线方向磨损成凸形或断裂；摩擦锥面螺旋槽磨损或磨光，使齿环端面与齿轮端面间隙缩小，甚至无间隙，降低了摩擦效果，同步器失效。

⑥ 润滑油选用不当，如粘度大而使油膜容易吸附在锥环表面，同步器失效；或油温高使润滑油结胶而填满同步器锥环表面和螺旋槽，导致同步器损坏。

⑦ 同步器总成在输出轴上摆动太大，或长时期空挡熄火滑行，中间轴不工作，导致输出轴拖转干磨而产生高热，使同步器损坏。

⑧ 离合器分离不彻底。

3. 故障诊断与排除

诊断时，根据换挡时挡位手感及伴随的响声加以分析。

变速杆操纵沉重或偏离挡位位置方可挂入挡位时，均为操纵机构故障所致。如果属于机构失调，则应按规定调节拉杆长度和位置；如果是机件磨损或变形，则应更换磨损件。当挡位手感正确，在挂 2、3 挡或 4、5 挡时感到困难或有轻微响声，则为同步器损坏，大多是摩擦效果降低所致。

在运行过程中，空挡滑行时发现变速器内有异响，挂挡瞬间也有同样声响，挂挡困难，其原因大多是同步器松旷。

在 4、5 挡挂挡时困难，有两次拨挡的感觉，则是拨叉和拨叉槽磨损过度或同步器锥环变形失效。

二、变速器乱挡

1. 故障现象

① 换挡时，变速器挂不上所需挡位。

② 挂挡后不能退回空挡。

③ 一次挂上两个挡位。

2. 故障原因

① 变速杆球头定位销磨损松旷、损坏、丢失、失去定位作用或球头磨损过大。

② 变速杆下端工作面与拨叉导块凹槽磨损过度。

③ 互锁装置的凹槽、锁销磨损，锁球磨损失圆失去互锁作用。

④ 输入轴与输出轴连接处的滚针轴承烧结，使其连成一体。

3. 故障诊断与排除

① 变速杆能成圈转动，表明球头定位销磨短或脱落。若变速杆移距变大，所挂挡位不能退出，或者挂挡时，变速杆位置稍偏一点，就会挂入不需要的挡位，甚至越出导块的凹槽外，这是变速杆

下端工作面与拨叉导块凹槽磨损过度所致，或拨叉工作面越出齿轮拨叉槽。

② 若只有空挡或直接挡能正常工作，挂其他挡时，发动机就熄火，表明输入轴后端内孔中的滚针轴承与输出轴烧结在一起；若挂直接挡能正常工作，挂其他挡均不能工作，发动机也不熄火，表明轴常啮合齿轮花键被切断。

③ 若同时挂上了两个挡位，输出轴被卡住不转，则表明互锁装置失效。若摘掉挡位，仍然运转，变速器无空挡，则为齿轮衬套长度不足，导致在拧紧输出轴锁紧螺母后，该挡齿轮无空转能力。

三、变速器异响

1. 故障现象

无论在空挡位置还是在挡位上，变速器内都有不正常的响声，称为变速器异响。

2. 故障原因

按响声类别可分 3 个方面。

（1）齿轮异响的原因。

① 齿轮、花键与键槽磨损过度而间隙过大。

② 齿面金属剥落、磕伤或个别牙齿折断后啮合不良。

③ 输出轴或中间轴弯曲，导致齿轮啮合不均。

④ 更换齿轮、轴承或轴后，改变了齿轮原有的啮合状态，使齿轮啮合间隙失当。

⑤ 长期使用后变速器毂变形，降低了轴线位置精度。

（2）轴承异响的原因。

① 轴承磨损松旷。

② 钢珠或滚针磨损松旷、碎裂或折断，滚道烧蚀、破裂或剥落。

（3）其他异响的原因。

① 润滑油太稀或不足，使变速器工作时得不到良好润滑，产生金属干摩擦声。

② 拨叉与环槽配合无间隙而摩擦发响。

③ 紧固螺母松动引起前后窜动发响。

④ 变速器内落进异物而引起磕碰声。

3. 故障诊断与排除

① 车辆行驶中，若听到变速器部分有“嗞嗞”声，触摸变速器外壳烫手，则为变速器缺油。

② 变速器空挡位置，发动机怠速运转时，若听到有节奏地异响，踏下离合器踏板后响声消失，为输入轴后轴承异响；若听到均匀的噪声，在拉紧手制动杆时响声增大，而踏下离合器踏板后响声消失，则为输入轴常啮合齿轮啮合不良。

③ 车辆起步时，离合器处在半接合状态下，突然发出强烈的金属摩擦声，而当完全放松离合器踏板后，响声消失，则为输入轴前轴承损坏。

④ 车辆空挡滑行过程中，听到“哗哗”声，熄火停车，变速器仍在空挡，手制动杆放松，上下晃动输出轴凸缘，如有松旷，则表明输出轴后轴承磨损松旷或损坏所致。

⑤ 汽车在运行中，车速急剧变化时，响声增大；车速相对稳定时，响声消失，这是齿隙过大所造成的。如果响声是一种连续的响声，且随车速增大而增大，有时伴随着换挡困难的故障，则是齿隙过小引起的响声。当低速行驶时，发出一种“咯啦”声，而车速提高后变为“嘎嘎”声，则是齿轮啮合不良或损坏。如在某挡运转时有异响，一般由该挡齿轮引起；如在各挡行驶时，均有沉闷的响声，且换挡困难、毂体温度过高，多数为输出轴弯曲，或轴中心距改变，导致啮合不良。

四、变速器漏油

1. 故障现象

变速器内的润滑油从变速器盖、变速器前后轴承盖或其他部位渗漏。

2. 故障原因

① 变速杆球体失圆，球体与座配合不严，球体定位槽太深，槽与定位螺栓松旷以及螺栓与盖毂松旷等导致变速器盖球节和定位螺栓处渗油。

② 盖与壳体接合面处的垫片不平整或破裂，侧盖变形，壳体有砂眼、气孔或裂纹，螺孔穿通以及螺钉与螺孔松旷等导致变速器盖与壳体、侧盖与壳体以及壳体表面渗漏。

③ 油封年久老化失去弹力、弹簧失效，油封外径与盖松旷，凸缘轴套与油封磨损过多，后轴承松旷等导致第二轴后部漏油；后轴承回油口被垫片遮堵或被其他异物堵塞使盖内润滑油逐渐增多而泄漏。

④ 加注润滑油过多，通气孔堵塞。

3. 故障诊断与排除

根据油迹部位来查明原因。

故障范例　捷达王轿车传动系统故障诊断

1. 故障现象

一辆 1999 年生产的捷达王轿车，出现挂挡困难的故障。据车主介绍，该车一个月前更换过离合器从动盘，之后感觉换挡时有点“涩”，本以为使用一段时间后会有所好转，但问题越来越严重，现在挂挡已经很困难。

2. 故障诊断与排除

我们知道装配手动变速器的车辆出现挂挡困难的故障，一般故障范围在离合器、变速器以及它们的操纵机构。

遵循“先易后难，先简后繁，先外后内”的原则，首先做基本检查，即检查离合器和变速器的操纵机构是否有变形、磨损、和润滑不良，然后检查变速器齿轮油。在以上检查都正常的情况下，才能将变速器总成拆下检查。

所以，首先检查离合器和变速器的操纵机构，没有发现异常。检查变速器油量正常但其中含有铜末。于是，拆卸离合器和将变速器解体，发现离合器从动盘表面有烧损痕迹，变速器每个挡位的同步器接合套和锁环花键端均有比较严重的磨损。这就是造成挂挡困难故障的直接原因。

根据检查结果和客户反映的情况分析，该故障的形成是上次维修（更换离合器从动盘）时，由于装配质量或离合器从动盘质量（如厚度、翘曲等）的原因，导致离合器分离不清（客户反映，更换离合器从动盘之后感觉换挡时有点“涩”）。之后，没有及时发现和处理离合器分离不清的问题，而是继续使用车辆，最终导致离合器从动盘和同步器都磨损，形成挂挡困难的故障。

更换离合器从动盘和同步器后，试车，换挡平顺自如，故障排除。

自动变速器换挡冲击过大的故障诊断

【知识目标】1. 进一步熟悉自动变速器的工作原理。

2. 知晓自动变速器的常见故障现象、故障原因及诊断方法。

【能力目标】1. 能以小组为单位，完成自动变速器简单故障的诊断、排除和测试。

2. 会进行自动变速器油液检查和更换。

自动变速器由液力变矩器、行星齿轮变速器、液压控制系统及电子控制系统等组成，如图4-23所示。

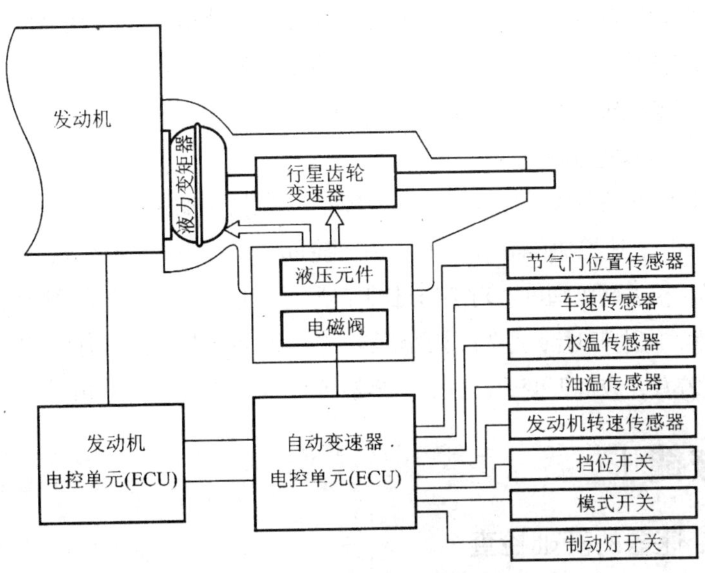

图4-23　自动变速器组成示意图

自动变速器的结构和工作原理很复杂，当出现故障时，盲目拆卸分解往往找不出故障的真正原因，甚至会造成自动变速器不应有的损坏。因此，应利用各种检测仪器和方法，按照由外到内、由简到繁的步骤和程序，诊断出故障原因，有针对性地进行检修。

一、故障现象

① 汽车起步时，由停车挡或空挡挂入倒挡或前进挡时振动较为严重。

② 行驶中，在自动变速器升挡的瞬间汽车有较明显的冲动。

二、故障原因

① 节气门位置传感器、车速传感器、主油路油压电磁阀、油压电磁阀或线路及 ECU 有故障。

② 若锁止时换挡冲击过大，可能是锁止阀或锁止电磁阀有故障。

③ 发动机怠速过高，节气门拉线调整不当、真空式节气门阀的真空膜片、软管破裂或松脱。

④ 蓄压器、蓄压器调压阀、单向节流阀损坏或漏装、蓄压器活塞卡滞，各相关调压阀有故障。

⑤ 换挡执行元件打滑。

⑥ 汽车其他部位有故障。

三、诊断流程

自动变速器换挡冲击过大诊断流程图，如图 4-24 所示。

四、故障检测与排除

① 应排除发动机及其他部位的故障，确诊换挡冲击过大是由自动变速器原因所致。

② 对电控自动变速器，若故障指示灯闪亮，应读取故障代码，按提示检修并排除电控系统相关部位（传感器、油压电磁阀、ECU 及线路等）故障。

③ 进行基础检查并调整到正常状态。

④ 检测油路油压。检测可能导致故障的油路油压（包括主油路油压、蓄压器油压、或某一离合器、制动器油路的油压、速控油压等），并检查升挡瞬间油路压力的变化情况。如有异常，则应拆检阀体，检查蓄压器、相关调压阀等。对刚修过的车辆，要注意检查单向节流阀是否错装或漏装。

⑤ 若油压正常，应进行时滞试验和道路试验，检测是否升挡过迟、有无迟滞观象，各换挡执行元件是否打滑等，若有，应拆下变速器总成，拆检各换挡执行元件，调整间隙，必要时更换元件。

五、专项技能

（一）自动变速器的基础检查

以下 1～4 项均以凯越 4HP-16 自动变速器为例。

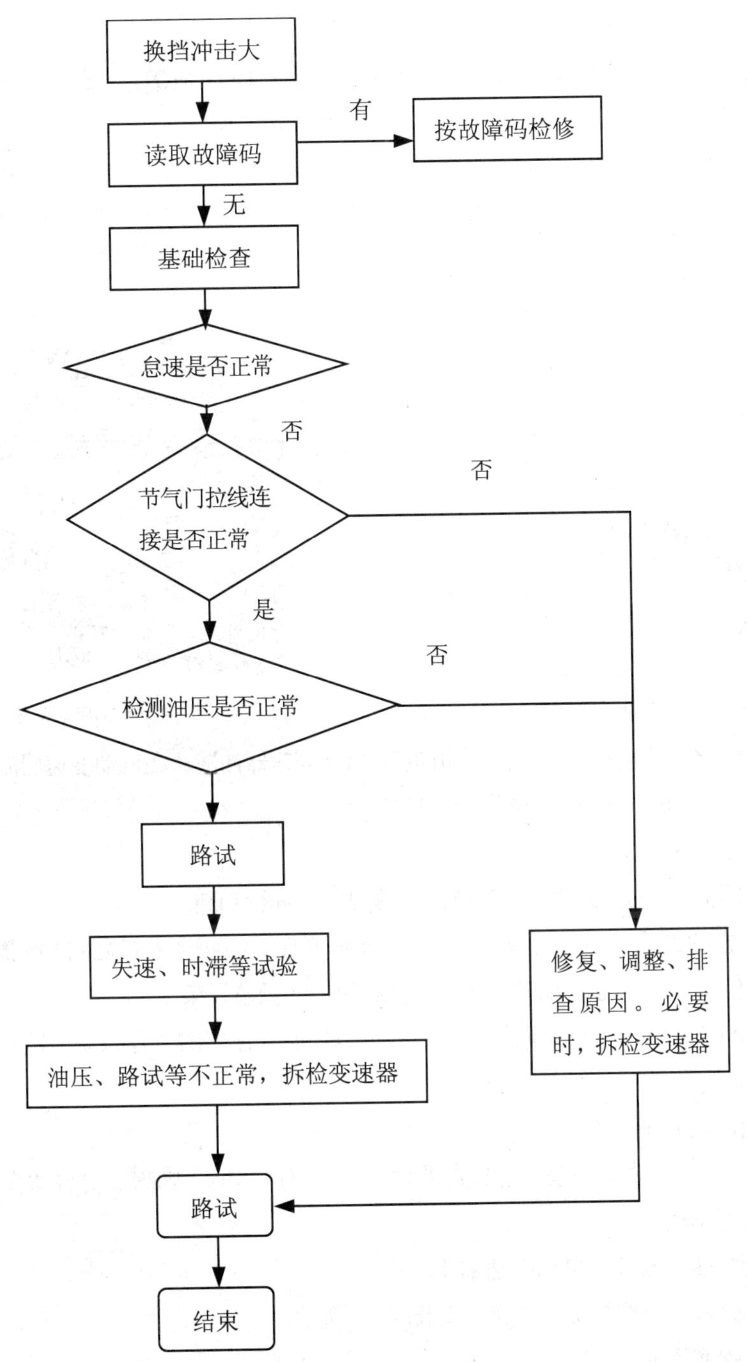

图4-24　自动变速器换挡冲击过大诊断流程

1. 自动变速器油位检查

① 确保车辆处于水平位置，使发动机怠速运行，变速器油温在70℃～80℃。

② 拉紧手制动，踏住行车制动，换从“P”位到“1”位的所有挡位，最后返回“P”位，在所有挡位间切换并使操纵手柄在每个挡位停留约3s。

③ 打开发动机盖，取出自动变速器油标尺。

④ 检查自动变速器油位。正确的油位必须介于油尺上 HOT MIN——热油液最低高度（刻度 2）和 HOT Max——热油液最高高度（刻度 1）之间，如图 4-25 所示。

⑤ 如果油位低于 MIN 刻线，通过加油口管加注自动变速器油液并检查自动变速器是否泄漏。

⑥ 如果油位超过 MAX 刻线，则自动变速器油液加注过量。通过储油盘放油螺塞（见图 4-26）放出部分油液。

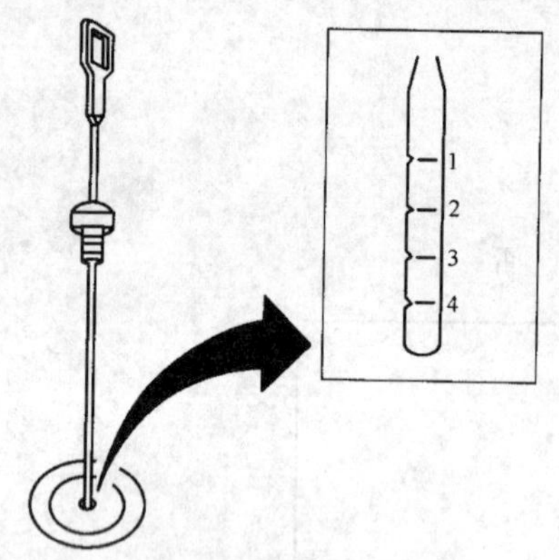

图4-25 油尺油位刻线位置

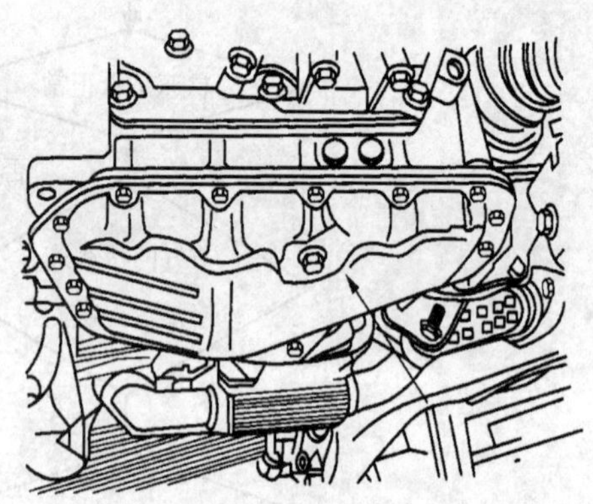
图4-26 4HP-16自动变速器放油螺塞

提示：添加或完全更换油液时，务必使用 T-IV 自动变速器油液；在自动变速器温度为 70℃～80℃时测量油位；检查油位时，变速杆必须挂在 P 挡。

2. 自动变速器油质检查

① 在检查油质时，可通过眼看、鼻闻、手摸的方法进行判断。

② 通常用手感的方法比视觉更有效，把一小滴油滴在你的两个手指之间，摩擦两个手指，如果感到油液脏且含有砂质，则说明 ATF（自动变速器油）已经被污染了。

提示：检查 ATF 的气味和状态同样重要，它可以反映变速器的工作状态，检查油液时，可从油尺上闻一闻油液的气味判断 ATF 是否变质。

3. 自动变速器油的排放

如果油液加注过多或油质变差、达到自动变速器的更换周期，则需要对自动变速器进行排放。

① 举升并支撑车辆。

② 将合适的接油容器放在自动变速器下。

③ 取下放油螺塞。完全排放掉油液，如图 4-26 所示。

④ 清洁放油螺塞螺纹。

⑤ 安装放油螺塞。紧固将放油螺塞紧固至 17N · m。

4. 自动变速器油的添加

① 取出接油容器并放下车辆。

② 添加 T-IV 自动变速器油液至合适液位。

③ 起动发动机并预热至正常工作温度。

④ 将变速杆挂遍所有挡位。

⑤ 检查油位，然后添加油液，直到油尺指示标准液位。

5. 发动机怠速的检查

自动变速器变速杆置于“P”或“N”位时，发动机怠速应正常。若怠速过低，挡位转换时，将引起车身振动，甚至导致发动机熄火。若怠速过高，汽车“爬行”现象严重，且易产生换挡冲击。因此在对自动变速器作进一步检查之前，应先检查和调整发动机怠速。

6. 节气门拉线的检查与调整

节气门拉线调整不当，对液控自动变速器会导致换挡时刻的改变，造成换挡过早或过迟，使汽车加速性能变差或产生换挡冲击；对电控自动变速器将导致主油路压力异常，使换挡执行元件打滑或产生换挡冲击。节气门拉线的调整方法如下。

① 将加速踏板踩到节气门全开的位置，检查并调整节气门拉线，如图 4-27 所示。

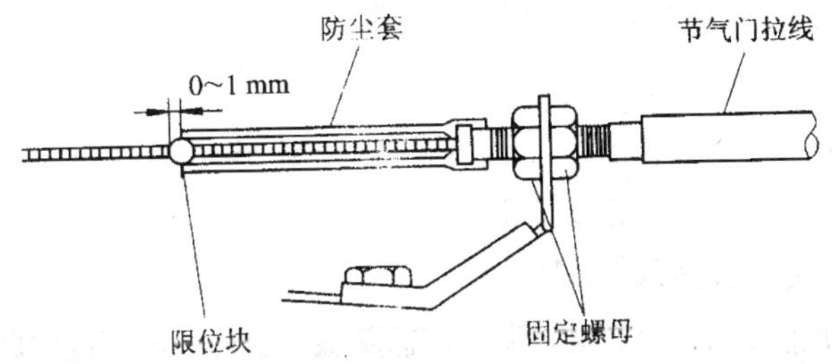

图4-27　节气门拉线的调整

② 松开固定螺母，调整拉线，使防尘罩与限位块的距离为 0～1mm。

③ 拧紧固定螺母，重新检查调整是否正确。

7. 变速杆和空挡起动（位置）开关的检查与调整

变速杆及空挡起动开关调整不当，会使变速杆的位置与自动变速器阀体中手控阀的实际位置不符，易造成选挡错乱，并造成变速杆位置与仪表盘上挡位指示灯的显示不符，甚至造成在空挡或停车挡时无法起动发动机，因此必须进行检查和调整。变速杆和空挡起动（位置）开关的调整过程如下。

① 松开连接杆螺母，把手控阀摇臂拨至空挡位置，先将摇臂朝前端方向拨至极限位置（停车挡位置），然后再返回两位至空挡位置。

② 将变速杆置于空挡“N”位，轻轻将手控阀摇臂靠向“R”位方向，同时连接并固定变速杆与手控阀摇臂之间的连接杆；有些自动变速器的挡位开关外壳上刻有一条基准线，调整时应将基准线和手动阀摇臂轴上的槽口对齐（见图 4-28（a））；也有一些自动变速器的挡位开关上有一个定位孔，调整时应使摇臂上的定位孔和挡位开关上的定位孔对准（见图 4-28（b））。

③ 检查调整情况，将变速杆拨至各个挡位，观察挡位指示灯和变速杆位置是否一致、“P”位和“N”位时发动机能否起动、“R”位时倒挡灯是否亮起等。如有不符，应重新调整。

（二）自动变速器失速试验

失速试验是检查发动机、液力变矩器及自动变速器中有关的换挡执行元件的工作是否正常的一种常用方法。

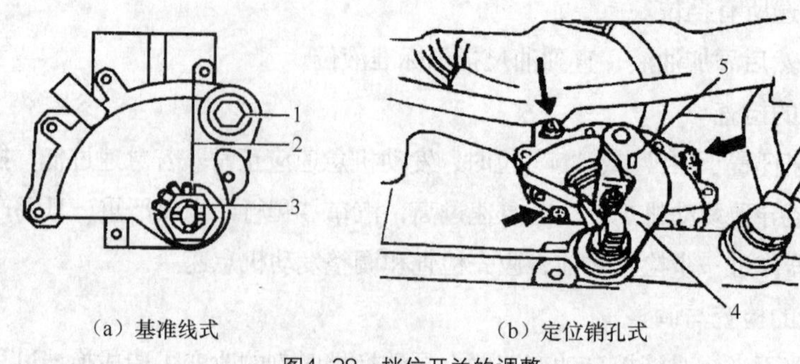

（a）基准线式（b）定位销孔式

图4-28 挡位开关的调整

1—紧固螺钉；2—基准线；3—槽口；4—摇臂；5—调整用定位销

1. 失速试验的准备

行驶汽车，使发动机和自动变速器均达到正常工作温度，检查汽车的行车制动和驻车制动系统，并确认其性能良好，且自动变速器的油面高度应正常。

2. 失速试验步骤

① 将汽车停放在宽阔的水平地面上，前后车轮用三角木块塞住。

② 拉紧驻车制动，左脚用力踩住制动踏板。

③ 起动发动机，将变速杆拨入“D”位。

④ 在左脚踏紧制动踏板的同时，用右脚将加速踏板踩到底，迅速读取此时发动机最高转速。读取发动机转速后，立即松开加速踏板。

⑤ 将变速杆拨入“P”或“N”位，使发动机怠速运转 1min 以上，以防止自动变速器油因温度过高而变质。

⑥ 将变速杆拨入“R”位，做同样的试验。

在变速杆位于“D”或“R”位时同时踩下制动踏板和加速踏板，发动机处于最大转矩工况，行星齿轮变速器的输入、输出轴静止不动，因而变矩器涡轮也静止不动，只有变矩器壳及泵轮随发动机一起转动，这种工况属于失速工况，此时的发动机转速称为失速度。由于在失速工况下，发动机的动力全部消耗在液力变矩器油液的内部摩擦损失上，油液温度会急剧上升。因此，在失速试验中，加速踏板从踩下到松开整个过程的时间不得超过 5s，否则会使自动变速器油因温度过高而变质，甚至损坏密封圈等零件。在一个挡位试验完成之后，不立即进行下一个挡位的试验，要等油温下降以后再进行。试验结束后不要立即熄火，应将变速杆拨入空挡或停车挡，让发动机怠速运转几分钟，以使自动变速器油温度正常。如果在试验中发现驱动轮因制动力不足而转动，应立即松开加速踏板，停止试验。

不同车型的自动变速器都有其失速转速标准，若失速转速与标准值不相符，说明自动变速器有故障。如果“D”位、“R”位的失速转速均过高，可能是主油路油压过低、前进离合器打滑、倒挡执行元件打滑等；若失速转速均过低，可能是发动机动力不足、变矩器导轮单向离合器打滑等。如果仅在“D”位失速转速过高，可能是前进挡油路油压过低、前进离合器打滑等；如果仅在“R”位失速转速过高，可能是倒挡油路油压过低、倒挡执行元件打滑等。

（三）自动变速器时滞试验

在发动机怠速运转时将变速杆从空挡拨至前进挡或倒挡后，需要有一段短暂时间的迟滞或延时才能使自动变速器完成挡位的变换（此时汽车会产生一个轻微的振动），这一短暂的时间称为自动变速器换挡的迟滞时间。时滞试验就是测出自动变速器换挡的迟滞时间，根据迟滞时间的长短来判断主油路油压及换挡执行元件的工作是否正常，其试验步骤如下。

① 行驶汽车，使发动机和自动变速器达到正常工作温度。

② 将汽车停放在水平地面上，拉紧驻车制动。

③ 将变速杆分别置于“N”位和“D”位，检查、调整怠速。

④ 将自动变速器变速杆从“N”位拨至“D”位，用秒表测量从拨动变速杆开始到感觉汽车振动为止所需的时间，该时间称为N-D迟滞时间。

⑤ 将变速杆拨至“N”位，使发动机怠速运转1min后，再做一次同样的试验。共做3次试验，取平均值作为N-D迟滞时间。

⑥ 按上述方法，将变速杆由“N”位拨至“R”位，测量N-R迟滞时间。

大部分自动变速器的N-D迟滞时间小于1.0～1.2s，N-R迟滞时间小于1.2～1.5s。若N-D迟滞时间过长，说明主油路油压过低，前进离合器、制动器磨损过甚或间隙过大；若N-R迟滞时间过长，说明倒挡油路油压过低，倒挡离合器、倒挡制动器磨损过甚或间隙过大。

（四）自动变速器主油路油压试验

油压试验是在自动变速器工作时，测量控制系统各个油路中的油压，为分析自动变速器故障提供依据，以便有针对性地进行检修。自动变速器正常工作的先决条件是控制系统的油压正常，油压过高，会使自动变速器出现严重的换挡冲击，甚至损坏控制系统；油压过低，会造成换挡执行元件打滑，加剧其摩擦片的磨损，甚至会烧毁换挡执行元件。

油压试验的内容取决于自动变速器的类型及测压孔的设置，主要测试前进挡和倒挡的主油路油压，液控自动变速器还需测量调速阀油压。

① 行驶汽车，使发动机和自动变速器均达到正常工作温度，然后将汽车停放在宽阔的水平地面上，前后车轮用三角木块塞紧。

② 拆下自动变速器壳体上主油路测压孔或前进挡油路测压孔螺塞，接上高量程油压表。

③ 起动发动机，将变速杆拨至前进挡“D”位，读出发动机怠速运转时的油压。该油压即为怠速工况下的前进挡主油路油压。

④ 用左脚踩紧制动踏板，同时用右脚将加速踏板完全踩下，在失速工况下读取油压。该油压即为失速工况下的前进挡主油路油压。

⑤ 将变速杆拨至空挡或停车挡，使发动机怠速运转1min以上。

⑥ 将变速杆拨至各前进低挡“S”、“L”或“2”、“1”位置，重复操作，读出各前进低挡在怠速工况和失速工况下的主油路油压。

⑦ 将变速杆拨至倒挡“R”位，在发动机怠速和失速工况下读取倒挡主油路油压。不同车型自动变速器的主油路油压各不相同，若主油路油压过低，可能是汽油泵供油不足，主调压阀卡死或弹

簧过软，节气门拉线或节气门位置传感器调整不当，节气门阀卡滞、油压电磁阀损坏或线路故障，制动器或离合器活塞密封不良，油路密封圈破损等。

（五）凯越 4HP-16 自动变速器油压测试

1. 说明

通过试验准确了解系统的压力状况，可分辨出故障是否由液压系统故障所致。

2. 技术要求与标准

① 规范使用压力测试仪检查自动变速器油压。

② 能在 30min 内独立完成。

③ 技术标准，凯越 1.6 轿车（4HP-16 自动变速器）管路压力如表 4-5 所示。

表 4-5　凯越 1.6L 轿车（4HP-16 自动变速器）管路压力

换挡区段	电磁阀	管路压力	a 端口	b 端口
驻车/空挡	接通	低	620～860kPa	
	断开	高	1 530～1 740kPa	
倒挡	接通	低	620～860kPa	
	断开	高	1 530～1 740kPa	
D	接通	低		620～860kPa
	断开	高		950～1 120kPa
3	接通	低	620～860kPa	620～860kPa
	断开	高	1 530～1 740kPa	950～1 120kPa
2	接通	低		620～860kPa
	断开	高		950～1 120kPa
1	接通	低	620～860kPa	
	断开	高	1 530～1 740kPa	

3. 实训器材

① 上海通用凯越轿车（4HP-16 自动变速器）。

② DW240-010 油压表。

③ 常用工具、车轮挡块。

④ TECH2 诊断仪。

4. 作业准备

① 起动发动机，使发动机和变速器达到正常工作温度。

② 检查发动机怠速是否正常。

5. 操作步骤

① 将变速杆置于“驻车”位置并拉紧驻车制动器，起动发动机并在怠速下预热。

② 安装故障诊断仪。

③ 检查是否存在存储的压力控制电磁阀故障诊断码和其他故障诊断码。

④ 举升车辆至合适高度并锁住。

⑤ 查找油压测试孔 a 端口、b 端口，将油压表分别安装到油压测试孔处，如图 4-29 所示。

注意：在安装油压表后，务必检查确认没有油液泄露。

⑥ 进入故障诊断仪的“Solenoid 1 Control Mode（电磁阀 1 控制模式）”。电磁阀 1 为调压电磁阀。

⑦ 操作诊断仪，接通/断开电磁阀 1，将发动机转速提高到 2 500r/min，然后读取每个挡位的管路压力，并做好记录。

⑧ 将读取的数据与标准管路压力表进行对比。

注意：总测试运行时间不能超过 2min，否则会损坏变速驱动桥。

君威 4T65E 自动变速器油压表的安装如图 4-30 所示。

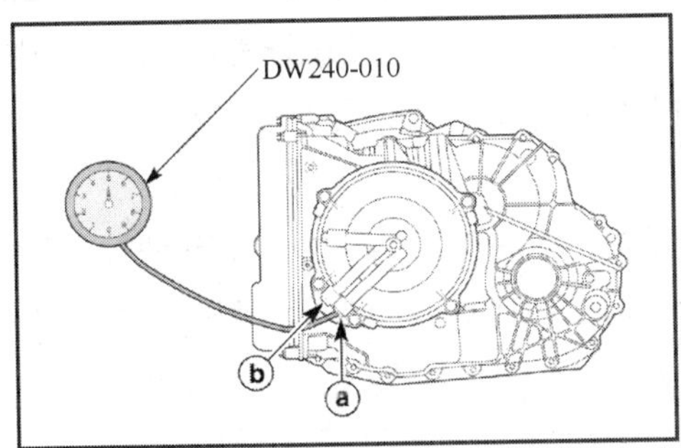

图4-29　凯越4HP-16自动变速器油压表的安装

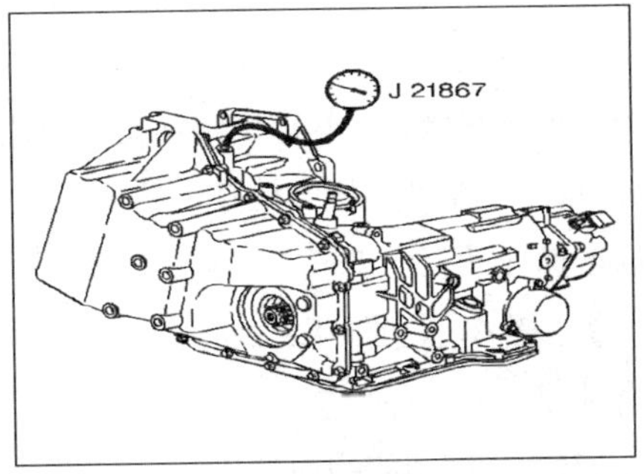

图4-30　君威4T65E自动变速器油压表的安装

（六）自动变速器的道路试验

道路试验是诊断、分析自动变速器故障的最有效手段之一，试验内容主要有检查换挡车速、换挡质量及换挡执行元件有无打滑现象。在道路试验之前，先让汽车以中低速行驶 5～10min，使发动机和自动变速器都达到正常工作温度。在试验中，如无特殊需要，通常应将超速挡开关置于“ON”位（即超速挡指示灯熄灭），并将模式开关置于普通模式或经济模式位置。

1. 升挡过程和升挡车速的检查

将变速杆拨至前进挡“D”位，踩下加速踏板，使节气门保持在 1/2 开度左右，让汽车起步加速，检查自动变速器的升挡情况。自动变速器在升挡时发动机会有瞬时的转速下降（转速表指针迅速回摆），同时车身有轻微的晃动感。一般四速的自动变速器在节气门开保持在 1/2 时 1 挡升至 2 挡的升挡车速为 25～35 km/h，由 2 挡升至 3 挡的升挡车速为 55～70km/h，由 3 挡升至 4 挡的升挡车速为 90～120 km/h。若升挡车速过低，一般是控制系统的故障所致；若升挡车速过高，可能是控制系统有故障，也可能是换挡执行元件有故障。

2. 升挡时发动机转速的检查

正常情况下，若自动变速器处于经济模式或普通模式，节气门保持在低于 1/2 开度范围内，则在汽车由起步加速直至升入高挡的整个行驶过程中，发动机转速都将低于 3 000r/min。通常在即将升挡时发动机转速可达到 2 500～3 000r/min，在刚刚升挡后的短时间内发动机转速将下降至 2 000r/min 左右。如果在整个行驶过程中发动机转速始终过低，加速至升挡时仍低于 2 000r/min，则说明升挡时间过早或发动机动力不足；如果在行驶过程中发动机转速始终偏高，升挡前后的转速在 2 500～3 000r/min，而且换挡冲击明显，则说明升挡时间过迟；如果在行驶过程中发动机转速过高，经常高于 3 000r/min，再加速时在 4 000～5 000r/min，甚至更高，则说明换挡执行元件（离合器或制动器）打滑。

3. 换挡质量的检查

换挡质量的检查主要是检查有无换挡冲击。正常的自动变速器只能有不太明显的换挡冲击，特别是电子控制自动变速器的换挡冲击应十分微弱。若换挡冲击过大，可能是油路油压过高、换挡执行元件打滑、蓄压器或缓冲阀失效等，应做进一步的检查。

4. 锁止离合器工作状况的检查

让汽车加速至超速挡，以高于 80 km/h 的车速行驶，并让节气门开度保持在低于 1/2 的位置，使变矩器进入锁止状态。此时，快速将加速踏板踩下至 2/3 开度，同时检查发动机转速的变化情况。若发动机没有太大变化，则说明锁止离合器处于接合状态；反之，若发动机转速升高很多，则表明锁止离合器没有接合，其原因通常是锁止离合器控制系统有故障。

5. 发动机制动作用的检查

将变速杆拨至前进低挡“S”、“L”或“2”、“l”位置，在汽车以 2 挡或 1 挡行驶时，突然松开加速踏板，若车速立即随之而降，说明有发动机制动作用，否则说明控制系统或相关的离合器、制动器有故障。

6. 强制降挡功能的检查

将变速杆拨至前进挡“D”位，保持节气门开度为 l/3 左右，在以 2 挡、3 挡或超速挡行驶时突然将加速踏板完全踩到底，检查自动变速器是否被强制降低一个挡位。在强制降挡时，发动机转速会突然上升至 4 000r/min 左右，并随着加速升挡，转速逐渐下降。若踩下加速踏板后没有出现强制降挡，则说明强制降挡功能失效。若在强制降挡时发动机转速异常升高达 5 000r/min 左右，并在升挡时出现换挡冲击，则说明换挡执行元件打滑，应修改自动变速器。

7. “P”位制动效果的检查

将汽车停在坡度大于 9%的斜坡上，变速杆拨入“P”位，松开驻车制动，检查机械闭锁爪的锁止效果。

六、任务工单

<table>
<tr><td>工 作 任 务</td><td>自动变速器油压的检测</td><td>学时</td><td>2</td><td>班级</td><td></td></tr>
<tr><td>姓名</td><td></td><td>小组</td><td></td><td>日期</td><td></td></tr>
<tr><td>设备</td><td colspan="3">凯越轿车（4HP-16 自动变速器）、常用维修工具、工具车、座椅套、油压表、汽车维修手册等</td><td>教学地点</td><td>汽车整车实训车间</td></tr>
<tr><td>任务目的</td><td colspan="5">在保证安全的前提下，完成自动变速器油压的检测</td></tr>
</table>

（一）资讯

1. 车辆信息

车型	凯越（4HP-16）	生产年代		制造厂	
车辆识别码			发动机型号		

2. 检查自动变速器技术状态

3. 检查自动变速器是否漏油

（二）决策与计划

请根据资讯情况，确定所需要的测量仪器、工具，并对小组成员进行合理分工，制定工作计划。

1. 需要的测量仪器、工具

2. 小组成员分工

3. 工作计划

（三）实施

项目	操作要点及规范	完成情况	结果说明
1. 预热发动机及变速器，检查变速器有无故障码	（1）变速杆置于 P 挡，拉紧驻车制动 （2）连接诊断仪	□是　□否 □是　□否	
2. 查找油压测试孔	举升车辆，找到测试孔位置	□是　□否	
3. 安装油压表	安装油压表，并检查是否漏油	□是　□否	

4. 管路压力

换挡区段	电磁阀	管路压力	B 端口（千帕）	E 端口（千帕）
倒挡	接通	低		×
	断开	高		×
D 挡	接通	低	×	
	断开	高	×	
3 挡	接通	低		
	断开	高		
2 挡	接通	低	×	
	断开	高	×	
1 挡	接通	低		×
	断开	高		×

故障排除

故障点：____。

处理措施：______________________________________。

（四）检验

进行自检与互检、过程检验、竣工检验。

（五）考核与评估

考核项目	评分标准	分数	学生自评	小组互评	备注
团队合作	和谐	5			
活动参与	积极参与	5			
维修手册使用	正确使用	5			
任务方案	合理	10			
工具、设备使用	选用正确，使用正确	15			
5S	整理、整顿、清扫、清洁、素养	10			
工作安全	遵守安全操作规程	10			
操作过程	规范、合理、测量数值正确	20			
任务完成情况		10			
工作纪律	严格遵守	5			
工单填写	如实、规范	5			
合计		100			
教师评价（总评）					

注：如果违反操作安全规程，造成人身伤害或设备严重损坏，本任务考核0分。

任务延伸 自动变速器常见故障

一、自动变速器常见故障

自动变速器常见故障部位和故障原因，如表4-6所示。

表4-6 自动变速器常见故障部位和故障原因

序号	故障现象		故障现象及危害	故障原因
1	液力变矩器	单向离合器	传递动力下降、起步困难	失效
		锁止离合器	汽车油耗增加或踩制动熄火	打滑或烧结
2	齿轮变速器		过热、异常	磨损、润滑不良
3	液压控制系统	汽油泵	供油不足、压力下降	磨损间隙过大、密封圈失效
		阀体	打滑、缺挡或无挡、换挡冲击	磨损、卡滞、弹簧弹力下降、球阀丢失或错位、密封不良
		离合器	打滑、不能分离、缺挡或无挡、换挡冲击或困难	从动盘磨损、烧蚀，钢片烧损，活塞密封圈损坏，单向阀失效，间隙不当等
		制动器或制动带	打滑、不能分离、缺挡或无挡、换挡冲击或困难	从动盘或带磨损、烧蚀、钢片烧损、活塞密封圈损坏、间隙不当等

续表

序号	故 障 现 象		故障现象及危害	故 障 原 因
4	电子控制系统	控制单元	缺挡或无挡、油压不正常，换挡规律失常，动力性和经济性下降	损坏
		传感器	无参数信号或信号失常	损坏
		电磁阀	缺挡或无挡、油压不正常，锁止离合器工作不正常	损坏
		各种控制开关	变速器不能正常工作，动力性、经济性下降	损坏

二、自动变速器其他常见故障

1. 不能升挡

（1）故障现象

① 汽车行驶中自动变速器始终保持在1挡，不能升入2挡及高速挡。

② 行驶中自动变速器可以升入2挡，但不能升入3挡及超速挡。

（2）故障原因

① 车速传感器、节气门位置传感器、挡位开关、ECU或线路有故障。

② 节气门拉线调整不当。

③ 调速阀或其油路有故障。

④ 换挡阀卡滞、换挡电磁阀或线路有故障。

⑤ 换2挡或高挡执行元件有故障。

（3）故障检测与排除

① 对电控自动变速器（ECT），应先读取故障码，按提示检修相关的传感器（车速和节气门位置）、挡位开关、换挡电磁阀、ECU及线路等。

② 按规定重新调整节气门拉线。

③ 测量调速阀油压。若车速升高后调速阀油压仍为零或很低，则为调速阀有故障或调速阀的油路严重泄漏，应拆检调速阀。调速阀如有卡滞，应分解清洗，并将阀芯和阀孔用金相砂纸抛光。若清洗抛光后仍有卡滞，应更换调速阀。调速阀油路的密封性可用压缩空气检查，如有泄漏，应更换密封圈和密封油环。

④ 若调速阀油压正常，应拆检阀体。检修各换挡阀，如不能修复，应更换阀体。

⑤ 若电控系统和阀体无故障，应分解自动变速器，检查相关换挡执行元件有无打滑。用压缩空气检查各离合器、制动器油路或活塞有无泄漏，视情况修复或更换。

2. 无超速挡

（1）故障现象

① 汽车行驶中，自动变速器不能自动从3挡升入超速挡。

② 车速达到超速挡工作范围后，采用提前升挡（即松开加速踏板几秒后再踩下）的方法也不能使自动变速器升入超速挡。

（2）故障原因

① 超速挡开关、超速挡电磁阀或线路有故障。

② 节气门位置传感器、车速传感器、ATF 油温传感器、发动机水温传感器有故障。

③ 挡位开关、制动开关或线路、ECU 或线路有故障。

④ 3-4 挡换挡阀卡滞。

⑤ 超速制动器、超速离合器或超速单向离合器卡死。

（3）故障诊断

① 对电控自动变速器，应进行仪器检测读取故障码，按提示检修或更换相关的传感器（水温传感器、油温传感器、车速和节气门位置传感器等）、各种升关（直接挡开关、挡位开关、制动开关等）或 ECU，同时检测相关线路。

② 对液控自动变速器，应检测直接挡开关、超速电磁阀及相关线路，如有故障，应及时检修或更换。

③检查并调整节气门拉线的位置。

④ 检查在空载状态下自动变速器的升挡情况。用举升机将汽车举起或悬空驱动轮，运转发动机，让自动变速器在前进挡运行。如果在无负荷状态下仍不能升入超速挡，说明液压控制系统有故障，应拆检 3-4 挡换挡阀。如果在空载状态下能够升入超速挡，且升挡车速正常，说明液压控制系统工作正常，不能升挡的原因为超速执行元件打滑。如果能够升入超速挡，但升挡后车速提不高、发动机转速下降，说明超速离合器或超速单向离合器卡死，应检修自动变速器。

别克君威间歇性高速不升挡的故障诊断与排除

1. 故障现象

一辆别克君威轿车，车主反映近期油耗大，热车高速行驶，发动机转速很高，但车速不如以前快，只要停一会儿，再行驶车速就快多了，如此反复。

2. 故障诊断与排除

针对这一问题，我们首先连接专用检测仪 TECH2 调取故障码，有关自动变速器的故障码有 2 个：P0730，表明传动比不正确；P0741，表明变矩器离合器（TCC）系统卡滞关闭。（P0730 为 C 类故障码，不会引起故障指示灯亮；P0741 为 B 类故障码，故障指示灯应该亮，但该故障码运行条件较多，本案例故障指示灯也不亮）

检查自动变速器液位正常，检查油液品质，有浑浊迹象。更换自动变速器油，清除故障码后进行路试，行驶 50km 后车辆开始出现高速不升挡现象，再次调整故障码为 P0741。清除故障码后车辆立即恢复正常，但很快故障又重现。看来，问题出在该故障码含义所涉及的范围内。

上海别克君威车型轿车采用了美国通用公司生产的 4T65-E 型自动变速器。该自动变速器可提供 4 个前进挡和 1 个倒挡，动力系统及液力控制模块（PCM）组合在一起，完成换挡质量、换挡模式及液力变矩器锁止的功能控制。4T65E 型自动变速器 TCC 系统的油电路如图 4-31 所示。

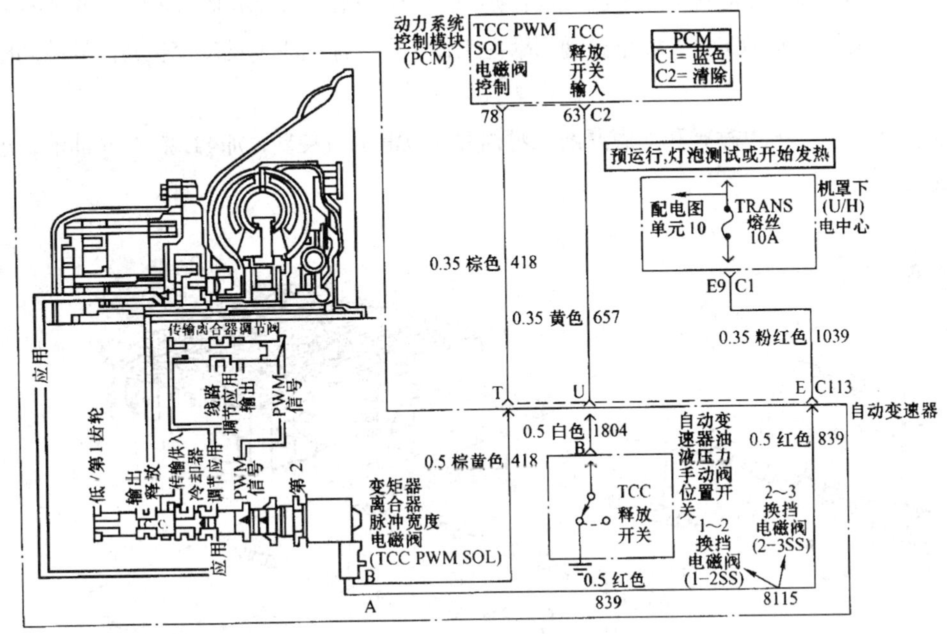

图4-31　TCC系统油电路图

PCM 对于液力变矩器锁止离合器的结合、分离及受控打滑的控制是通过变矩器离合器（TCC）脉冲宽度可调电磁阀（PWM）、控制阀、调节阀及油压（TFP）手控制位置开关等部件共同完成的。当车速达到预定值时，PCM 指令 TCC　PWM 电磁阀控制油压以及使 TCC 结合，当 TCC 完全结合后，发动机即通过 TCC 与变速器直接相连。PCM 允许 TCC 系统有较小的、不会产生过度磨损的打滑，以便使 TCC 的接合与释放作用平稳。TCC 打滑速度限制在 20～50r/min。如果在 TCC 结合时，PCM 通过变速器输入与输出转速传感器的速率对比（即传动比），检测到 TCC 滑动速度两次超过 180r/min，且每次持续时间 7s，PCM 则识别到有过度打滑现象，就设置 DTCP0741。同时，如果变速器在热模式中，PCM 将禁止升 4 挡、冻结换挡适配值。

因此，检修范围应包括 TCC 控制阀、TCC 调节阀、TCC PWM 电磁阀是否卡滞、电磁阀 O 形密封圈是否破碎、变速器油液是否脏污、阀体油道是否堵塞等。

首先将车辆举升起来，打开变速器油底壳，拆下滤清器，发现较脏。然后将左侧底盘大架螺栓、左前轮半轴拆下，拆下变速器侧盖，露出汽油泵和阀体总成，可以看出该变速器曾维修过，要求检修工作更加谨慎。为取下 TCC PWM 电磁阀、需将汽油泵总成拆了，拔出电磁阀锁扣便可取出。该电磁阀形状和位置如图 4-32 所示，注意，不要在车上拆卸阀体总成，因为该阀体是竖直安装的，一旦分解，里面的细小零件极有可能散落或串位，造成很大的麻烦。

检查 TCC PWM 电磁阀密封胶圈完好无损，测量电阻值为 11.2Ω（25℃），正常。随后检查了压力控制阀和两个换挡电磁阀，没有问题。汽油泵总成侧有一个小滤网已阻塞 2/3，取下后清洗装复。

综合分析，出现该故障的原因有两个：一是 TCC PWM 电磁阀间歇性工作不良，造成 TCC 结合不良，导致打滑；二是滤清器脏了，汽油泵滤网几乎堵塞造成油道不畅，油压不足，导致打滑。PCM 识别到有过度打滑现象便禁止升 4 挡、冻结换挡适配值，造成了发动机转速很高，但不升 4 挡，车速不高，油耗增加。因 TCC PWM 电磁阀间歇性工作不良、油温改变粘度变化共同导致间歇性高速不升挡。

决定更换 TCC PWM 电磁阀和油底滤网。对相关部位清洗后装复，加 8L 新 ATF 油液，进行路试，故障现象消失。

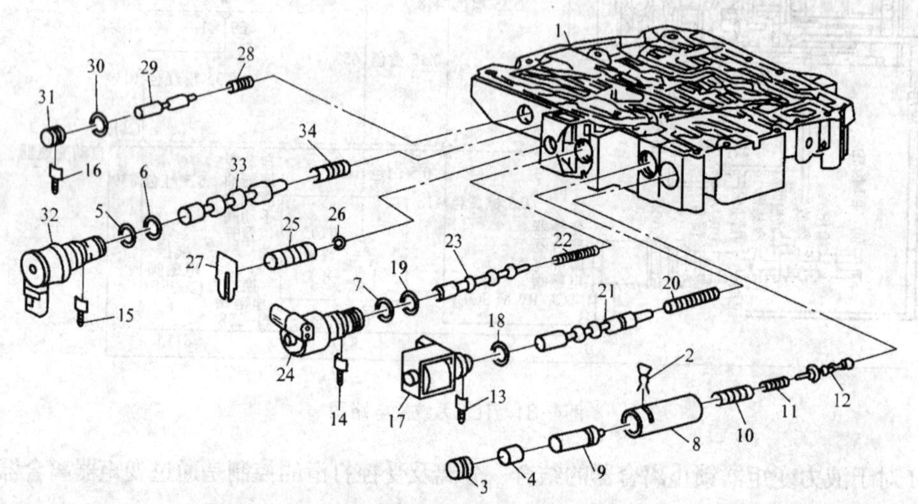

图4-32 控制阀体总成之一

1—控制阀体；2—管路压力阀和轴套夹持器；3—孔塞；4—助力阀；5、6—TCC PWM电磁阀O形圈；7—压力控制电磁阀O形密封圈；8—倒挡助力阀衬套；9—倒挡助力阀；10—压力调节阀外弹簧；11—压力调节阀内弹簧；12—压力调节阀；13—1-2、3-4挡换挡电磁阀夹持器；14—压力控制电磁阀夹持器；15—TCC PWM电磁阀夹持器；16—TCC调节器啮合阀夹持器；17—1-2、3-4换挡电磁阀总成；18—1-2、3-4挡换挡电磁阀O形圈；19—压力控制电磁阀O形圈；20—1-2挡换挡阀弹簧；21—1-2挡换挡阀；22—转矩信号调节阀弹簧；23—转矩信号调节阀；24—压力控制电磁阀总成；25—泄压阀弹簧；26—泄压阀；27—夹持器；28—TCC调节器接合阀弹簧；29—TCC调节器接合阀；30—O形圈；31—孔塞；32—TCC PWM电磁阀总成；33—TCC控制阀；34—TCC控制阀弹簧

一、判断题

1. 自动变速器漏油使液面太低。会造成挂挡后发动机熄火现象。（ ）

2. 踩下离合器踏板时出现“唰唰”异响，抬开后消失，多为分离轴承损坏。(　　)

3. 行星齿轮执行机构由2个离合器，3个制动器，2个单向离合器组成。(　　)

4. 消除离合器自由间隙及分离机构和操纵机构等零件的弹性变形所需的离合器踏板行程称为离合器踏板的自由行程。(　　)

5. 离合器踏板自由行程过小的原因之一是摩擦片、压盘磨损过甚。(　　)

6. 当摩擦片、压盘因磨损而变薄时，膜片弹簧内端和分离轴承之间的间隙会变小。(　　)

7. 离合器踏板自由行程过大，会造成离合器分离不彻底。(　　)

8. 变速器互锁装置失效时造成跳挡的原因之一。(　　)

9. 轴与轴承磨损松旷不仅易造成手动变速器跳挡，还可导致异响。(　　)

10. 离合器分离不彻底，易造成换挡困难。(　　)

11. 手动变速器液位应与加注孔的下缘平齐。(　　)

12. 迟滞试验的目的是根据迟滞时间的长短来判断主油路油压及换挡执行元件的工作是否正常。(　　)

二、单项选择题

1. 轿车的轮胎气压一般为(　　)。

A. 1.8～2.5MPa　　B. 4～6MPa　　C. 1.8～2.5个大气压　　D. 400～600kPa

2. 离合器从动盘磨薄，会造成离合器踏板自由行程(　　)。

A. 变大　　B. 变小　　C. 先变大后变小　　D. 先变小后变大

3. 离合器打滑的原因之一是(　　)。

A. 自由行程过小　　B. 自由行程过大　　C. 从动摩擦片过厚

4. 怠速主油压过低，失速主油压正常的原因为(　　)。

A. 自动变速器油滤清器堵塞　　B. 主油电磁阀密封不良

C. 汽油泵过度磨损　　D. 主调压阀调压弹簧过软

5. 凯越离合器踏板自由行程为(　　)。

A. 1～5mm　　B. 6～12mm　　C. 12～16 mm

6. 从动盘摩擦片铆钉深度应大于(　　)。

A. 0.3mm　　B. 0.5mm　　C. 0.1mm

三、简答题

1. 自动变速器失速检测的目是什么?

2. 离合器打滑的主要原因有哪些?

3. 简要回答自动变速器的道路试验的试验项目。

4. 自动变速器中离合器与制动器的区别?

5. 离合器的常见故障有哪些?

6. 自动变速器有哪些常见故障?

7. 自动变速器的基础检测项目有哪些内容?

四、论述及分析题

1. 一辆汽车采用液压式离合器，发动机怠速运转时，踩下离合器踏板，挂挡有齿轮撞击声。如果勉强挂上挡，则在离合器踏板尚未完全放松时，发动机熄火。请分析故障产生原因，并说明此故障诊断方法步骤。

2. 离合器打滑的实质是什么？故障原因有哪些？

3. 离合器分离不彻底的故障原因是什么？

4. 手动变速器跳挡的故障原因是什么？

5. 手动变速器乱挡故障如何诊断与排除？

6. 手动变速器挂挡困难的故障现象、故障原因是什么？

学习情境五 汽车行驶安全不良的故障诊断

转向、制动和灯光等系统直接影响到行车安全，所以转向、制动和灯光等系统的技术状况必须处于良好状态。对诊断和排除关系行车安全的故障时，应严肃认真，规范操作，修竣后必须进行严格的竣工检验，确保转向、制动和灯光系统工作正常。本学习情境精选汽车方向稳定性不良、液压制动不良和前大灯不亮 3 个典型故障进行重点讲解，并对转向、悬挂、制动、灯光系统的常见故障、故障原因和诊断与排除方法介绍如下。

学习任务1 汽车方向稳定性不良的故障诊断

【知识目标】1. 进一步熟悉转向与悬架系统的工作原理。

2. 掌握转向与悬架系统的常见故障、故障现象、故障原因及故障诊断方法。

【能力目标】1. 能完成转向与悬架系统常见故障的诊断和排除。

2. 能进行汽车四轮定位。

汽车转向系统、悬架系统和轮胎与车轮涉及数个系统的故障，都能影响汽车操作稳定性和行驶安全性。因此在对故障进行诊断时，必须全面考虑。

汽车转向系统主要由转向操作机构、转向器和转向传动机构等组成，如图 5-1 所示。现在常用的转向系统有液压动力转向系统和电动动力转向系统，其功能是按照驾驶员的意愿改变汽车的行驶方向和保持汽车稳定的直线行驶，保证汽车操纵稳定性和行驶安全性。

汽车悬架系统主要由弹性元件、导向装置和减振器 3 部分组成，如图 5-1 所示。其功能是传力、缓和并迅速衰减车身与车桥之间因路面不平引起的冲击和振动，保证汽车具有良好的行驶平顺性、操纵稳定性和行驶安全性。

图5-1 转向和悬架系统

一、故障现象

汽车正常行驶时跑偏，或车辆振动大时转向盘摆头，驾驶员在任何方向都不能维持有意识协调的驾驶控制。

二、故障原因

① 两前轮轮胎气压不等，外径不一致，或胎纹深度（磨损程度）不同。

② 前悬架两侧减振弹簧刚度不一致，或减振器工作性能存在较大差异。

③ 单侧前轮制动拖滞，或单侧轮毂/轴承过紧、松动或有过度的横向跳动。

④ 车轮定位不一致。

⑤ 前轮下控制臂、球节、横拉杆磨损或变形，稳定杆和绝缘体损坏。

⑥ 车身或车架变形，使两轴距不等。

⑦ 转向装置和转向柱松动。

⑧ 车辆翘头高度不符合要求。

三、诊断流程

汽车方向稳定性不良的故障诊断流程如图 5-2 所示。

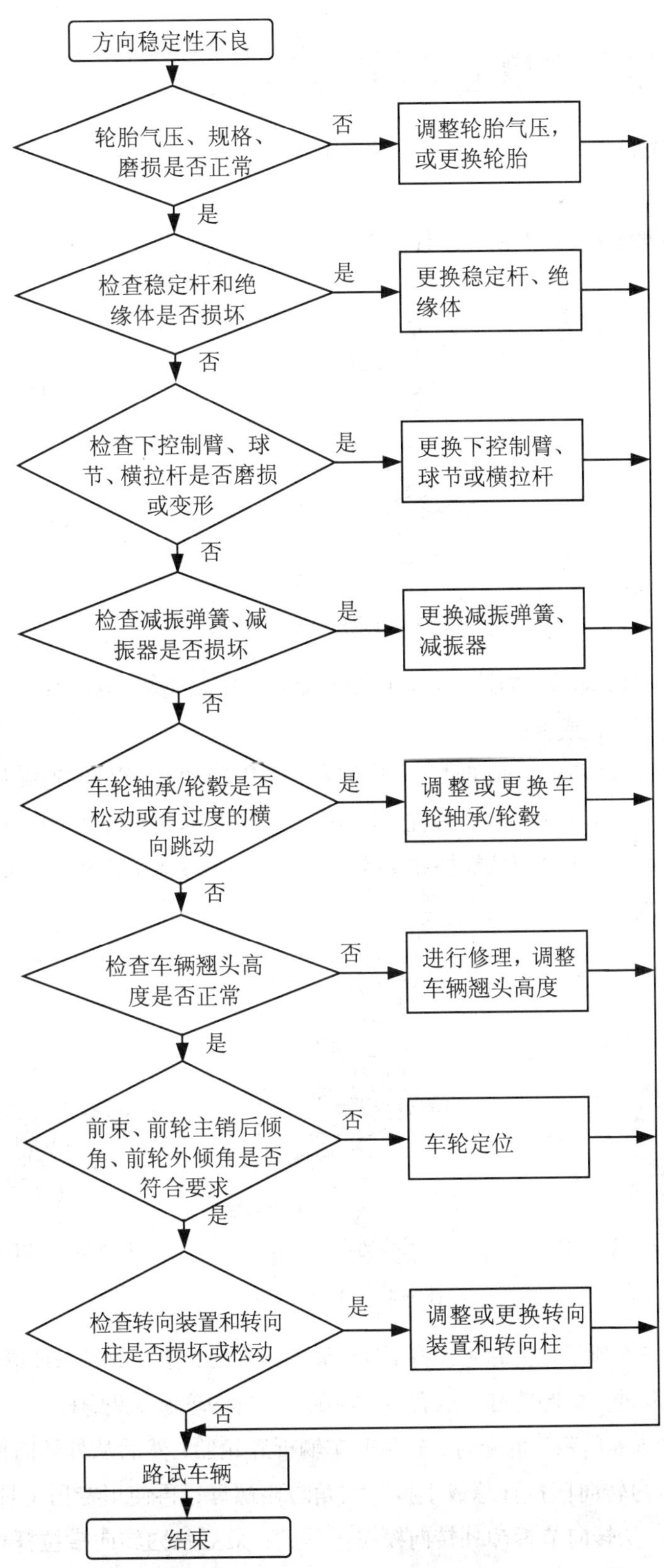

图5-2 汽车方向稳定性不良故障诊断流程

四、故障诊断与排除

① 检查左、右轮胎新旧程度、外径尺寸及气压是否一致。保证两转向轮外径尺寸一致，并按规定加以充气。

② 检查稳定杆和绝缘体是否损坏。若损坏，应予以更换，如图 5-3 所示。

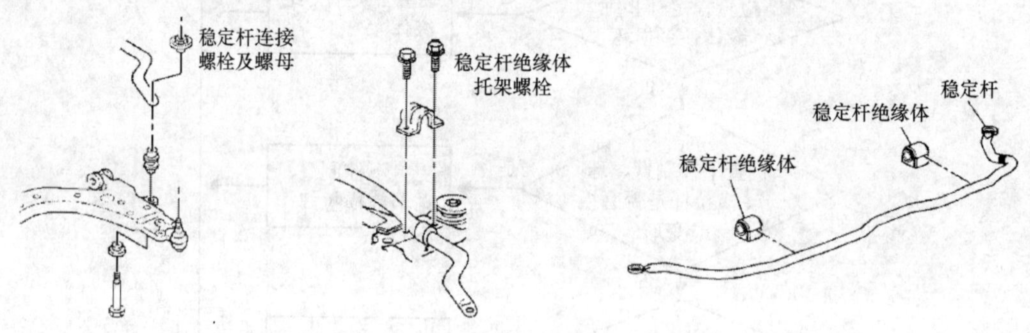

图5-3 稳定杆和绝缘体更换

③ 应检查下控制臂、球节、横拉杆是否磨损或变形，减振弹簧、减振器是否损坏，车身和车架是否变形，必要时进行矫正或更换。

下控制臂更换如图 5-4 所示。拆卸时，先转动转向盘将车轮的前部外伸到最大位置，举升车辆，拆卸轮胎和稳定杆；然后拆下球形双头螺柱开口销，松开球形双头螺柱螺母；再将专用工具 J41820（球节/螺栓分离器）安装到球形双头螺柱和下控制臂上，拆下球头螺栓螺母；最后拆下下控制臂螺栓和螺母，拆下下控制臂。

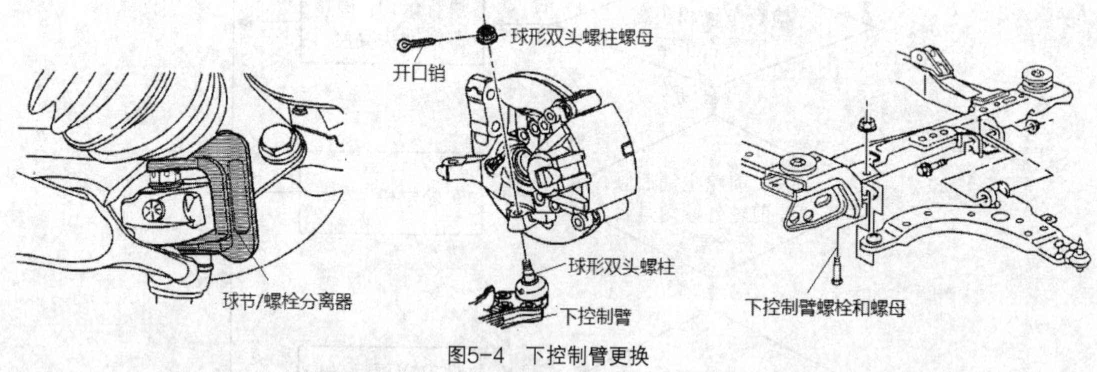

图5-4 下控制臂更换

下球节更换如图 5-5 所示。拆卸时，将下控制臂固定在台钳上，先钻去或磨掉球形双头螺柱铆钉的头，然后用手锤和冲头拆卸铆钉，最后从下控制臂上拆卸球形双头螺柱。

横拉杆更换如图 5-6 所示。拆卸时，先举升车辆拆卸轮胎；然后从外转向横拉杆总成上拆卸常作用扭矩螺母，从内转向横拉杆总成上拆卸六角防松螺母；再使用专用工具 J 24319-B（万能转向机拉杆拔出器），从转向节拆卸外转向横拉杆总成；最后从内转向横拉杆总成上拆卸外转向横拉杆总成。

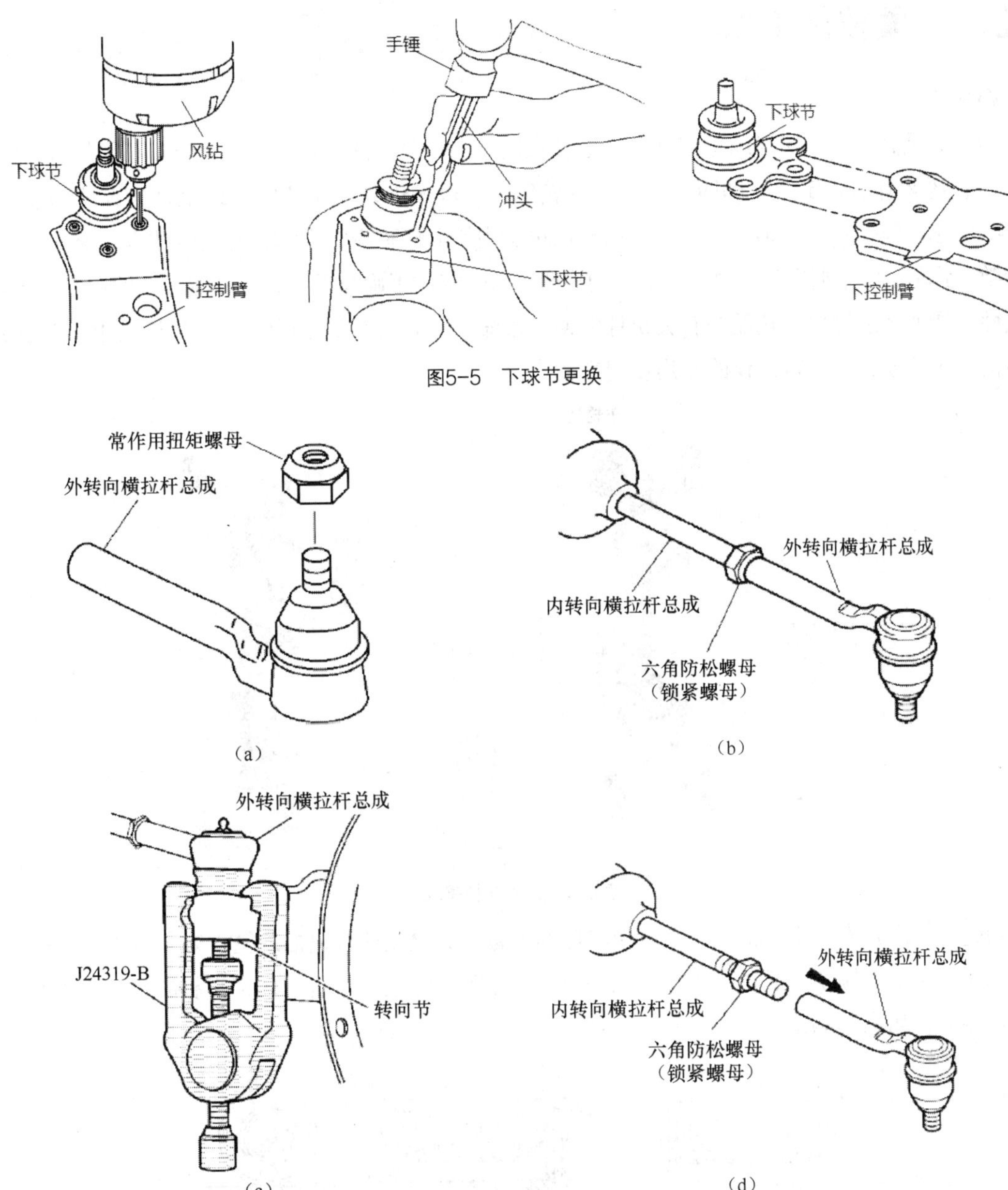

图5-5　下球节更换

图5-6　横拉杆更换

④ 检查车轮轴承/轮毂是否松动或有过度的横向跳动，检查所有车轮是否存在制动拖滞。若制动拖滞，轴承过紧、松动或有过度的横向跳动，应调整或更换轮毂或轴承。

⑤ 检查车辆翘头高度是否符合要求，检查左、右轴距是否相等，以及左右减振器工作性能是否一致。若不符合要求，应予以调整或修理。

⑥ 检查前束、两前轮主销后倾角、前轮外倾角。若不符合要求，应予以修理。

⑦ 检查转向装置和转向柱是否损坏或松动。若不符合要求，应予以修理。

五、专项技能

四轮定位

为了满足高速汽车对操纵稳定性、舒适性及良好的转向特性的要求，现代轿车不仅具有前轮定位，而且还具有后轮定位，即四轮定位。四轮定位，以推进线与车体中心线重合为定位基准，如图 5-7 所示。前轮定位包括前轮外倾、前轮前束、主销后倾和主销内倾，是前轴技术状况的重要诊断参数。后轮定位主要有后轮外倾、后轮前束等。车轮定位正确与否将直接影响汽车的操纵稳定性、安全性、燃油经济性以及轮胎等有关机件的使用寿命。因此，对高速行驶的汽车进行四轮定位检测就显得尤为重要，四轮定位仪的使用也越来越广泛。

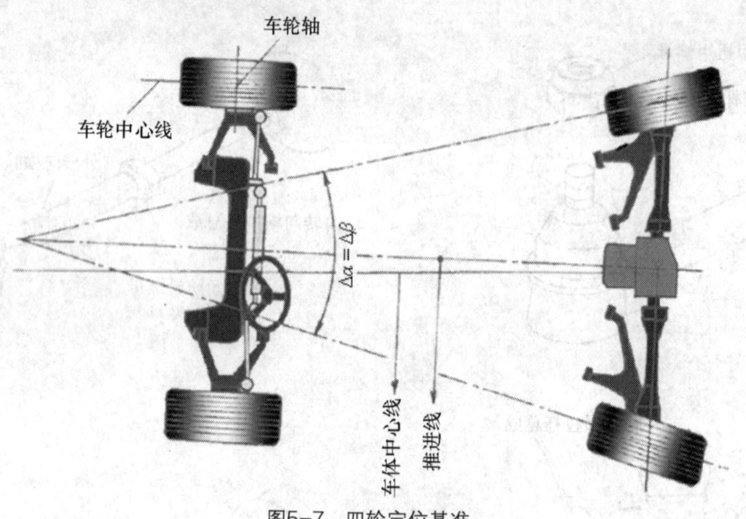

图5-7　四轮定位基准

四轮定位仪是专门用来检测车轮定位参数的设备，其检测项目包括前轮前束、前轮外倾角、主销后倾角、主销内倾角、后轮前束、后轮外倾角、轮距、轴距、转向 20° 时的前张角、推力角和左右轴距差等，如图 5-8 所示。

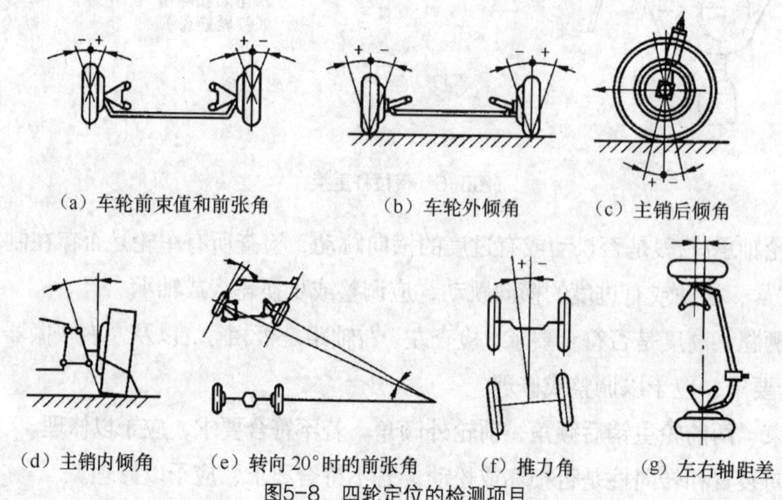

图5-8　四轮定位的检测项目

下面以 AOLI 汽车四轮定位仪为例，说明四轮定位仪的使用方法及四轮定位参数的检测过程。该四轮定位仪属于电脑式静态检测车轮定位仪，主要由主机（计算机主机、显示器、打印机）、测试机头、传感器连接线、机头固定夹具、四柱举升机等组成。此仪器可以记录有关测试信息，并存储于本机内，以便下次调用；还可以提供有关帮助信息，便于调整和操作。该仪器储存了多种常见车型的四轮定位参数的标准数据，使用者可随时调用，以便与实测数据进行比较，做出正确判断。检测四轮定位参数的操作步骤如下。

1. 检查车辆

（1）检查轮胎

胎压、磨损情况（左右胎纹磨损是否接近）。

（2）检查悬架高度

检查地面到车身底部的距离，若有问题可能是减振器或弹簧损坏。

（3）检查减振器与滑柱

观察减振器是否漏油，滑柱上支座轴承间隙是否过大，螺栓是否松动，橡胶衬套或缓冲块是否破损。

（4）检查轴承

检查轴承造成的车轮转动异响（判断轴承失效），轴承间隙检查（车轮是否有水平移动量），如有问题进行清洁或更换、调整。

（5）检查摆臂、衬套和球头

检查摆臂是否弯曲变形，摆臂衬套是否磨损松旷，如有问题则更换。

提示：需把车辆支起来进行检查。

（6）检查转向传动装置及转向拉杆球头

转向传动装置是否弯曲变形，转向拉杆球头是否松旷，如有问题则更换。

（7）检查稳定杆及衬套

损坏检查横向稳定杆是否变形，稳定杆固定螺栓、隔振套及铰链是否磨损，发现问题更换。

2. 将车辆开上举升机

使用二次举升机将汽车前轮举起，调整转角盘位置，使轮胎中线与转角盘中心重合，放下二次举升。

3. 安装卡具

① 根据钢圈直径调好卡具。

② 调整好卡爪左右孔数。

③ 将 3 个卡具爪与钢圈完全接触。

④ 用手将卡具弯把向轮胎方向推，同时将卡爪左右抱紧轮胎的同一层花纹槽。

⑤ 把保险绳连接到轮胎的打气嘴上。

⑥ 将传感器连接到卡具传感器接口上，固定传感器。

4. 进入检测调整软件

① 打开机箱总电源开关，打开计算机主机开关，进入四轮定位仪测试软件的初始画面。

② 按“F1”键，进入“选择制造厂家”画面，如图 5-9 所示。

③ 选择汽车制造厂家。按“F1”键进入“选择车型”画面，如图 5-10 所示。

图5-9 “选择制造厂家”画面

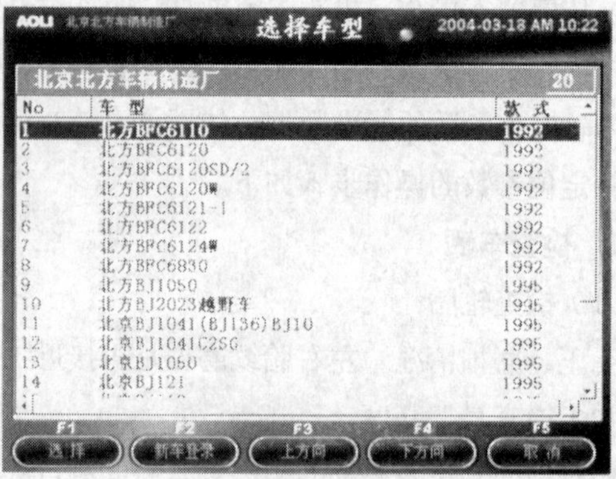

图5-10 “选择车型”画面

④ 选择车型。按“F1”键进入“车辆数据”画面，如图 5-11 所示。在“车辆数据”画面中，按“F2”键——“修正”键后，可对当前画面的钢圈标准以及所选车辆的各项数据进行修改，更改后的数据只可使用一次，第二次使用还会回到原值。

⑤ 按“F1”键——“测定”键，进入“车辆下落”画面，如图 5-12 所示。此画面为对所选测试车辆准备工作的最后一步。一定要按画面中的提示逐步完成准备工作，否则测试结果会受影响。

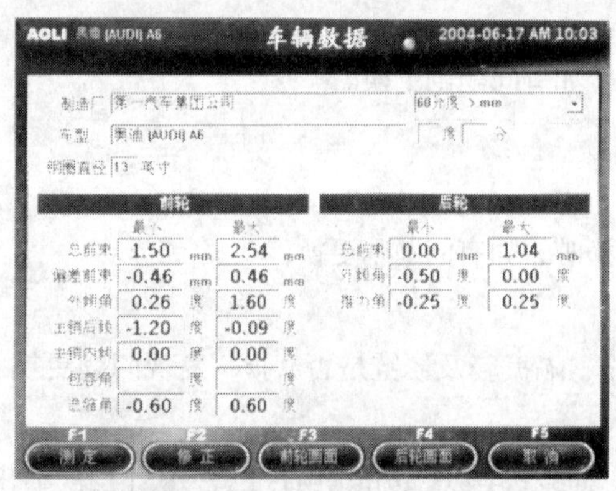

图5-11 “车辆数据”画面

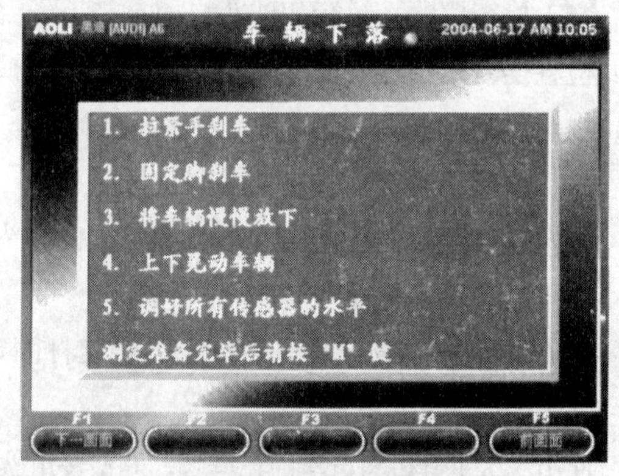

图5-12 “车辆下落”画面

⑥ 按“F1”键——“下一画面”键，进入“主销后倾 测定”画面，如图 5-13 所示。按画面和语言提示进行操作，如图 5-14 所示（左转 10°、回正画面与右转画面类似）。将车轮先右转 10°，打满后画面自动跳转到左转 10°，同样打满后系统会提示将车轮回正（回到 0°），转轮时的读数可以随时从左右数据框中看到。转动车轮动作完成后会自动进入“观察测定值”画面，如图 5-15 所示。“观察测定值”画面标志着测量工作已经结束，接下来的就是调整。

提示：此时，传感器正式开始传输信号，请不要对传感器之间的信号阻挡，否则无法进行测试。

⑦ 在“观察测定值”画面中，按“F1”键——“前轮调整”键，切换到单独的“前轮调整”画面，如图 5-16 所示。

图5-13 “主销后倾 测定”画面

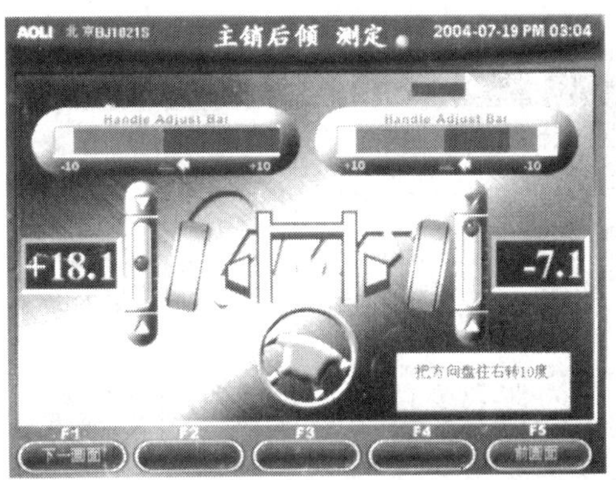

图5-14 “右转10° ”画面

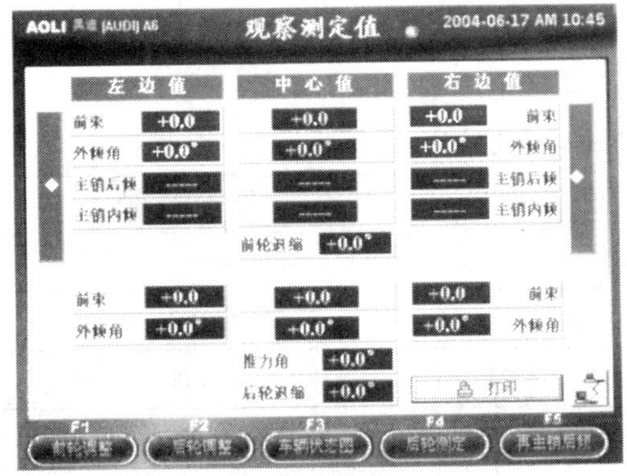

图5-15 “观察测定值”画面

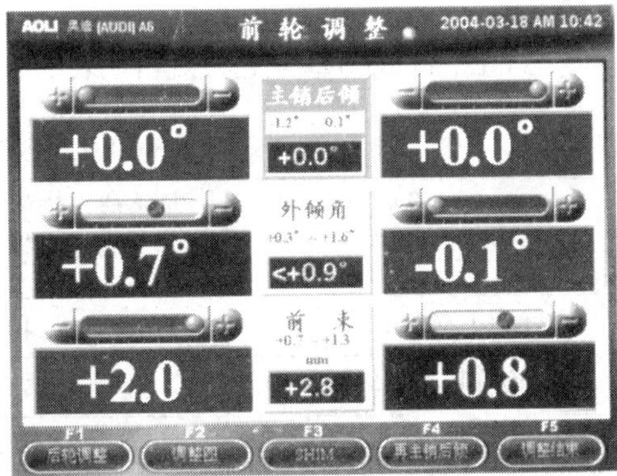

图5-16 “前轮调整”画面

将测读数据与标准数据分析比较，判断是否需要调整。按“F2”键——“调整图”（用三维动画演示所测车辆）键和“F3”键——“SHIM”（垫片使用帮助）键，进行前轮定位调整。最后，按“F4”键——“再主销后倾”键，对车辆进行重新测试。

⑧ 在“前轮调整”画面中，按“F2”键——“后轮调整”键，切换到单独的“后轮调整”画面，如图 5-17 所示。

按“F2”键——“调整图”键（用三维动画演示所测车辆）和“F3”键——“SHIM”键（垫片使用帮助），进行后轮定位调整。并按“F4”键——“测定值”键，返回“观察测定值”画面，或按“F5”键——“调整结束”键，结束调整进入资料存储画面。

提示：在后轮调整画面，按“F1”键——“前轮调整”键，切换到“前轮调整”画面。

⑨ 在“观察测定值”画面，按“F3”键，进入“车辆状态图”画面，对测试完的车进行语言和动画分析。

“F1”键——“动画像”键，动态形式模仿所测车辆的故障现象；“F2”键——“8 束传感器图”键，反应其他数据，如图 5-18 所示；“F3”键——“异常现象”键，提供车辆出现异常现象的原因及解决方法；“F4”键——“综合诊断”键，对所测车辆进行整体判断；“F5”键——“返回”键，返回前轮或后轮调整画面。

提示：调整底盘时顺序依次为后轮外倾→后轮前束→前轮主销后倾→前轮外倾角→前轮前束。

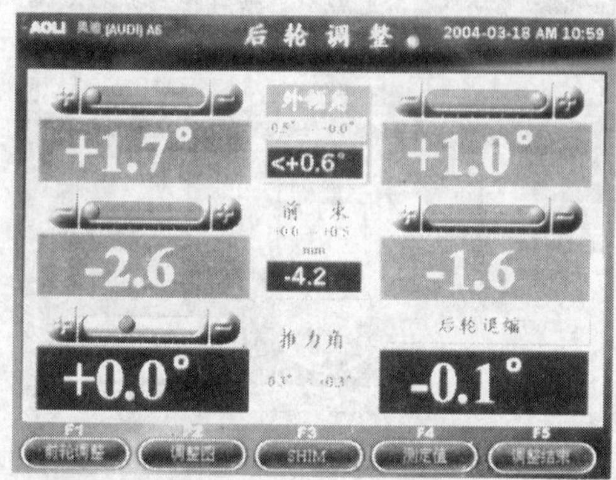

图5-17 “后轮调整”画面

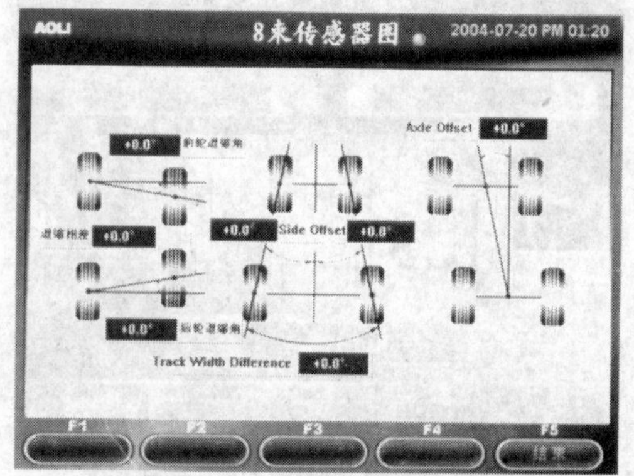

图5-18 “8束传感器图”画面

君威 03 GL2.5 GS3.0 车轮定位规格如表 5-1 所示。

表 5-1 君威 03 GL2.5 GS3.0 车轮定位规格

操　　作	维修允许值（单位：度）	维修优选值
	前悬架	
外倾（横向）	−1.40～−0.40	−0.90
主销纵倾（横向）	2.50～3.50	3.00
转向角	−3.50～3.50	0
前束（总计）	0.30～−0.10	0.10
	后悬挂	
外倾（横向）	−1.40～−0.40	−0.90
止推角	−0.15～0.15	0
前束（总计）	−0.40～0.20	0

六、任务工单

<table>
<tr><td>工作任务</td><td>车轮定位的检查与调整</td><td>学时</td><td>2</td><td>班级</td><td></td></tr>
<tr><td>姓名</td><td></td><td>小组</td><td></td><td>日期</td><td></td></tr>
<tr><td>设备</td><td colspan="3">君威轿车、四轮定位仪、胎压表、常用维修工具、汽车维修手册等</td><td>教学地点</td><td>汽车整车实训车间</td></tr>
<tr><td>任务目的</td><td colspan="5">制定工作计划，并利用四轮定位仪进行车辆四轮定位检测，在保证安全的前提下，完成车轮定位的调整与维修</td></tr>
</table>

（一）资讯

1. 车辆信息

车型	君威 2.5L	生产年代		制造厂	
车辆识别码			发动机型号		

2. 车辆在什么情况下需要进行四轮定位?
3. 车轮定位不准会造成哪些不良后果?

序　　号	问　　题	后　　果
1	车轮外倾角不正确	
2	主销后倾角过大	
3	主销内倾角过大	
4	车轮外倾角不相等	
5	前束值不正确	
6	转弯半径不正确	

（二）决策与计划

请根据车轮定位的检查与调整的任务要求，确定所需要的检测仪器、工具，并对小组成员进行合理分工，制定详细的工作计划。

1. 需要的检测仪器、工具
2. 小组成员分工
3. 工作计划

（三）实施

1. 车轮定位前的准备工作

序号	检 查 项 目		检 查 结 果	备注
1	轮胎	轮胎压力	□正常　□异常	
		左右胎纹磨损	□一致　□不一致	
2	悬架高度	地面到车身底部的距离	□正常　□异常	
3	减振器与滑柱	减振器漏油	□是　　□否	
		滑柱上支座轴承间隙	□正常　□过大	
		螺栓	□正常　□松动	
		橡胶衬套或缓冲块	□正常　□破损	
4	车轮轴承	轴承造成的车轮转动异响	□正常　□异响	
		轴承间隙	□正常　□异常	
5	臂、衬套和球头	摆臂	□正常　□弯曲变形	
		摆臂衬套、球头	□正常　□磨损松旷	
6	稳定杆及衬套	稳定杆	□正常　□弯曲变形	
		固定螺栓、隔振套及铰链	□正常　□磨损松旷	
7	转向传动装置及转向拉杆球头	转向传动装置	□正常　□弯曲变形	
		转向拉杆球头	□正常　□磨损松旷	
8	行李箱	行李箱	□正常　□过载	

2. 使用四轮定位仪进行车轮定位参数检测

序号	项目	操作要点及规范	完成情况	备注
1	停放车辆	将车辆开上举升机，使用二次举升机将汽车前轮举起，调整转角盘位置，使轮胎中线与转角盘中心重合，放下二次举升	□是 □否	
2	准备工作	检查和调整轮胎气压	□是 □否	
		检查转向和悬架零部件	□是 □否	
3	安装卡具（传感器）	安装 4 个传感器到对应车轮，并把保险绳连接到轮胎的打气嘴上	□是 □否	
4	车辆到位	从转向盘上拆下销子	□是 □否	
		将车辆举升到作业位置并锁止	□是 □否	
5	进入检测调整软件	打开测试主机后，进入测试程序的初始界面，按屏幕提示进行操作	□是 □否	

3. 车轮定位的检测结果

序 号	检 测 项 目	检 测 结 果	处 理 措 施	备 注
1	前轮前束			
2	前轮外倾角			
3	主销后倾角			

（四）检验

进行自检与互检、过程检验、竣工检验。

（五）考核与评估

考 核 项 目	评 分 标 准	分数	学生自评	小组互评	备注
团队合作	和谐	5			
活动参与	积极参与	5			
维修手册使用	正确使用	5			
任务方案	合理	10			
工具、设备使用	选用正确，使用正确	15			
5S	整理、整顿、清扫、清洁、素养	10			
工作安全	遵守安全操作规程	10			
操作过程	规范、合理、测量数值正确	20			
任务完成情况		10			
工作纪律	严格遵守	5			
工单填写	如实、规范	5			
合计		100			
教师评价（总评）					

注：如果违反操作安全规程，造成人身伤害或设备严重损坏，本任务考核 0 分。

转向系统/悬架系统常见故障

一、转向系统/悬架系统常见故障

转向系统/悬架系统常见故障部位和故障原因，如表 5-2 所示。

表 5-2　　转向系统/悬架系统常见故障部位和故障原因

序号	故障部位		故障现象及危害	故障原因
1	转向系统	转向盘	转向沉重、转向不灵敏、摆振	自由行程过大、过小
2		转向器	转向沉重、转向不灵敏、摆振	啮合间隙过大，轴承损坏、调整不当
3		传动机构	转向沉重、转向不灵敏、摆振，轮胎异常磨损	球铰磨损松旷，拉杆与支架配合松旷、变形
4		转向助力装置	助力不足，转向沉重	液压助力转向：转向汽油泵故障，转向控制阀损坏、失效，动力缸漏油 电动助力转向：电动机故障
5		车轮制动器	制动失效或效能不良、拖滞、跑偏、异响	摩擦片磨损、硬化、油污、铆钉外露，回位弹簧软，制动鼓（盘）磨损严重、制动钳支架松动
6	悬架系统	减振弹簧	行驶跑偏、轮胎异常磨损、车轮摆振，车身横向倾斜，汽车行驶不平顺	减振弹簧过软或损坏
7		减振器	行驶跑偏、轮胎异常磨损、车轮摆振，车身横向倾斜，汽车行驶不平顺	减振器损坏
8	车轮	车轮	转向沉重、行驶跑偏、轮胎异常磨损、车轮摆振，汽车行驶不平顺	轮胎胎压异常，车轮动平衡超标，轮毂轴承过紧或过松，前轮定位失准
9	车架	车架	行驶跑偏、轮胎异常磨损、车轮摆振	车架变形

二、其他常见故障

1. 轮胎异常磨损

（1）故障现象

① 轮胎两侧磨损或胎面中间磨损。

② 轮胎胎面内侧或外侧磨损。

③ 轮胎胎面羽状磨损。轮胎胎面状况和原因如表 5-3 所示。

表 5-3　轮胎胎面状况和原因

	边缘两侧磨损	中间磨损	羽边磨损	单侧磨损	胎趾和胎踵磨损旋转方向
胎面状况					
原因	轮胎气压太低	轮胎气压太高	前束或后束问题	外倾问题	任意的正常磨损（实心花纹轮胎）

（2）故障原因

1）轮胎两侧或中间磨损

轮胎两侧磨损或胎面中间磨损：轮胎气压太低或太高。

2）轮胎胎面内侧或外侧磨损

① 在过高的车速下转弯造成转弯磨损。

② 悬架部件变形或间隙过大。

③ 外倾角不正确。具有正外倾角的轮胎，外侧胎面磨损；具有负外倾角的轮胎，其内侧胎面磨损。

3）胎面的羽状磨损：由于前束或后束调节不当。

（3）故障诊断与排除

1）轮胎两侧磨损或胎面中间磨损

① 检查是否超载。

② 检查充气压力。如果充气过量或充气不足，应调整充气压力。

③ 调换轮胎位置。

2）轮胎胎面内侧或外侧磨损

① 询问驾驶员是否高速转弯，如果是，则要避免。

② 检查悬架部件。如松动则将其紧固；如变形和磨损，应修理或更换。

③ 检查外倾角。如不正常，应校正。

④ 调换轮胎位置。

3）胎面的羽状磨损

① 检查前束和后束。如果前束过量或后束过量，应该加以调整。

② 调换轮胎位置。

2. 转向不灵敏

（1）故障现象

左、右转动转向盘时，有明显的间隙感觉，需要用很大幅度转动转向盘才能控制汽车的行驶方向。

（2）故障原因

主要原因是各部件配合间隙过大、连接松动。

① 转向器齿条啮合间隙过大、轴承松旷，横拉杆及格连接杆松旷。

② 轮毂轴承调整不当或磨损松旷。

（3）故障诊断

① 转动转向盘，转向器齿条不能立即随之运动，说明齿条啮合间隙过大。

② 若齿条运动而横拉杆不动，应更换缓冲衬套，并检查连接情况。

③ 横拉杆运动而转向臂不动，应对横拉杆外端球头销进行检修与调整。

④ 若转向臂能随之灵活摆动，应晃动前轮检查轮毂轴承是否松旷。

⑤ 对其他类型的转向系统，还应检查好调整转向器的轴承预紧度、啮合间隙，调整、紧固各连接杆件、球头销等。

故障范例　丰田皇冠 2.8 轿车行驶向右故障诊断与排除

1. 故障现象

一辆丰田皇冠 2.8 轿车行驶在平坦、笔直的公路上，若双手离开转向盘，汽车将马上向右跑偏，左转向沉重。

2. 故障诊断与排除

首先检查两前轮轮胎气压、悬架刚度及轮毂轴承预紧度，均正常；检查两前轮主销后倾角、前轮外倾角也正常。在检查前轮前束时发现了问题，该车采用两横拉杆结构，设计要求安装时左右横拉杆的长度必须都等于 360mm。检查时发现右横拉杆长度为 330mm，左横拉杆长度为 365mm。这样，转向盘在正中位置时，左前轮比原来内收，右前轮比原来外张，行驶中两前轮都有向右侧滚动的倾向，转向盘必须稍向左打，才能保证汽车直线行驶。这也是汽车易向右跑偏，左转向沉重，轮胎磨损加剧的原因。

调整前轮前束，保证左右横拉杆长度为 360mm，前轮前束值为 2～4mm，故障排除。

3. 点评

在排除行车跑偏故障时，正确的检查顺序如下。

① 检查轮胎和轮胎钢圈，检查轮胎动平衡及轮胎气压是否符合标准。

② 检查前悬挂各部件拉杆、球头、下摆臂、左右减振器、轮心轴承及前横梁等部件是否正常，如发现异常必须立即排除。

③ 检查左右两侧轴距是否符合标准。

④ 在①～③项检查合格后，方可进行四轮定位。

⑤ 轮胎定位后，必须进行侧滑和道路行车试验，以检查调整后的效果。

液压制动不良的故障诊断

【知识目标】1. 进一步熟悉液压制动系统的工作原理。

2. 掌握制动系统的常见故障、故障现象、故障原因及故障诊断方法。

【能力目标】1. 能完成液压制动系统常见故障的诊断和排除。

2. 会进行制动液的检查/更换、制动管路放气。

汽车制动系统在是保障汽车行车安全，使汽车在行驶中减速、停车或驻车。汽车制动系统技术状况不良时，直接影响汽车的行驶和驻车安全，应及时排除故障。

液压制动系统主要由制动主缸、制动轮缸、真空助力器、ABS 总成、车轮制动器、制动踏板及液压管路组成，如图 5-19 所示。

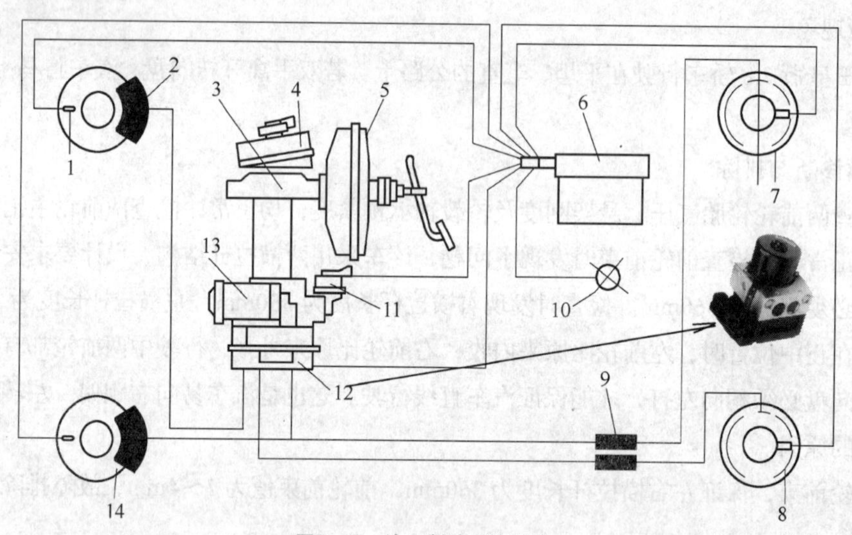

图5-19 液压制动系统组成

1—车轮转速传感器；2—右前制动器；3—制动主缸；4—储液室；5—真空助力器；6—电子控制装置（ECU）；7—右后制动器；8—左后制动器；9—比例阀；10—ABS警示灯；11—储液器；12—调压电磁阀总成；13—电动泵总成；14—左前制动器

液压制动系统的结构和工作原理较简单，其常见故障有制动失效、制动不良、制动跑偏和制动拖滞等。当液压制动系统出现故障时，应先进行外观检查，并按由外到内、由简到繁的步骤和程序，诊断出故障原因，并进行修理。同时应注意到，车架、悬架、行驶机构等系统故障，道路状态、装载情况等外界使用条件，以及环境因素也可以影响到制动系统的效能。

一、故障现象

汽车行驶时，将制动踏板踩到底，汽车不能立即减速和停车，制动距离过长。

二、故障原因

① 制动踏板自由行程过大。

② 制动管路和制动轮缸内有空气。

③ 制动管路或管路接头漏油。

④ 制动主缸、制动轮缸的皮碗、活塞、缸壁磨损过甚；制动主缸、轮缸的皮碗老化、发黏、发胀，使制动时阻滞力大。

⑤ 制动主缸阀门损坏或补偿孔、通气孔堵塞。

⑥ 制动摩擦片硬化、铆钉外露或有油污；制动摩擦片与制动鼓（盘）的间隙过大、接触不良；制动鼓(盘)磨损过甚或制动时变形严重。

⑦ 增压器、助力器效能不佳或失效。

⑧ 制动液量不足或制动管路不畅通。

三、诊断流程

液压制动不良的故障诊断流程如图 5-20 所示。

四、故障诊断与排除

① 检查储油罐的油液是否太少或无油，若油液过少，说明制动系统内可能有漏油故障，可加满制动液后再诊断。

② 连续踩几下制动踏板，踏板逐渐升高，但升高后不抬脚继续踩，感到有弹力，说明制动液压系统内有空气。

③ 一脚制动不灵，连踩几脚制动踏板，踏板位置逐渐升高并且效果良好，说明踏板自由行程过大或制动摩擦片与制动鼓（盘）间隙过大。

④ 连踩几下制动踏板，踏板位置能逐渐升高，但升高后不抬脚继续踩，踏板则下沉至很低位置，说明制动系中有漏油之处，可能是制动主缸、轮缸、管路、管路接头漏油或制动主缸、轮缸磨损严重、皮碗破裂损坏或主缸出油阀关闭不严。

⑤ 当踩下制动踏板时，踏板位置很低，再踩几下踏板，位置还不能升高，一般为主缸通气孔或补偿孔堵塞。

⑥ 当踏下制动踏板时，踏板高度合乎要求，也深感有力且不下沉，但制动效果不好则为车轮制动器故障，多为摩擦片硬化、铆钉头露出、摩擦片油污、制动鼓（盘）磨损及变形引起；若踏板高度

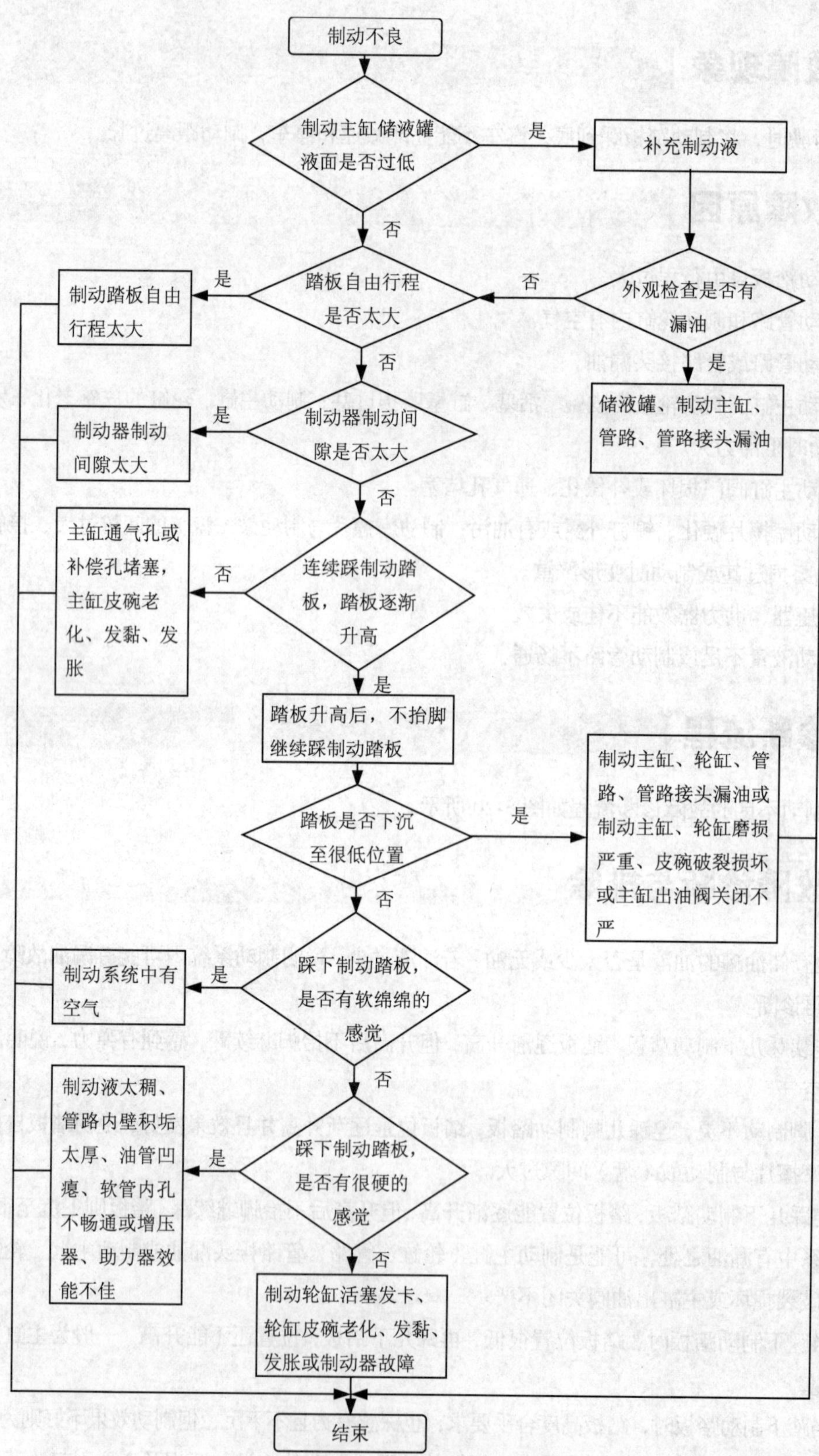

图5-20 液压制动不良的故障诊断流程

合适，但踩踏板时感到很硬，则故障可能是因制动液太稠、管路内壁积垢太厚、油管凹瘪、软管内孔不畅通或增压器、助力器效能不佳所致。

五、专项技能

（一）液压制动器系统的排气

制动系统内若有空气侵入，则制动时将造成制动踏板无力，踏板行程过长，致使制动力不足，甚至制动失灵，汽车制动性能变坏。因此，绝对需要对有空气渗入的制动系统进行排气。一般来说，制动系统修理或更换制动器部件后，或者制动系统进行清洗、换液后，或者制动液中渗入空气时，都需对制动系统进行完整的排气程序。在进行排气之前，应先排除制动系统中存在的故障，并检查制动液压管路及其接头，如发现管路破裂或接头松动，应进行修理，以免制动系统排气完毕后，重新渗入空气。

1. 普通制动系统的排气

普通制动系统排气是指制动总泵至制动分泵管路的排气。其常用方法是利用脚踩制动踏板提供的制动管路压力，对各个制动分泵逐个进行排气，如图 5-21 所示。在开始进行排气时，制动总泵储液罐液面必须处于最高液位标记处。在排气过程中，要经常检查液位，至少使储液罐保持半满，以免液位过低时空气重新进入制动系统。给每个分泵排气之后都应检查液面，按要求补足制动液。普通制动系统的排气过程如下。

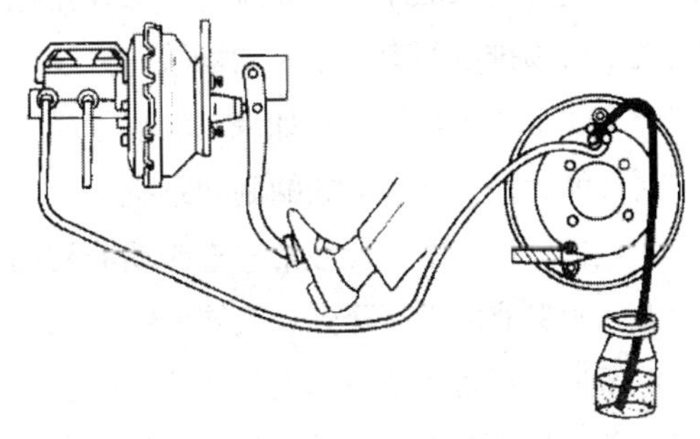

图5-21 普通制动系统的排气方法

① 关闭发动机，检查储液罐液面高度，若液面高度不符合规定，应加注制动液。

② 在右后制动分泵的排气螺栓上接一根透明的塑料软管（见图 5-22），另一端放入盛有部分清洁制动液的容器内。

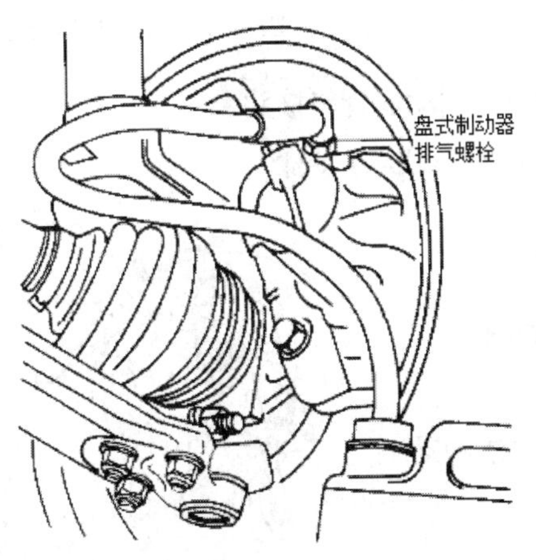

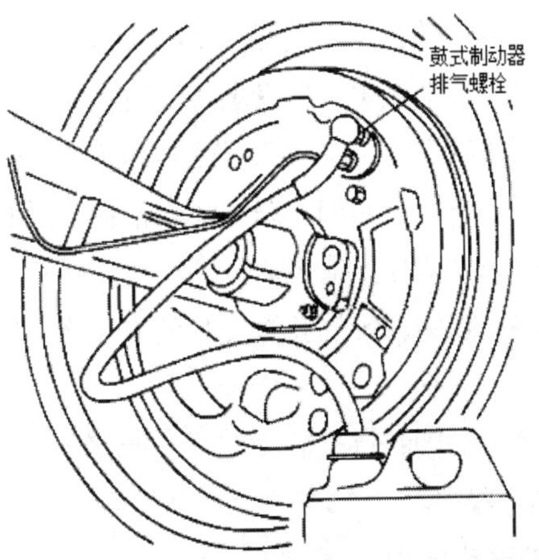

图5-22 排气软管的安装

③ 踩制动踏板数次，然后用力踩住制动踏板不动。

④ 拧松右后轮排气螺栓，使空气从制动系统中排放出来，然后拧紧排气螺栓。

注意：应在分泵中的油压消失之前拧紧排气螺栓。

⑤ 慢慢将制动踏板完全松开。

⑥ 重复③～⑤操作步骤数次，直到从管中流出的制动液里没有气泡为止。

⑦ 按右后轮制动分泵→左前轮制动分泵→左后轮制动分泵→右前轮制动分泵的排气顺序对其他的制动分泵进行排气。

⑧ 向储液罐中加注制动液至上线处。

⑨ 踩下制动踏板，检查制动管路各个部位，不应有油液泄漏情况。

2. 君威 GL2.5 制动系统手动排气

在修理或更换制动器部件时，空气进入到制动器系统当中，那么应该进行完整的排气程序。对制动器排气之前，前后排气气缸活塞必须回到最高位置，优选的方法是使用故障诊断仪进行重新回位程序。如果不能用故障诊断仪，那么采用第二种程序，但非常重要的是必须严格按规定程序进行。

当空气进入液压制动系统时，必须排除其中的空气。若因液面太低或总泵制动管路断开而进入空气，必须排放所有 4 个制动器液压系统。如果制动器软管或制动器在某个车轮上断开，那么只对那个车轮卡钳进行排气；如果制动器管或软管在总泵与制动器之间的任何接头处断开，则仅需排放与断开的管路或软管有关的制动系统。

在排气过程中，要经常检查制动液液面高度和加注总泵制动液，确保液位没有降到总泵储液罐底部，以免液位过低时空气重新进入制动系统。如果制动液液面高度降到总泵储液罐底部，必须从步骤①开始排气程序。其排气程序如下。

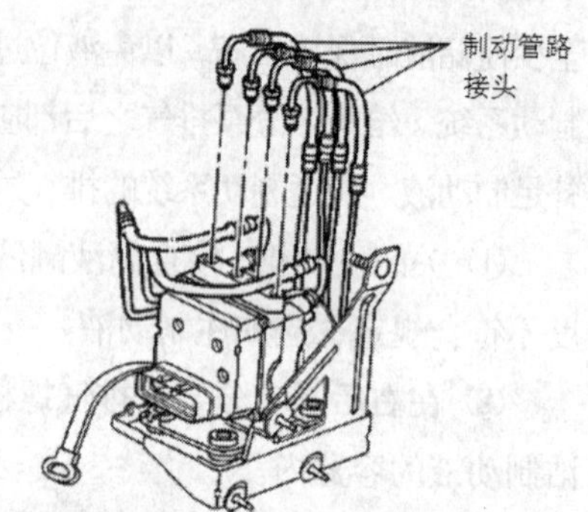

图5-23 ABS调节器及其管路

① 必要时检查并加注总泵储液箱到合适的液面高度。

② 从左侧第一根管路开始缓慢打开 ABS 调节器制动器管路接头，以便让制动液流动。ABS 调节器及其管路如图 5-23 所示。

③ 将制动踏板踩到全程约 75%并保持在此位置。

④ 当在制动液中不再发现气泡时，关闭 ABS 调节器制动器管路接头。

⑤ 对于其余的 ABS 调节器制动器管路接头，重复②～④操作步骤。

⑥ 必要时检查并加注总泵储液箱到合适的液面高度。

⑦ 升起并适当支撑车辆。

⑧ 将透明塑料排气软管安装到右后排气阀上，如图 5-24 所示。

⑨ 将透明塑料排气软管的另一端浸入盛有部分清洁制动器的清洁容器中。

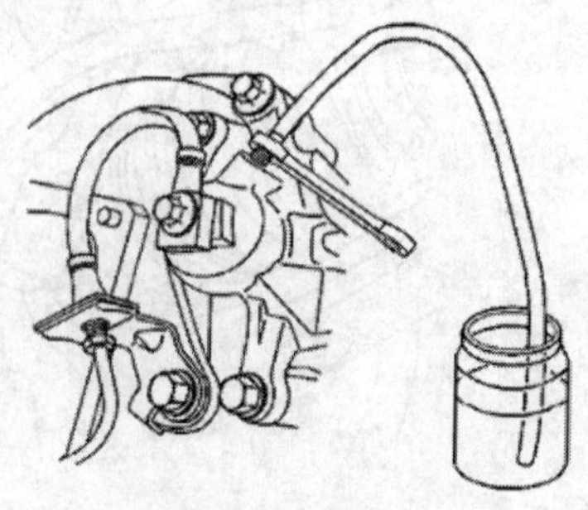
图5-24 排气软管安装

⑩ 打开排气阀。

⑪ 将制动踏板踩到全程约 75%并保持在此位置。

⑫ 关闭排气阀。

⑬ 松开制动踏板。

⑭ 重复⑨～⑬操作步骤，直到制动液中不再出现气泡，紧固制动器卡钳排气阀。

⑮ 从排气阀上拆卸透明塑料排气软管。

⑯ 按右后轮制动分泵→左前轮制动分泵→左后轮制动分泵→右前轮制动分泵的排气顺序对其他的制动分泵进行排气。

⑰ 降下车辆。

⑱ 拆卸制动液箱盖板。

⑲ 检查储液箱中的制动液液面。

⑳ 安装制动液箱盖板。

㉑ 将点火开关旋到 RUN 运行位置，然后关闭发动机。用适度的力踩下制动踏板并保持住，记录并感受踏板行程。

㉒ 如果踏板坚实而连续，且踏板行程不过大，则起动发动机。发动机运转情况下，重新检测踏板行程。

㉓ 如果感觉踏板仍然可靠，踏板行程没有超过规定值，那么进行车辆路试。在中等速度下进行几次正常停车（非防抱死制动系统），确保制动系统的功能正常。

㉔ 如果在开始时或发动机起动后踏板脚感松软或行程过大，进行防抱死制动系统中的自动排气程序。

㉕ 从步骤①开始重复手动排气程序。

注：在取得可靠的制动踏板之前不要开动车辆。如在踏板未可靠调整之前移动车辆，可导致人身伤害。

㉖ 进行车辆路试。在中等速度下进行几次正常停车（非防抱死制动系统），确保制动系统的功能正常。

（二）盘式制动器的检查

如果盘式制动器的制动盘（转子盘）、摩擦片出现任何分段、不均匀或者异常磨损、裂纹或者其他损坏，拆卸制动卡钳检查下述内容。

1. 盘式制动器制动盘（转子盘）厚度检查

沿着制动盘的四周在距制动盘（转子盘）边缘相同距离上或更多的点上，使用千分尺测量制动盘的厚度，以检查制动盘厚度和制动盘厚度偏差，如图 5-25 所示。

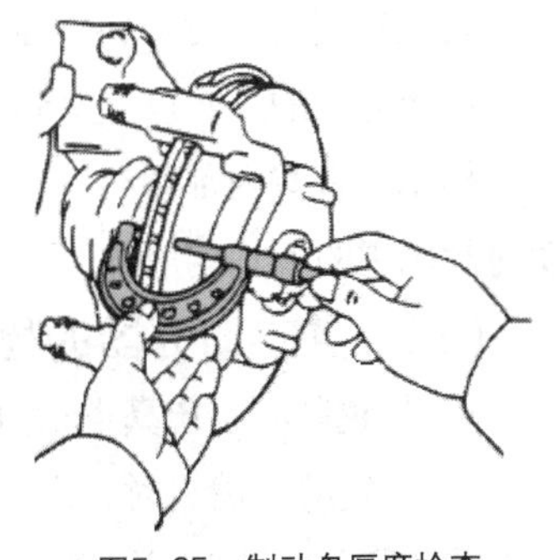

图5-25　制动盘厚度检查

如果通用君威盘式制动器制动盘的厚度偏差超过 0.013mm，在制动时可导致制动踏板脉动或前端振动。需要进行表面精整或更换不符合上述要求的制动盘。

2. 制动盘跳动

使用轮毂螺母临时固定制动盘，将制动盘表面上的铁锈或者异物清除，将一个百分表安装在制动盘表面接触距外缘约 10mm（君威：13mm）处，将百分表调零，然后旋转制动盘一圈，测量制动盘跳动，如图 5-26 所示。

若通用君威盘式制动器制动盘跳动超过 0.080mm，进行表面精整或更换制动盘。

君威盘式制动器制动盘在某些情况下，可通过标定轮毂上的制动盘的位置（错开一到两个螺栓的距离），而改善制动盘的过度横向跳动。若标定制动盘后，仍不能纠正横向跳动，则检查轮毂的横向跳动是否太大或太松。若轮毂的横向跳动超过 0.040mm，必须更换轮毂。若横向跳动符合要求，可根据需要表面精整或更换制动盘。

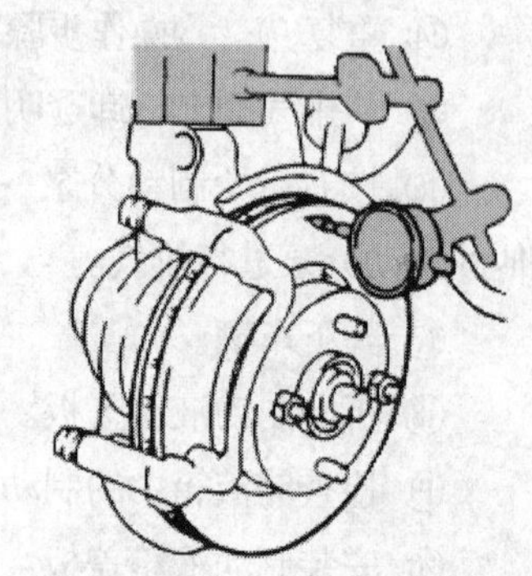

图5-26　制动盘跳动检查

提示：测量制动盘跳动以前，检查前轮毂轴承的游隙是否在规定的范围以内。

3. 制动衬片（摩擦片）检查

当盘式制动器制动衬片磨损后,制动盘和制动衬片背面直接接触，导致转子盘损坏。每次拆卸车轮时，如调换轮胎都要对制动衬片进行检查。

（1）检查方法

可以通过目视判断，或使用直钢尺检测。

通过查看制动卡钳的每个末端检查外部衬垫的两端，该部位的磨损量通常最大。通过卡钳顶部的检查孔，观察内制动衬片，检查内制动衬片的厚度，确保制动衬片未出现早期磨损。

丰田威驰盘式制动器：当制动器制动衬片的剩余厚度不足 1.0mm 时，进行更换。

通用君威盘式制动器：只要任何制动衬片的厚度磨损到小于 0.76mm，更换制动衬片。对于铆接制动衬片，当制动衬片磨损到铆钉头 0.76mm 以内时，必须更换制动衬片。同一车桥前/后上的制动衬片，必须同时更换。

（2）检查的间隔

丰田威驰盘式制动器：每 10 000km 或 6 个月检查制动衬片。

通用君威盘式制动器：每 9 654km 检查制动衬片。

（3）摩擦片磨损指示器

安装在制动摩擦片的背面。当摩擦片磨损指示器接触到制动盘时，指示器发出噪声，通知驾驶员制动摩擦片的磨损已经达到极限。

提示：有些内部制动衬片带有隔热层，与制动衬片模制为一体。切勿将隔热层混淆为内—外制动衬片出现的不均匀磨损。

（三）真空助力器的检查

1. 凯越制动系统真空动力器检查

① 在发动机熄火时，来回踩制动踏板，排除助力器中的真空。

② 踩下制动踏板并保持在此位置。

③ 起动发动机。

④ 如果加力后踏板继续下降，表明助力器正常。

⑤ 如果制动踏板不下降，则真空系统（真空软管、真空阀等）可能有故障，需要检查。

⑥ 如果在检查真空系统后未发现故障，则助力器本身可能有故障。

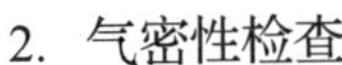

2. 气密性检查

起动发动机，怠速运转 1～2min 后停机；踩下踏板数次，检查踏板是否升高。否则，说明气密性下降。

六、任务工单

工作任务	液压制动不良的故障诊断	学时	6	班级	
姓名		学号		日期	
设备	君威轿车、常用维修工具、工具车、座椅套、千分尺、百分表、汽车维修手册等			教学地点	汽车整车实训车间
任务目的	制定工作计划，并利用诊断设备、维修工具进行液压制动不良故障检修作业				

（一）资讯

1. 车辆信息

车型		生产年代		制造厂	
车辆识别码			发动机型号		

2. 与客户进行交流沟通，请对液压制动不良故障进行描述。

3. 液压制动不良故障检修的基础检查项目有哪些？

（二）决策与计划

请根据液压制动不良故障检修的任务要求，确定所需要的检测仪器、工具，并对小组成员进行合理分工，制定详细的诊断和修复计划。

1. 需要的检测仪器、工具

2. 小组成员分工

3. 制动不良故障检修的工作计划

（三）实施

1. 故障现象确认
2. 故障原因分析

____。

3. 故障诊断

序号	检查项目	检查方法	检查结果	备注
1	制动主缸储液罐液面	直观检查		
2	踏板自由行程	直观检查、直尺		
3	制动管路有空气			
4	制动管路或管路接头漏油	直观检查		
5				
6				
7				

4. 故障排除

故障点：____。

处理措施：____。

（四）检验

进行自检与互检、过程检验、竣工检验。

（五）考核与评估

考核项目	评分标准	分数	学生自评	小组互评	备注
团队合作	和谐	5			
活动参与	积极参与	5			
维修手册使用	正确使用	5			
任务方案	合理	10			
工具、设备使用	选用正确，使用正确	15			
5S	整理、整顿、清扫、清洁、素养	10			
工作安全	遵守安全操作规程	10			
操作过程	规范、合理、测量数值正确	20			
任务完成情况		10			
工作纪律	严格遵守	5			
工单填写	如实、规范	5			
合计		100			
教师评价（总评）					

注：如果违反操作安全规程，造成人身伤害或设备严重损坏，本任务考核0分。

液压制动系统常见故障

一、液压制动系统常见故障

液压制动系统常见故障部位和故障原因，如表 5-4 所示。

表 5-4　　液压制动系统常见故障部位和故障原因

序号	故障部位	故障现象及危害	故 障 原 因
1	储液罐	制动失效或效能不良	液面过低或无制动液
2	制动踏板	制动失效、效能不良或拖滞	连接松脱，调整不当，自由行程过大或过小
3	制动主缸	制动效能不良、拖滞	活塞磨损、皮碗老化、密封圈破裂、气孔不畅
4	制动轮缸	制动失效或效能不良	活塞磨损、密封圈损坏
5	真空助力器	制动效能不良、跑偏	膜片破裂、阀门密封不良、真空单向阀失效、真空管漏气
6	液压管路	制动失效或效能不良、拖滞、跑偏	堵塞、漏油，软管老化
7	车轮制动器	制动失效或效能不良、拖滞、跑偏、异响	制动摩擦衬片磨损、硬化、油污、铆钉外露，回位弹簧软，制动鼓（盘）磨损严重、制动钳支架松动

二、液压制动系统其他常见故障

1. 制动失效

（1）故障现象

汽车行驶时，踩下制动踏板，汽车无制动迹象，不能迅速减速和停车。

（2）故障原因

① 制动主缸内无制动油液或制动油液严重不足。

② 制动主缸皮碗踏翻或损坏。

③ 制动管路破裂或接头处严重泄漏。

④ 制动踏板至主缸的连接部位脱落，制动摩擦片表面有油污。

（3）故障诊断与排除

① 踩下制动踏板，如无连接感，则应为制动踏板至主缸之间的连接脱开。在车下检视，即可发现脱开部位。

② 连续踩几下制动踏板，踏板不升高，同时又感到无阻力，应先检查制动主缸是否缺油，再检查前、后制动管路有无漏油和损坏部位，通常根据油迹可诊断故障所在。

③ 踩下制动踏板，稍有阻力感，则多为主缸无油或缺油所致。

④ 踩下制动踏板，有阻力感，但踏板位置保持不住，有明显的下沉现象，则多为主缸皮碗破裂所致。

⑤ 如上述情况良好，则故障可能是主缸皮碗踩翻或损坏，可分解制动主缸确诊。当制动主缸密封件失效时，应更换密封件。

⑥ 如上述情况良好，则故障可能是制动摩擦片表面有油污，可分解制动器确诊。

2. 制动跑偏

（1）故障现象

汽车在平路上制动时，在转向盘居中的情况下，自动向左或向右偏驶，紧急制动时尤为严重。

（2）故障原因

① 左、右轮制动摩擦片与制动鼓（盘）间隙不同，接触面积相差过大。

② 左、右轮制动摩擦片材质各异、新旧程度不同或安装修复质量不一样。

③ 左、右轮制动蹄回位弹簧拉力相差过大。

④ 左、右轮气压不一致、直径有差异、轮胎新旧不一及磨损程度不同。

⑤ 个别轮缸活塞运动不灵活、皮碗发胀、油管堵塞或有空气。

⑥ 个别车轮摩擦片油污、硬化或铆钉外露。

⑦ 个别制动鼓失圆或制动盘产生严重翘曲变形。

⑧ 车身变形以及前、后车轴不平行或两边钢板弹簧刚度不等。

（3）故障诊断与排除

① 进行路试。先进行减速制动，若汽车向左跑偏，则说明右边车轮制动迟缓或制动力不足；若汽车向右跑偏，则说明左边车轮有故障。再进行紧急制动，并观察车轮抱死后在地面上的印迹。若同一轴两边车轮印迹不能同时发生，其中印迹短的车轮为制动迟缓，印迹轻的为制动力不足。

② 找出制动迟缓或制动力不足的车轮后，应仔细检查该轮制动管路有无碰瘪、漏油的现象，检查该轮的轮胎气压是否正常，轮胎磨损是否严重。

③ 若上述目检正常，则可对该轮轮缸进行放气。放气时若发现有空气或放完后制动跑偏现象消除，则说明故障为该轮轮缸内或管路内有气阻。

④ 若无气阻现象，则检查并调整该轮制动摩擦片与制动鼓(盘)之间的间隙。调整后若制动跑偏现象消除，则说明故障为该轮的制动器间隙调整不当。

⑤ 若上述制动器间隙符合要求，则应分解制动器和轮缸进行深入检查。检查制动器的技术状况，如制动盘或制动鼓是否变形严重，摩擦片是否有硬化现象或有油污等；检查轮缸活塞和皮碗的形态是否正常，油管是否畅通等，以确诊故障部位。

⑥ 若上述均正常，而故障现象依然存在，则说明制动跑偏的故障不在制动系本身，可能是由车身变形或其他系统（悬架系统、转向机构、行驶系统）的工作条件恶化所致。

3. 制动拖滞

（1）故障现象

抬起制动踏板时，全部或个别车轮的制动作用不能解除或解除缓慢，致使汽车起步困难或行驶无力，制动鼓发热。

（2）故障原因

① 制动踏板无自由行程，制动踏板回位弹簧脱落、拉断、过软或踏板轴锈蚀、卡住而回位困难。

② 制动主缸、轮缸皮碗发胀、发黏或活塞移动不灵活。

③ 主缸活塞回位弹簧折断、预紧力太小。

④ 制动鼓严重变形，制动摩擦片与制动鼓间隙过小，制动蹄回位弹簧过软；制动油管碰瘪、堵塞或制动液太脏、太稠而使回油困难。

⑤ 真空助力器的空气阀漏气。

（3）故障诊断与排除

① 汽车行驶一段里程后，用手触摸各车轮制动鼓。若个别车轮制动鼓发热，则故障在该车轮制动器；若全部车轮的制动鼓都发热，则进行下步诊断。

② 全部制动鼓发热时，应首先检查制动踏板自由行程。若自由行程符合要求，则应检查制动主缸。可将主缸储油罐盖打开，并连续踩下和放松制动踏板，看其能否回油。若不能回油，说明回油孔堵塞；若回油缓慢，说明皮碗、皮圈发胀或回位弹簧无力，则故障在制动主缸。同时还应观察制动踏板的回位情况，若制动踏板不能迅速回位，说明回位弹簧过软或折断。若制动主缸回油正常，且制动踏板回位正常，则进行下步诊断。

③ 做车轮转动试验。松开制动踏板，让各车轮悬空并用手转动车轮，若各轮的转动阻力很大，则说明故障为各轮制动摩擦片与制动鼓间隙过小或调整不当；若各轮的转动阻力较小处于正常，则对采用真空助力器的制动系，可将汽车变速器置于空挡，使发动机处于怠速运转，在松开制动踏板的情况下，再次用手转动车轮，若此时阻力增大，则说明汽车制动拖滞的故障是由真空助力器的空气阀漏气所致。

④ 若故障在单个车轮制动器、应先拧松放气螺钉，若制动液急速喷出，制动蹄回位，则说明故障由油管堵塞致使轮缸不能回油所致。若制动蹄仍不能回位，则应调整摩擦片与制动鼓之间的间隙。

⑤ 经上述检查调整均无效，则应拆下制动器检查轮缸活塞、皮碗、回位弹簧、制动鼓和制动摩擦片状况以及制动蹄片支承销的活动情况。

别克赛欧 SLX-AT 轿车制动不良故障诊断与排除

1. 故障现象

一辆 2003 年产赛欧 SLX-AT 轿车，行驶里程 260 000km。据车主反映，制动时需要将制动踏板踩到很低的位置才会有制动力。

2. 故障诊断与排除

使发动机原地怠速工作，缓慢踩下制动踏板，踏板会不断下降，快速踩下制动踏板，踏板在较低的位置时才会感觉有制动力，保持施加踏板力，制动踏板会下降，踏板感觉柔软。

进行路试。在车速为 30km/h 左右时缓慢踩下制动踏板，车辆仍然向前行驶，明显感觉制动效果不良，如果快速踩下制动踏板，车辆可以停住，但是制动踏板位置较低。为了排除制动系统存在空气的可能，进行了制动系统放气，但是未见气泡，而且放气后制动踏板不能回位，这说明制动总泵已经不能建立油压。

故障排除：更换制动总泵后路试，故障排除。

3. 点评

制动总泵是制动系统的核心部件，它将制动液压缩到每个车轮的制动分泵以实施制动。根据维修经验，制动总泵出现最多的故障就是活塞（俗称皮碗）密封不良，导致制动压力无法建立或泄压。制动总泵泄压时的常见故障现象有两种。

① 缓慢踩下制动踏板，制动踏板会降到最低位置，制动油压无法建立。路试的表现为：低速行驶时，如果快速踏下制动踏板可以制动，如果缓慢踏下制动踏板则没有制动。

② 进行制动系统放气时，制动踏板降低后无法回位，反复踩踏也无法建立油压，放不出制动液或制动液放出得很少。

制动总泵出现故障时，除了总泵自身的问题，制动液也是不可忽视的重要因素。制动液有不同的品牌和级别，即使是同一车型也会由于生产批次和技术改进等原因而使用不同型号的制动液。如果制动液混加或变质，就会使制动总泵很快损坏，或导致制动系统内产生气体。需要注意的是，制动分泵上的放气阀应该位于分泵的最高位置，以保证放气时可以将气体排出。有些车型的左右两侧的分泵装反时也可以安装，但此时排气阀处于分泵的最低位置，气是放不出来的，放出来的只是油。

学习任务3 前大灯不亮故障诊断

【知识目标】1. 进一步熟悉汽车大灯与信号系统的工作原理。

2. 掌握大灯与信号系统的常见故障、故障现象、故障原因及故障诊断方法。

【能力目标】1. 能完成大灯与信号系统常见故障的诊断和排除。

2. 会进行汽车电路短路、断路等故障的诊断。

为了保证汽车行驶安全，汽车上装有多种大灯设备和灯光信号装置，俗称“灯系”。汽车灯系主要包括汽车大灯、信号灯与安全警告灯等。

汽车灯系的故障率较高，故障主要由两大类：一类是器件本身的故障，另一类是线路故障。常见故障原因主要有导线连接松动、接触不良，线路短路、断路，电源电压过高或过低，灯泡烧坏、保险丝熔断以及其他器件损坏等。汽车灯系故障在诊断时常采用试灯和万用表等仪器，借助电路图，按由外到内、由简到繁，顺藤摸瓜的步骤和程序，诊断出故障原因，有针对性地进行检修。

一、故障现象

接通前大灯开关，前大灯远近光灯泡都不亮。

二、故障原因

① 前大灯灯泡烧损。

② 前大灯电源线路中的保险丝熔断，继电器损坏。

③ 前大灯开关故障。

④ 前大灯线路断路、短路或搭铁故障。

三、诊断流程

前大灯不亮故障诊断流程如图 5-27 所示。

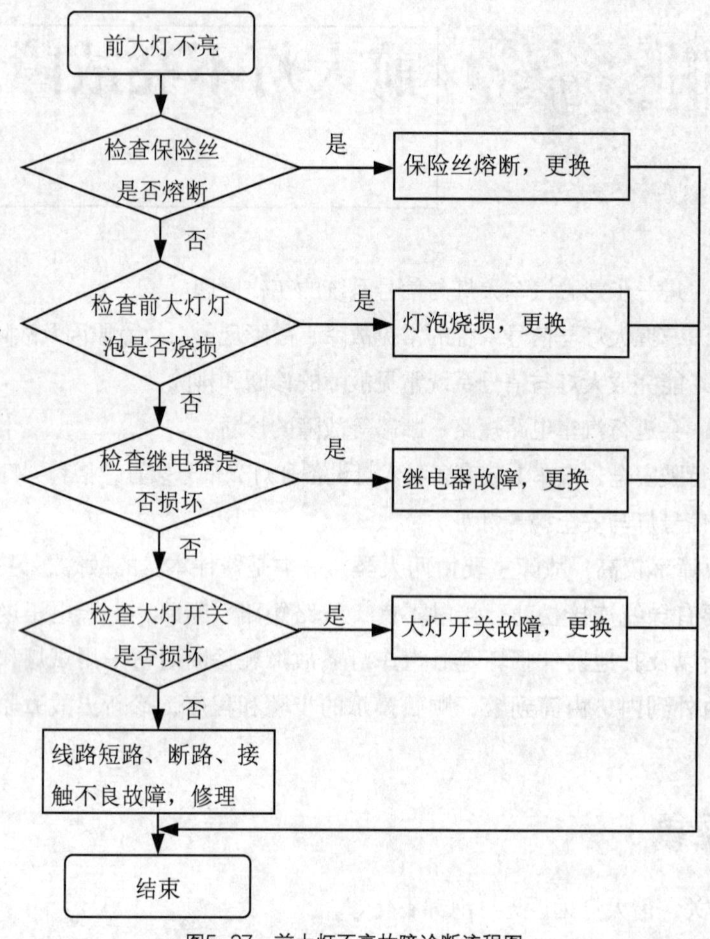

图5-27 前大灯不亮故障诊断流程图

四、故障诊断与排除

凯越前大灯和前大灯调节电路如图 5-28 所示。

① 检查前大灯电源线路中的保险丝是否熔断。若保险丝熔断，则更换新的保险丝，并查找超负荷的原因。

② 拆下前大灯远光灯、近光灯灯泡，检查灯泡是否烧损。若灯泡烧损，则更换新的灯泡。

③ 将前大灯继电器线圈直接通电，检查继电器是否能正常工作。若继电器不能正常工作，说明继电器损坏，则更换新的继电器。

④ 使用万用表检查前大灯开关各挡位的通断情况。若不符合要求，则更换新的前大灯开关。

⑤ 使用万用表、试灯或跨接线逐段检查线路，找出短路或断路故障部位，并进行修复。

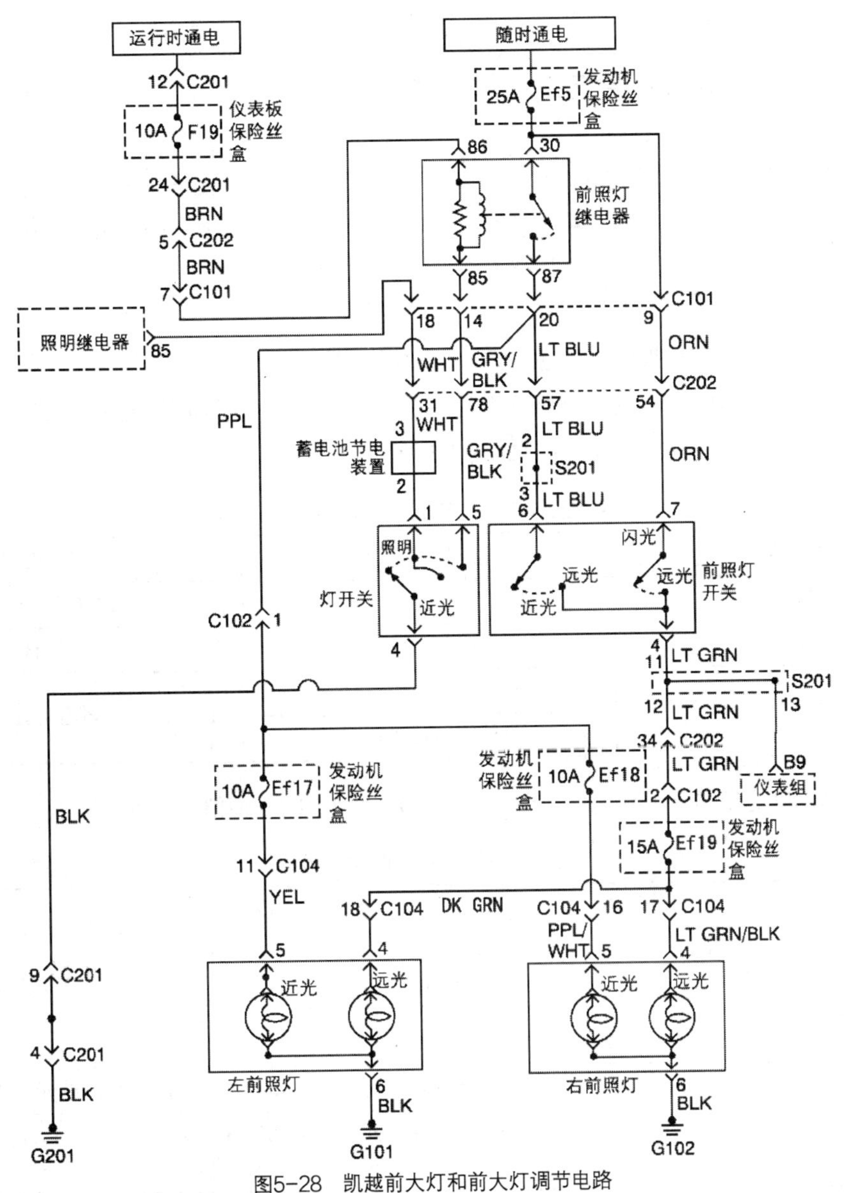

图5-28　凯越前大灯和前大灯调节电路

五、专项技能

前大灯开关的检测

前大灯开关常见故障为触点接触不良、触点卡死或无法接通等，一旦开关出现故障，前大灯将无法正常工作。下面以卡罗拉前大灯变光开关总成（不带自动灯控系统）检测为例，介绍开关的检测方法。前大灯变光开关总成如图 5-29 所示。

① 查看全车电路图，确认灯控开关的形状及插脚数量。

② 查看全车电路图，确认灯控开关连接线束的颜色。

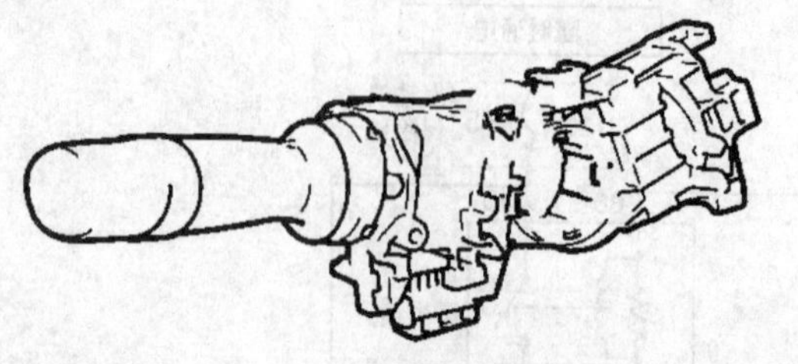

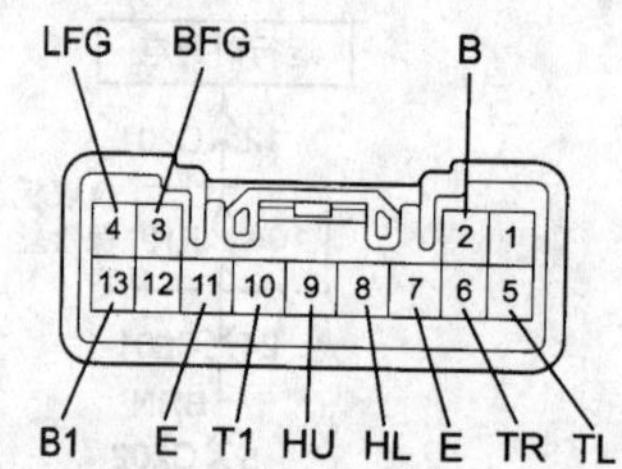

没有线束连接的零部件（前大灯变光开关总成）

图5-29　前大灯变光开关总成

③ 调整万用表，将挡位拨至“导通”挡或“欧姆”挡。

④ 利用万用表检查灯控开关每个挡位相关端子间的导通性，并与标准值进行比较，判断开关性能是否良好。灯控开关每个挡位的标准值如表 5-5 所示。

表 5-5　　灯控开关每个挡位的标准电阻

开关操作	检测接脚	规定状态
OFF	10（T1）-13（B1）	10kΩ 或更大
TAIL	10（T1）-13（B1）	小于 1Ω
HEAD	10（T1）-13（B1）	小于 1Ω
	11（E）-13（B1）	

⑤ 检查前大灯变光器开关导通性。变光器开关每个挡位的标准值如表 5-6 所示。

表 5-6　　变光器开关每个挡位的标准电阻

开关操作	检测接脚	规定状态
HIGH FLASH	9（HU）-11（E）	小于 1Ω
LOW	8（HL）-11（E）	小于 1Ω
HIGH	9（HU）-11（E）	小于 1Ω
HIGH 或 HIGH FLASH	8（HL）-11（E）	10kΩ 或更大（变光开关置于 HIGH 位置时，近光前大灯熄灭）
		小于 1Ω（变光开关置于 HIGH 位置时，近光前大灯和远光前大灯同时点亮）

⑥ 检查转向信号开关导通性。转向信号开关每个挡位的标准值如表 5-7 所示。

表 5-7　　转向信号开关每个挡位的标准电阻

开关操作	检测接脚	规定条件
OFF	6（TR）-7（E）	10kΩ 或更大
	5（TL）-7（E）	
RH	6（TR）-7（E）	小于 1Ω
LH	5（TL）-7（E）	小于 1Ω

⑦ 检查前雾灯开关导通性。前雾灯开关每个挡位的标准值如表 5-8 所示。

表 5-8　前雾灯开关每个挡位的标准电阻

开关操作	检测接脚	规定条件
OFF	3（BFG）-4（LFG）	10kΩ 或更大
ON		小于 1Ω

⑧ 检查后雾灯开关导通性。后雾灯开关每个挡位的标准值如表 5-9 所示。

表 5-9　后雾灯开关每个挡位的标准电阻

开关操作	检测接脚	规定条件
OFF	2（B）-4（LFG）	10kΩ 或更大
ON		小于 1Ω

六、任务工单

工作任务	前大灯不亮的故障诊断	学时	6	班级	
姓名		学号		日期	
设备	整车、常用维修工具、工具车、座椅套、数字万用表、试灯、跨接线、汽车维修手册、汽车电路图等			教学地点	汽车整车实训车间
任务目的	制定工作计划，并利用诊断设备、维修工具进行前大灯不亮故障检修作业				

（一）资讯

1. 车辆信息

车型		生产年代		制造厂	
车辆识别码			发动机型号		

2. 与客户进行交流沟通，请对前大灯不亮故障进行描述。

3. 前大灯不亮故障检修的基础检查项目有哪些?

（二）决策与计划

请根据前大灯不亮故障检修的任务要求，确定所需要的检测仪器、工具，并对小组成员进行合理分工，制定详细的诊断和修复计划。

1. 需要的检测仪器、工具

2. 小组成员分工

3. 前大灯不亮故障检修的工作计划

（三）实施

1. 故障现象确认

2. 故障原因分析

3. 故障诊断

序号	检查项目	检查方法	检查结果	备注
1	保险丝	直观检查法、数字万用表		
2	灯泡	直观检查法、数字万用表		
3	继电器	替换法、数字万用表		
4	大灯开关			
5	线路			

4. 故障排除

故障点：____。

处理措施：____。

（四）检验

进行自检与互检、过程检验、竣工检验。

（五）考核与评估

考核项目	评分标准	分数	学生自评	小组互评	备注
团队合作	和谐	5			
活动参与	积极参与	5			
维修手册使用	正确使用	5			
任务方案	合理	10			
工具、设备使用	选用正确，使用正确	15			
5S	整理、整顿、清扫、清洁、素养	10			
工作安全	遵守安全操作规程	10			
操作过程	规范、合理、测量数值正确	20			
任务完成情况		10			
工作纪律	严格遵守	5			
工单填写	如实、规范	5			
合计		100			
教师评价（总评）					
注：如果违反操作安全规程，造成人身伤害或设备严重损坏，本任务考核0分。					

灯光与信号系统常见故障

一、前大灯与转向灯常见故障

前大灯与转向灯常见故障部位和故障原因，如表 5-10 所示。

表 5-10　　前大灯与转向灯常见故障部位和故障原因

序号	故障部位		故障现象及危害	故障原因
1	前大灯	灯泡	前大灯不亮、灯光亮度下降，灯泡频繁烧坏	灯泡损坏，灯泡功率低、脏污，散光镜损坏或反射镜脏污，灯泡接触不良
2		保险丝	前大灯不亮	保险丝熔断
3		继电器	前大灯不亮、常亮	继电器损坏、触点卡死
4		大灯开关	前大灯不亮、常亮	大灯开关损坏、触点卡死
5		线路	前大灯不亮、亮度下降、忽明忽暗	线路短路、断路、接触不良
6		供电电源	灯泡频繁烧坏、灯光暗淡	电压调节器不当或失调，使发电机输出电压过高或过低
7	转向信号灯	灯泡	转向灯不亮、灯光亮度下降、闪烁频率异常	灯泡损坏，灯泡功率异常，灯泡及外壳脏污
8		保险丝	转向灯不亮	保险丝熔断
9		闪光器	转向灯不亮、不闪、闪烁频率异常	闪光器损坏
10		转向灯开关	转向灯不亮、同时亮起	转向灯开关损坏、应急灯开关损坏
11		线路	转向灯不亮、灯光暗淡、闪烁频率异常	线路短路、断路、接触不良
12		供电电源	闪烁频率异常、灯光暗淡、频繁烧坏	电压调节器不当或失调，使发电机输出电压过高或过低

二、大灯与信号系统其他常见故障

1. 前大灯远近光不全

（1）故障现象

大灯开关处于大灯挡位置，用变光开关变换远近光，只有远光或只有近光灯亮。

（2）故障原因

① 变光开关损坏。

② 远近光中的一条导线断路。

③ 双灯丝灯泡中某灯丝烧断。

（3）故障诊断与排除

这种故障出在变光开关、保险丝、灯丝的线路中。

① 检查保险丝是否熔断。若保险丝熔断，更换新保险丝。

② 检查灯泡是否损坏。若灯泡损坏，更换新灯泡。

③ 检查变光开关供电电源线电压是否正常（12V）若电压异常，则供电线路有故障。

④ 将变光开关上连接电源接线柱与不亮的远光或近光接线柱跨接试验。若灯亮，则是变光开关损坏，更换变光开关。若不亮，则说明故障在变光开关以后的线路中。

⑤ 利用万用表、跨接线、试灯由外到内沿线路逐段进行检查，排除故障。

2. 左右前大灯的亮度不同

（1）故障现象

前大灯开关接通后，不论是远光还是近光，有一侧灯较暗。

（2）故障原因

① 可能是灯光暗淡一侧的双丝灯泡搭铁不良所致。

② 灯光暗淡的一侧灯泡插头松动或锈蚀使接触电阻增大。

③ 灯光暗淡的一侧灯泡反射镜积有灰尘或氧化。

④ 左右两侧灯泡的功率不同。

（3）故障诊断与排除

① 首先检查左右两侧灯泡的功率是否相同，可采用互换左右灯泡的办法进行判断。

② 在灯泡的功率相同的情况下，用一根导线一端接车身，另一端和灯光暗淡的灯泡搭铁接柱相连，如恢复正常，即表明该灯搭铁不良。

③ 若灯泡单丝发光微弱，常为连接该灯泡灯丝的插头松动或锈蚀使接触电阻过大所致。可用电源短接法迅速判明故障部位。

④ 灯泡搭铁不良时，灯光暗淡的灯泡两根灯丝不论在接通远光还是近光时，都同时发出微弱灯光。若发现灯泡亮度正常，就不是灯泡搭铁不良故障，一般是前大灯反射镜有灰尘或氧化，可通过消除灰尘（用压缩空气吹净）或更换反射镜来排除故障。

3. 前大灯亮度下降

（1）故障现象

接通开关，前大灯灯光昏暗，亮度不够。

（2）故障原因

① 蓄电池充电不足、发电机输出电压过低。

② 大灯开关接触不良。

③ 连接器接触不良。

④ 灯泡使用时间太长，灯丝老化。

⑤ 反光镜老化或脏污。

（3）故障诊断与排除

① 检查灯泡是否变黑、灯丝老化、功率过低，检查反光镜是否老化或脏污。若灯泡或反光镜故障，更换灯泡或大灯总成。

② 检查蓄电池电压，应在 12V 以上。若低于 12V 时，应检查蓄电池性能是否良好，更换蓄电池或进行补充充电。

③ 检查发电机输出电压，应在 13.5～14.5V。若电压太低，则为充电系统故障，参考充电系统故障进行诊断与排除。

④ 利用试灯、万用表检查前大灯的电路，并检查各导线连接器连接情况，排除线路故障。

4. 前大灯灯泡频繁烧毁

（1）故障现象

前大灯工作时，灯泡频繁烧毁。

（2）故障原因

① 电压调节器不当或失调，使发电机输出电压过高。

② 灯具接触不良。

（3）故障诊断与排除

① 检查发电机输出电压，应在 13.5～14.5V。若电压太高，则电压调节器不当或失调。

② 检查灯泡的连接部分是否存在接触不良，这也可能造成灯泡频繁烧毁。若接触不良，应予以修理。

三、凯越转向信号灯和危险报警灯电路

凯越转向信号灯和危险报警灯电路如图 5-30 所示。转向信号灯仅在点火开关接通时工作。转向信号灯由转向柱左侧的多功能操纵杆控制。

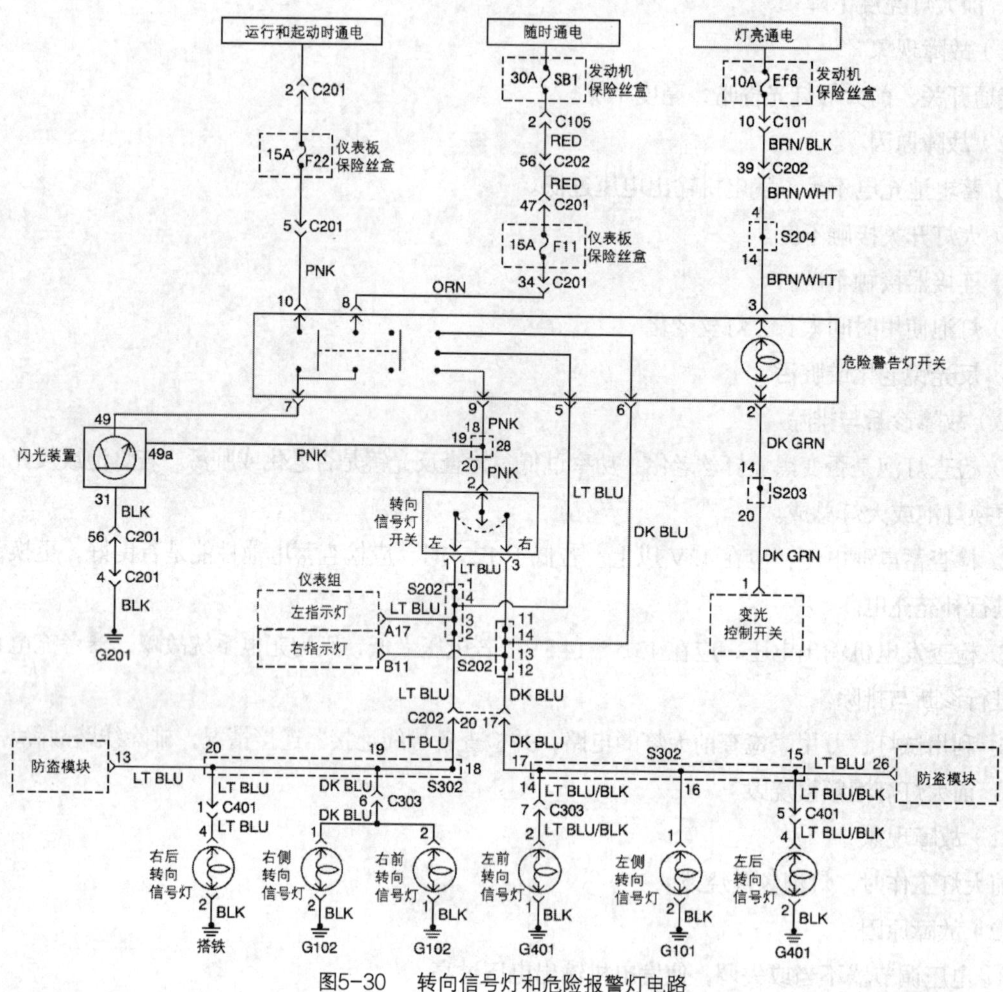

图5-30　转向信号灯和危险报警灯电路

故障范例　卡罗拉车前大灯不能自动熄灭故障诊断与排除

1. 故障现象

一辆车型为 ZRE152L 的卡罗拉轿车，行驶里程为 120 000km，据客户反映，有时把前大灯控制开关（灯光组合开关）置于 AUTO 位，夜间行驶停车时，断开点火开关并取下钥匙，打开车门后，前大灯却不能正常熄灭，须进入车内手动关闭灯光组合开关才能熄灭前大灯。

2. 故障诊断与排除

卡罗拉前大灯电路（带自动灯控）如图 5-31 所示。

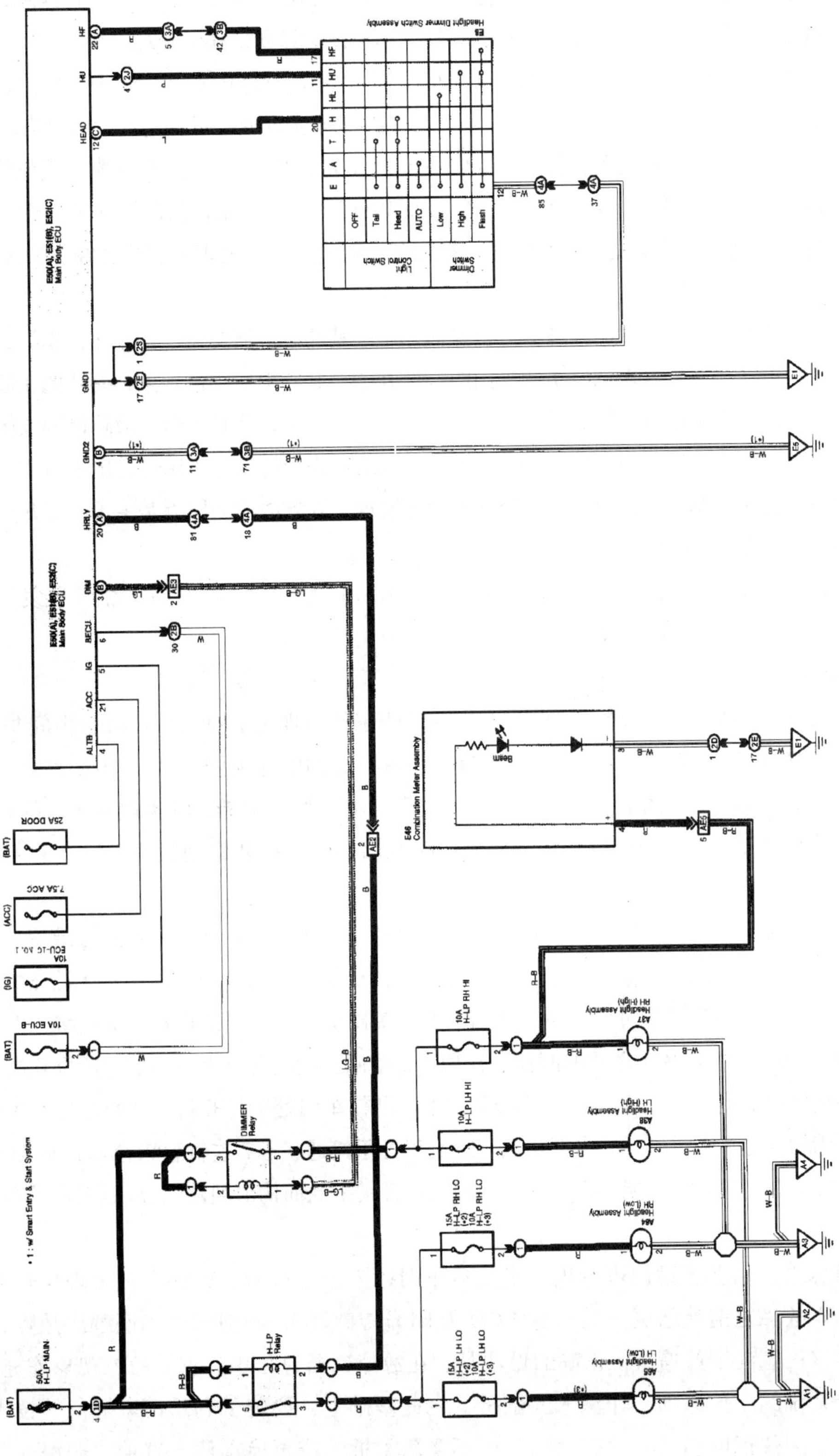

图5-31　卡罗拉前大灯电路（带自动灯控）

故障诊断：根据客户对故障现象的描述，可以判定为偶发性故障，作为偶发性故障，无论是现场检测还是路试，要重现故障现象就带有偶然性，这给故障诊断带来了一定难度。

首先对该车进行了路试检测。在室外行驶时，将前大灯控制开关旋转至 AUTO 位，然后驶入地下停车场，随着车辆逐渐进入地下停车场，其光的能见度也随之降低，而前大灯自动大灯系统也正常工作，用故障检测仪对前大灯自动大灯系统进行动作测试，系统工作正常，读取故障代码，各系统显示“OK”，无故障代码。然后笔者又对前大灯自动大灯系统所涉及的零部件、连接器及相关线路进行了检查，没有发现异常情况，并且在检查过程中还发现，客户已经更换过车身 ECU 和阳光传感器。

再次连接故障检测仪，对门控开关进行操作，观察其动态数据交化。检查 4 扇车门的门控开关工作状况，经多次测试，发现驾驶员侧车门的门控开关有时会出现异常现象，而其他 3 扇车门的门控开关工作正常。异常情况具体表现为：当驾驶员侧车门处于打开状态时，故障检测仪所检测到的动态数据却显示为“OFF”（关闭），同时，还观察到组合仪表的门控指示灯也出现时明时暗的异常情况。拆下驾驶员侧车门的门控开关，经分解检查发现，导致故障的原因是由于门控开关内部导体触点的润滑脂过多、过脏所致。

故障排除：去除门控开关触点上的润滑脂，重新涂上适量的规定牌号润滑脂，装复驾驶员侧车门的门控开关，试车，故障排除。

3. 点评

故障分析：卡罗拉轿车前大灯自动大灯系统的工作原理为通过装在仪表台中间与前风窗玻璃内侧的一个阳光传感器，来检测光大强度，并将检测到的光大强度转化为电信号，输入到车身 ECU，经过车身 ECU 的放大处理，来控制前大灯继电器的通断，以实现前大灯的自动控制。另外，当车辆熄火，点火开关处于 OFF 状态时取出钥匙，打开驾驶员侧车门，前大灯将自动熄灭。

在正常情况下，当车门打开时，门控开关接触片与按钮底座在复位弹簧的作用下，将触点分离，切断触点间的导通，使系统处于开路，前大灯自动熄灭。门控开关内部导体触点的润滑脂本身是不导电的，但若润滑脂过多，由于车门的开、关次数随着时间的推移逐渐增多（尤其是驾驶员侧车门），接触片（铜片）之间的磨损日益加剧，使润滑脂内含有大量因磨损所堆积的铜粉末颗粒，从而使润滑脂变为了导电体，在这种条件下，即使车门处于打开状态，而门控开关内部触点由于润滑脂的导电，使门控开关内部触点实际上仍处于接通状态，这就意味着车身 ECU 所接收到的电信号表示车门仍处于关闭状态（系统通过门控开关搭铁而构成回路），从而引发了客户所描述的故障现象。

故障总结：从上述案例可看出，当故障原因还未彻底搞清，就根据故障现象轻率地更换零件（如本故障之前就已更换过车身 ECU 及阳光传感器），不但未能彻底解决故障，而且会降低该维修厂家的维修信誉。正确的做法是：在故障判断过程中，应对故障现象作充分了解，同时结合系统的工作原理，作深入的剖析，在此基础上，要善于利用厂家提供的技术资料和使用故障检测仪读取相关的动态数据，而不要急于拆装或更换零件，这种“非侵入”式检查非常有用，它可在扰动零件或配线之前发现间歇性故障或信号异常，既节省诊断时间又可精确判断故障点位置。

学习测试

一、填空题

1. 汽车悬架系统的作用是使汽车平顺、安全地行驶，并具有__________和__________。

2. 进行汽车悬架外观检查时，需要检查弹簧__________，衬套__________，减振器__________，稳定杆或衬套是否有故障，以及控制臂或支柱__________等。

3. 上下振动汽车，仔细听是否有异常声音。若有异常声音，则可能是悬架系统的__________和__________磨损或破坏。

4. 通常所有车轮的外倾角都相等，各轮外倾角大小不等会引起__________磨损以及汽车向外倾角__________的一侧转向。

5. 汽车行驶中制动，制动踏板感到软而无力，制动减速度小，制动距离长，一般应先检查____。

6. 制动系统内若有空气侵入，则制动时将造成制动踏板__________，踏板行程__________，致使制动力__________，甚至制动__________。

7. 当将凯越轿车换挡杆拨到倒车挡位时，仅有一个倒车灯点亮，请问倒车灯工作__________（是否正常？）。

8. 减振器失效会使车辆出现____故障。

9. 转向系的常见故障有__________、__________、__________、__________等。

10. 汽车车轮定位的参数有__________、__________、__________、__________、__________等。

11. 制动系统修理或更换制动器部件后，必须对制动系统进行__________作业。

12. 液压制动系统有脏污或制动液不清洁将可能导致____________________。

二、判断题

1. 所有转向灯都不亮，可能是闪光器损坏。(　　)

2. 车辆在直线行驶时正常，而在转弯时却出现异响，原因是主减速器啮合不正常。(　　)

3. 制动灯多与尾灯合为一体，采用双灯丝灯泡或两个单灯丝灯泡，其中功率大的为制动信号灯。(　　)

4. 排除液压制动系统中的空气时，一般是先后轮，再前轮。(　　)

5. 四轮制动间隙相等，该车肯定不会出现制动跑偏现象。(　　)

6. 转向系统出现故障后，应从转向器、转向传力机构、前轮定位、助力机构及车架等几部分进行分析、排查。(　　)

7. 轿车前轮前束的调整方法与货车相同。(　　)

8. 转向拉杆的球头销与球头座配合过紧会造成转向盘自由转动量过大。(　　)

9. 四轮定位仪是专门用来测量后轮外倾角和后轮前束等定位参数的。( )

10. 使用离车式车轮平衡机时，不必将轮胎从车上拆下。( )

11. 静平衡的车轮肯定是动平衡的。( )

12. 左、右横拉杆连接处磨损会造成转向盘自由转动量过大。( )

13. 使用翻新胎或补胎会引起车轮静不平衡，但不会引起动不平衡。( )

14. 对车轮进行动平衡检测时，不必将轮胎气压充至规定值。( )

15. 转向轮单边制动或单边制动拖滞会造成自动跑偏。( )

16. 检测车轮定位时，汽车轮胎及气压应符合规定。( )

17. 汽车定位的目的是保证汽车直线行驶。( )

18. 车轮轴承松动或出现故障会全面影响车辆的行驶平顺性。( )

19. 制动系统中有空气渗入使汽车制动踏板偏软且无力，制动效果变差。( )

20. 制动系统中如果右前软管堵塞，流量不足或扭结，在制动过程中会产生向左倾斜现象。( )

三、选择题

1. 转向系的齿轮啮合间隙调整不当会造成( )故障。

A. 转向盘自由转动量过大　　B. 自动跑偏　　C. 前轮摆振

2. 汽车前左、前右减振器弹簧刚度不一致会造成( )故障。

A. 转向盘自由转动量过大　　B. 自动跑偏　　C. 转向沉重

3. 转向轮单边制动或单边制动拖滞会造成( )故障。

A. 转向盘自由转动量过大　　B. 转向沉重　　C. 自动跑偏

4. 制动踏板行程余量减小的原因是( )。

A. 制动间隙过大　　B. 制动液缺少

C. 制动管路中进空气　　D. 以上都是

5. 车轮不平衡会造成( )故障。

A. 转向盘自由转动量过大　　B. 转向沉重　　C. 转向轮摆振

6. 下列选项中，( )不属于汽车转向信号系统。

A. 转向灯　　B. 电喇叭

C. 制动灯　　D. 牌大灯

7. 在检查转向系统时，发现当向左或向右快速打方向时，出现短暂的转向助力减小的现象，可能的原因是( )。

A. 转向机内部泄漏　　B. 转向机内的旋转阀体卡滞

C. 转向助力泵压力不足　　D. 以上都是

8. 技术人员发现动力转向油从齿轮齿条保护罩处泄漏，为排除这一故障，维修技术人员应当( )。

A. 更换保护罩　　B. 更换隔板密封

C. 卡紧保护罩夹子，重新检查泄漏　　D. 更换转向器总成

9. 在别克凯越轿车上进行真空助力器的工作状况检查：在发动机熄火时，来回踩制动踏板而排除助力器中的真空，踩下制动踏板并保持在此位置，当起动发动机时，加力后制动踏板继续下降，表明（　　）。

A. 真空单向阀泄露　　B. 真空软管泄露

C. 真空助力器正常　　D. 真空助力器本身损坏

10. 下列哪种情况下，液压泵中的流量控制阀中的钢球会打开。（　　）

A. 怠速方向盘没有打到底时　　B. 发动机高速运行，转向盘没有打到底时

C. 方向盘打到底时　　D. 以上都不对

11. 冷车时方向重，而热车时方向较轻，最有可能的原因是什么？（　　）

A. 液压泵中的流量控制阀有问题　　B. 系统中有空气

C. 方向机中的活塞有轻微泄漏　　D. 管路中有堵塞

12. 在夏季行车时，外界气温高，轮胎散热较慢，温度较高，已发生爆胎现象。因此，轮胎气压应（　　）。

A. 低一点　　B. 高一点

C. 保持规定的气压标准　　D. 途中气压过高可放掉一点

13. 在进行制动系统手动排气作业时，按（　　）次序依次对各个车轮进行排气作业。

A. 左前→右前→右后→左后　　B. 右后→左前→右前→左后→右后

C. 右后→左后→右前→左前　　D. 左前→右后→右前→左后

14. 汽车大灯一侧亮，另一侧暗，说明（　　）。

A. 变光开关接触不良　　B. 大灯暗的这一侧搭铁不良　　C. 车灯开关故障

15. 为了测量制动盘的厚度变化，应（　　）。

A. 稍微拧紧车轮轴承以消除任何余量　　B. 测量制动盘上均匀分布的 8 个点或更多的点

C. 将千分尺安装在悬架轴的固定部位　　D. 所有上述各项

四、问答题

1. 如何诊断与排除转向盘自由转动量过大故障？

2. 什么叫前轮摆振？

3. 什么叫自动跑偏？

4. 前轮摆振的原因是什么？

5. 引起车轮不平衡的原因有哪些？

五、简述题

1. 试分析具有液压助力转向系统的车辆在转向时，表现出一侧重而另一侧轻的原因。

2. 试分析制动拖滞的原因。

3. 前大灯远近光不全的故障原因有哪些？如何诊断？

故障现象：车灯开关处于 2 挡位置，用变光开关变换远近光，只有远光或只有近光灯亮。

4. 液压制动系统制动不良的故障原因有哪些？如何诊断？

学习情境六

汽车异响的诊断

汽车异响主要是指零件运动所产生的不正常的摩擦、碰撞、气流扰动声音以及燃烧和电磁噪声等。汽车异响是汽车噪声的严重表现形式。汽车异响的类型较多，汽车异响因汽车部位、声源的材质、异响产生的机理不同等，所产生的响声也不同。

汽车的异响与故障有着密切的关系。汽车声响信号中蕴涵着丰富的汽车异常或故障状态信息，汽车异响标志某一机构的技术状况已经发生变化甚至已经恶化。一般地说，汽车有异常声响，说明有故障。异响是现象，故障才是本质，根据声响判断故障，实际上就是透过现象看本质，沿着异响这一线索，顺藤摸瓜，找到声源，进而找到发生故障的零件。

有些异响可能预示汽车将发生事故性损伤，例如连杆螺栓松动所引起的连杆轴承响，如不及时排除故障，极易造成重大机械事故。因而当汽车出现异响时，应及时消除异响，以免故障扩大，所谓消除声响，实际上就是在排除故障。所以对汽车异响故障的诊断是汽车故障诊断的一个重要方面。

1. 汽车异响的分类

汽车异响的分类，如图 6-1 所示。

2. 汽车出现异响的原因

导致汽车出现异响的主要原因是汽车零件的失效、装配、调整和使用不当、连接松动、不正常的燃烧以及气流的扰动等，而零件失效的早期症状之一就是出现异响和振动。汽车零件失效的主要形式有磨损、断裂、变形、腐蚀和老化等。

汽车的声响是由零件或总成的振动而发生的。如果掌握了声响和振动的规律性，就能通过声响和振动判断出眼睛看不到、手摸不到的部位的运动工况，了解到汽车的技术状态。

汽车运行的声音有其特殊的规律性。诊断汽车异响时，首先要确定汽车发出的异响的总成或方位，大方向要正确，然后再诊断是哪一个零件发出的异响。

汽车异响的种类很多，本书分两个学习任务重点探讨发动机和底盘主要异响的诊断。

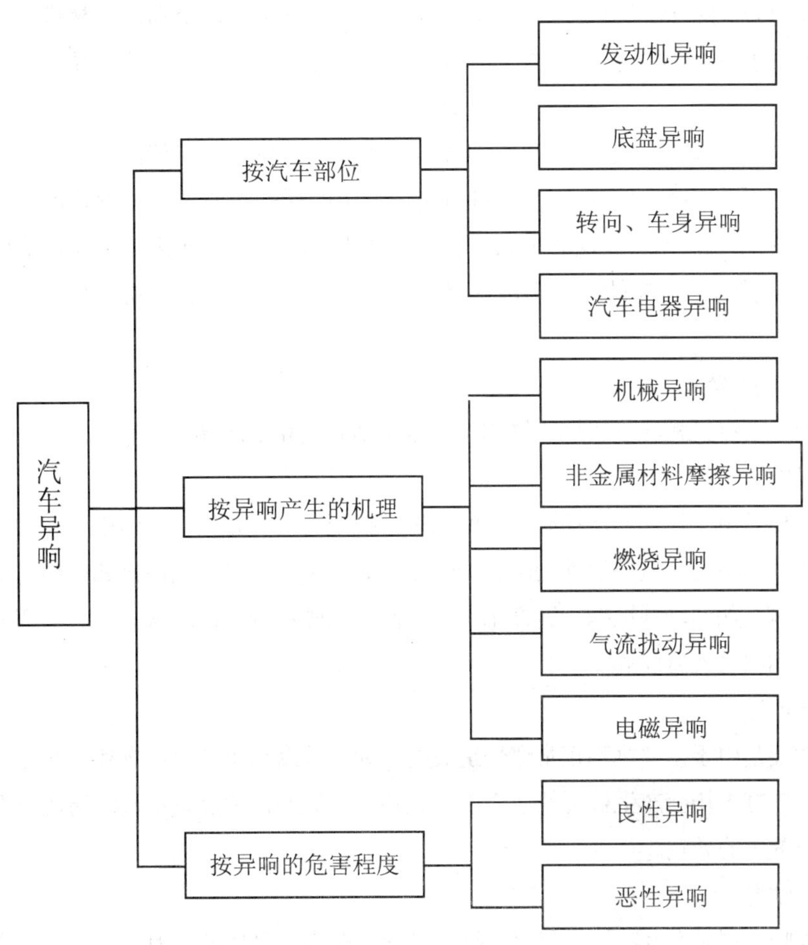

图6-1　汽车异响的分类

学习任务1　发动机异响的故障诊断

【知识目标】 1. 知晓发动机异响的类型、影响因素。

2. 知道发动机常见异响的故障现象、原因及诊断方法。

【能力目标】 1. 不断积累异响诊断的经验，提高异响诊断技术。

2. 会使用异响诊断设备，能以小组为单位，完成发动机主要异响是诊断。

发动机在正常怠速运转时，能听到均匀而轻微的排气声；加速时，转速过渡圆滑；高速运转时，则能听到有力而平稳的轰鸣声。但随着汽车行驶里程的增加、机件逐渐磨损，配合间隙增大、零件松动、断裂损坏时，或者由于维修质量不好、装配调整不当、个别机件材料不佳等，致使发动机在工作过程中出现明显的金属敲击、摩擦等超出正常水平的响声，这些异常的响声统称为发动机异响。

发动机异响故障的诊断，是在发动机不解体的条件下，找到异响部位——声源——故障件，查明异响故障的性质和原因的检查。发动机声响信号中同样蕴涵着丰富的发动机异常或故障状态信息。发动机出现异响，标志着发动机某一机构的技术状况已发生变化，并存在某种故障。发动机的某些异响，可能导致严重的机械事故。所以对发动机异响故障的诊断，是汽车故障诊断的一个重要内容。

1. 发动机异响的类型

发动机异响主要有机械异响、燃烧异响、气流振动异响和电磁异响等。

（1）机械异响

机械异响主要是由于机件的运动副配合间隙过大或配合面有损伤，运转中引起冲击和振动所造成的。因磨损或调整不当，造成运动副配合间隙太大时，运转中将引起冲击和振动，于是就听到金属敲击声——异响。如曲轴轴承响、连杆轴承响、凸轮轴轴承响、活塞敲缸响、活塞销响、气门响等都是由于配合间隙过大造成的。

（2）燃烧异响

燃烧异响主要是由于发动机不正常燃烧造成的。如汽油发动机产生爆燃和表面点火，柴油发动机工作粗暴时，气缸内均会产生极高的压力波。这些压力波撞击燃烧室壁及活塞连杆组时，发出强烈的类似于金属敲击的异响。

（3）气流振动异响

气流振动异响主要是在发动机进气口、排气口和运转中的风扇处，因气流振动而造成的。

（4）电磁异响

电磁异响主要是某些发动机电磁元件内，由于磁场的交替变化，引起某些部件或某一部分空间容积产生振动而造成的。

2. 发动机异响的影响因素

发动机异响与发动机的转速、温度、负荷、润滑条件、工作循环和缸位等有关。

（1）转速

一般情况下，转速越高机械异响越强烈。但高转速时各种响声混杂一起，听诊某些异响不易辨清。所以，诊断转速不一定是高速，要根据具体异响区别对待。如听诊气门响和活塞敲缸响时，在怠速下或低速下就能听得非常明显；当主轴承响、连杆轴承响和活塞销响较为严重时，在怠速和低速下也能听到。总之诊断异响应在响声最明显的转速下进行，并尽量在低转速下进行。

（2）温度

有些异响与发动机温度有关，在机械异响诊断中，对于热膨胀系数大的配合副要特别注意发动机的热状况，最典型的例子是活塞敲缸。在发动机冷启动时，该响声非常明显。所以，诊断该响声应在发动机低温下进行。

发动机温度也是燃烧异响的影响因素之一。柴油机过冷时，往往产生着火敲击声（工作粗暴）。

（3）负荷

许多异响与发动机的负荷有关。如曲轴主轴承响、连杆轴承响、活塞敲缸响、汽缸漏气响等，均随负荷增大而增强，随负荷减小而减弱；柴油机着火敲击声随负荷增大而减小。但是，也有个别异响与负荷无关，如气门响。

（4）润滑条件

不论什么机械异响，当润滑条件不佳时，异响一般都显得严重。在发动机上，不同的机件、不同的部位和不同的工况，声源所产生的振动是不同的，因而发出的异响在音调、音高、音频、出现的位置和次数等方面均不相同。我们利用异响的这些特点和规律，在一定的诊断条件下，即可将发动机的异响诊断出来。

（5）工作循环

发动机异响与工作循环有很大关系，尤其是曲柄连杆机构和配气机构。一般曲柄连杆机构异响每工作循环发响两次，配气机构异响每工作循环发响 1 次。

一、故障现象

异响从发动机发出，打开机盖后响声明显，往往伴随着机体抖动、机油压力和水温异常等，异响与发动机转速、负荷、温度、润滑条件等有关，无论行驶还是停驶响声皆存在。

二、故障原因

发动机紧固件出现松动；配合件磨损间隙增大；润滑不良；个别机件变形或损坏；装配调整、修理、使用不当；不正常燃烧（爆燃或早燃）；进排气流扰动和电器元件的电磁力作用等。

三、诊断流程

发动机异响故障诊断流程图，如图 6-2 所示。

四、故障诊断与排除

发动机异响的诊断方法有仪器检测方法和人工经验诊断方法，用仪器诊断发动机异响，因其操作复杂且还需要人工智能对诊断结果进行判断，使用并不普及，目前应用较多的仍是人工凭经验诊断。

诊断发动机机械异响故障的方法有温度法、速度法、负荷法、听诊法、观察排气颜色法、改变润滑条件法、电路实验法及更换合格器件法等。简单介绍如下。

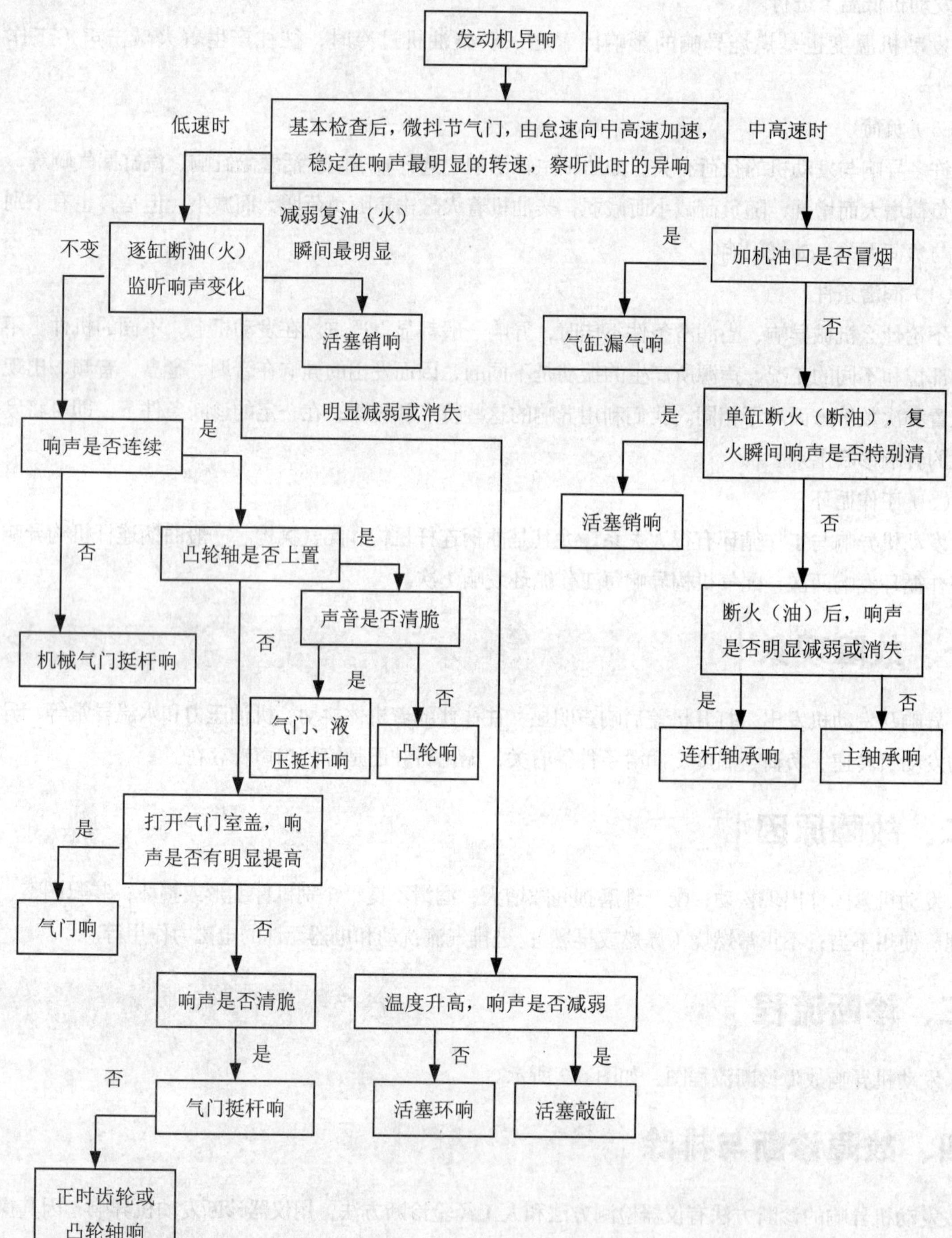

图6-2 发动机异响诊断流程

1. 听诊法

听诊法是指采用某种听诊器具或直接用耳朵，进行听诊的方法。它通常包括内听和外听两种。

（1）外部听诊

在发动机外部进行听诊的方式，称为外部听诊。外部听诊主要分两种方法：一是将听诊器具直接接触在发动机机体上，进行诊断；二是不使用任何听诊器具，直接凭听觉、经验诊断异响。

外部听诊是最基本的听诊方式之一，异响经验比较丰富的人员在异响较为明显的时候进行异响诊断，准确度较高。

（2）内部听诊

内部听诊是相对于外部听诊而言的，它是利用导音器材从发动机内部拾音而听诊的一种方式。如使用听音管从加机油口或机油尺插口插入曲轴箱中（不能插入机油池内）进行听诊。这种听诊方式可以排除外部噪声的干扰，尤其是对于较为弱小和在外部难以辨别的异响故障的诊断，内部听诊比外听的效果更好。

用听诊方法，可以较为迅速地找到故障部位，能为正确诊断和排除故障，少拆卸机件或少走弯路提供最佳途径。

2. 分别停转法

分别停转法是指分别停转发动机的相关附件诊断异响的方法。若怀疑发电机、水泵、空调压缩机等发响，则可择其一种做停转试验。如怀疑水泵异响，则可将其驱动皮带拆下，然后发动试验。若异响消失，即表明异响是由皮带所驱动的附件发出的；若异响仍存在，则可拆下其他皮带试验。若一根皮带驱动多个附件，拆下皮带后，应用手扳转水泵或发电机试验，如有异响、卡滞或松旷应是故障所在。若听到与工作循环无关的金属连续摩擦声时，可考虑某些旋转件是否有故障。例如曲轴皮带轮、皮带等是否与某处接触摩擦等。

3. 速度法

速度法是指利用发动机异响随其转速变化而变化的特性来诊断异响的方法。

由于发动机异响机件的构造形式、承受的负荷、所处的位置、润滑条件以及松旷的程度等有所不同，因而产生异响时的转速也各有差异。但发动机的各种异响本身都有其特定的振动频率，当运动速度的频率是异响频率整数倍时，会产生共振现象，异响加剧。即每种异响在其响声最明显时都对应一个运动速度段（速度范围），一般将音量、节奏、音调等暴露得最为明显的转速或转速区域称为最佳诊断转速。

有些发动机异响在急加速或急减速时特别明显，具体操作方法如下。

将加速踏板从自由状态突然踩下，使发动机转速迅速升高，然后快速抬起加速踏板，使发动机转速迅速下降，然后，再重复以上操作的方法。

由于发动机的各种异响都有相应的最佳诊断转速，有些异响在发动机怠速或稍高怠速时较明显，而在加速或中等以上转速时，由于响声频率增高，同时其他噪声也增大，就使得异响声隐含其中，反而听不清楚，如活塞敲缸响和活塞销响等；有的异响在发动机怠速时听不清楚或不易发现，甚至缓慢加速，响声也不明显，但由怠速至中速急加速时，由于冲击负荷急剧增大，使得敲击声明显且连续，如连杆轴承松旷发响和曲轴轴承松旷发响等；又有些异响将在发动机急减速（发动机由高速运转突然完全放松节气门）时更明显，如活塞销与连杆衬套间松旷发响、曲轴折断发响等。

鉴于异响与转速的这种特殊关系，在诊断发动机异响故障时，应做多种转速试验，各种区域的稳定速度和不同节奏的急加速等，以使异响得到充分暴露，便于真实地捕捉到异响并弄清异响与转速的关系，只有亲耳听到异响，才能进一步确定异响。因此，正确运用最佳诊断转速，是采用速度法诊断异响的关键。

4. 负荷法

负荷法就是利用发动机异响随其负荷变化而变化的特性来诊断异响的方法。

发动机运转过程中的某些异响除与转速有关外，还与发动机的负荷有关。一般情况下，负荷越大，异响声越大，其表现是异响与缸位有明显的关系。在诊断发动机异响的过程中，可以通过改变发动机的负荷，使异响的响声大小发生改变，从而有助于异响故障的定性和定位诊断。

改变发动机负荷的方法有增加负荷和解除负荷两种做法，应用较多的是解除负荷。

解除负荷的方法通常是逐缸断火或断油（柴油发动机）。

（1）断火

断火法是指将某缸高压线从火花塞上拔下，或用旋具将某缸火花塞处的高压分线接头与气缸体搭接，使该缸高压电路断路或短路，以停止该缸做功，解除该缸负荷的方法。

（2）断油

所谓断油是指拧松某缸的高压油管接头螺母，以停止该缸的供油。对于电控汽油喷射发动机，可拔下某缸喷油器的控制线，达到断油的目的。

发动机某缸是否工作对机械异响强度和音色的影响非常明显，对分析异响的性质非常有用。利用断火或断油的方法，使某气缸终止或恢复工作，能达到区分异响所在机构，确定异响所在缸位，缩小诊断范围的目的。一般地说，断火或断油后，发动机异响有以下 3 种变化。

① 异响不变化。断火（或断油）后异响不变，是指异响的主要特点变化不明显或根本没有改变。此时，因断火（或断油）后引起发动机转速下降及异响的频率下降不包括在内。说明该异响与负荷无关，此现象称为不上缸。

异响与断火（或断油）无关这种现象说明，异响不在曲柄连杆机构，一般是某处松动或配气机构有故障。

② 异响减弱或消失。此现象称为上缸，对某气缸断火（或断油）出现的异响减弱现象，说明该气缸有故障，异响只是减弱而没消失，则表明还存在其他故障，或者其他故障对该气缸存在影响。断火（或断油）后的异响消失现象说明只有该气缸有故障，其他气缸均正常或基本正常。

③ 异响变得更清晰、更明显或原本无异响反而异响复出或频率慢的异响变快了，此现象称为反上缸。发动机的活塞销响和气门座圈松动响，就有此特点。

断火（或断油）后，若响声有变化，该异响属于曲柄连杆机构；若响声无变化，则为配气机构或其他的异响。某缸断火后响声有变化，说明该缸有故障。

与解除负荷相反的是增加负荷。增加负荷常用的方法：一是在坡道上或在平地上稍拉驻车制动起步；二是汽车行驶中突然改变车速，即突然加大节气门开度，使发动机转速迅速提高，或突然松开节气门以迅速降低发动机转速；三是重载，以增大发动机的负荷。发动机负荷增大，有些异响会明显地暴露出来，如连杆轴承响，在急加速时就会突出地表现出来，曲轴轴承响在汽车重载时更为明显。

5. 寻找最大振动部位法

发动机有异响存在时，在发动机某部位就会产生振动，其振动频率与异响声频率往往是一致的。根据此道理，就可以大致判明发响机件的部位。因此这是诊断发动机异响故障的重要辅助手段，其试验方法是手握金属棒、旋具或金属管，触及发动机某区域，凭感觉断定异响与振动的关系。由于不同发响机件所处的部位不同，所以在发动机上的振动强烈程度也不一样，通常将在发动机机体上振动量最大的区域称为最大振动部位。在缸体各部位仔细查听，找到最大振动部位，就可以大致判明发响的机件。

（1）常见异响在发动机上引起振动的区域

对 CA6100、EQ6100 发动机常见异响所引起的振动，常在发动机的气缸盖部位、气门室及其对面凸轮轴部位和曲轴箱分开面（即油底壳与缸体结合处）部位有所反应。此外在加机油口或正时齿轮盖处，也有某种反应。因此，常见异响在发动机上引起振动的区域，就可以分为 4 个区域、2 个部位，如图 6-3 所示。

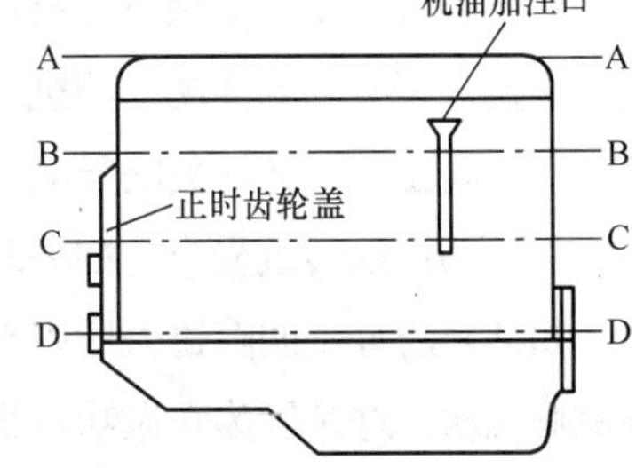

异响振动分布的区域

图6-3 CA6100发动机异响振动分布区域

即：A-A 区域（缸盖部位）。

B-B 区域（气门室及其对面）。

C-C 区域（凸轮轴部位）。

D-D 区域（油底壳与缸体分开面）。

加机油口部位和正时同步齿轮盖部位。

（2）各异响振动区域可察听的故障。

① 在 A-A 区域可察听气门、燃烧室等异响，可以辅助诊断活塞顶碰缸盖、气缸凸肩磨损过甚、气门座圈脱出等故障。

② 在 B-B 区域的气门室一侧，可察听气门组合件及挺杆等异响。如在气门室对面，可辅助诊断活塞敲缸一类的故障；在机油加注口处察听可辅助判明活塞销、连杆轴承发响和活塞环漏气等故障。

③ 在 C-C 区域可察听凸轮轴轴承和正时齿轮等异响。

④ D-D 区域以下可察听主轴承发响或曲轴断裂等故障。

6. 温度法

温度法是利用发动机异响随温度变化而变化的特性来诊断异响的方法。

由于发动机工作温度的变化，能使发动机机件的润滑条件和配合间隙发生变化，这就决定了发动机的某些异响与温度有着密切的关系。由于发动机温度的变化，润滑油的黏度会发生变化，温度越高，润滑油的黏度越低，产生异响机件间的润滑油膜就较薄，机件间的冲击力就会增大，异响声也就更加明显，如连杆轴承响、曲轴轴承响等。但有些异响在发动机温度升高后，由于配合机件的材料不同，受热后的膨胀量不同，异响将因发动机温度升高而减轻，甚至消失，如由活塞与气缸壁配合间隙过大所引起的敲缸响，在发动机冷起动时，该响声很明显，而温度一旦升高，响声即减弱或消失。这是因为活塞与气缸壁在发动机温度升高后，活塞的膨胀量要大于气缸壁的膨胀量，活塞与气缸壁间的间隙将随发动机温度的升高而减小。因此，在察听发动机异响过程中，密切注意异响与温度变化的关系，进行冷、热车对比，往往是判断某些异响的关键依据。

7. 发动机工作循环法

发动机工作循环法是利用异响的节奏与发动机工作循环的关系来诊断异响的方法。

对于四行程发动机来讲，有些异响与发动机的工作循环有明显的关系，而另一些异响则与发动机工作循环无关。这要视发响机件所处位置和工作状态而定。

（1）与工作循环有关的异响

在发动机运转过程中，如果曲柄连杆机构或配气机构中某些运动件发响。则明显与工作循环有关。如活塞与缸壁间隙过大所引起的敲击声，曲轴每转一圈，就会发响一次，即火花塞跳火一次，将发响两次。这是因为在做功行程中，作用在活塞上的力，将分解成为两个分力，一个分力传至连杆使曲轴旋转，另一个分力将活塞压向气缸壁的右边（汽车前进方向），引起活塞碰击缸壁，此分力在压缩过程中改变方向，又将活塞压向气缸壁左边，再次引起活塞碰击缸壁，所以曲轴每旋转一圈，就会发生一次敲缸响声。同理可以推论曲柄连杆机构中与工作循环有关的响声，均为火花塞跳火一次发响两次；配气机构中与工作循环有关的响声，均为火花塞跳火一次发响一次。这是此类异响的规律之一。

当发动机怠速运转时，一般能听出每个工作循环的间隔，把响声间隔同每一个工作循环相比较，即可辨别出异响与发动机工作循环的关系。如听不出发动机工作循环的间隔可用跳火的方法试验，每跳一次火为一个工作循环。

（2）与工作循环无关的异响

在发动机运转过程中，有些异响与工作循环是无关的，即发响次数与曲轴转数无关。例如发动机怠速运转时所出现的间歇发响、摩擦声或连续的金属敲击声等。发现此类响声，应注意其发响区域。通常与工作循环无关的间歇发响，多为发动机附件故障，即发电机、起动机、水泵、空气压缩机和空调压缩机等安装不良或其 V 带轮固定螺母松动等所引起的。

8. 其他方法

发动机的某些异响故障，在其发响后，常常伴随发动机技术参数异常或其他故障现象出现。例如曲轴轴承松旷过甚发响时，往往伴随机油压力降低，发动机抖动等异常现象。因此，这些伴随现象成为辅助诊断异响故障的重要依据。通常异响伴随的其他故障现象有机油压力降低、加机油口脉动冒烟、排气管冒蓝烟、功率降低、燃料、机油消耗过甚等。

五、任务工单

工作任务	发动机异响的故障诊断	学时	1	班级	
姓名		小组		日期	
设备	整车或发动机试验台、听诊棒、常用维修工具、汽车维修手册等			教学地点	汽车整车实训车间
任务目的	理论与实践相结合，不断积累异响诊断的经验，能以小组为单位，在保证安全的前提下，完成发动机异响的诊断				

（一）资讯

1. 车辆信息

车型		生产年代		制造厂	
车辆识别码			发动机型号		

2. 故障描述

3. 相关问题

（1）曲轴轴承、连杆轴承异响的主要特征是什么？

（2）配气机构异响的特征是什么？

（3）皮带异响的特征？

（二）决策与计划

请根据诊断任务要求，核对所需要的检测仪器、工具，并对小组成员进行合理分工，制定详细的工作计划。

1. 核对工具、设备
2. 小组成员分工
3. 制定诊断计划

（三）实施

1. 故障现象确认

2. 故障原因分析

3. 诊断

序号	检查项目	检查方法	检查结果	备注
1	发动机外部各零件连接是否松动；是否振动；油、水、气、电是否正常等	基本检查法、经验检查法		
2	异响部位	听诊法。用听诊棒或打开加机油口听诊		
3	异响是否与转速有关	速度法		

4	异响是否与负荷有关	负荷法		
5	异响是否与温度、工作循环有关？是否与皮带驱动的各总成有关	温度法、发动机工作循环法、分别停转法		

4. 故障排除

故障点：____。

处理措施：______________________________________。

（四）检验

进行自检与互检、过程检验、竣工检验。

（五）考核与评估

考核项目	评分标准	分数	学生自评	小组互评	备注
团队合作	和谐	5			
活动参与	积极参与	5			
维修手册使用	正确使用	5			
任务方案	合理	10			
工具、设备使用	选用正确，使用正确	15			
5S	整理、整顿、清扫、清洁、素养	10			
工作安全	遵守安全操作规程	10			
操作过程	规范、合理、测量数值正确	20			
任务完成情况		10			
工作纪律	严格遵守	5			
工单填写	如实、规范	5			
合计		100			
教师评价（总评）					

注：如果违反操作安全规程，造成人身伤害或设备严重损坏，本任务考核 0 分。

任务延伸　发动机常见异响

一、曲轴主轴承响

1. 故障现象

发动机突然加速时会发出沉重而有力的“刚、刚、刚”的金属敲击声，严重时机体发生很大振动。响声随发动机转速的提高而增大，随负荷的增加而增强，产生响声的部位是在缸体下部的曲轴箱内。单缸断火时响声无明显变化，相邻两缸同时断火时，响声会明显减弱。温度变化时响声不变化，机油压力明显降低。另外，后道轴承发响，一般声音钝重发闷；前道轴承发响，声音较轻、较脆。曲轴轴向窜动出现的响声，在低速下采用微抖节气门的方法，可听到较沉重的“咯噔”、“咯噔”的响声，好像铁轮车行走在高低不平的石头路上的声音。

2. 故障原因

① 主轴承盖固定螺栓松动。

② 主轴承减磨合金烧毁或脱落。

③ 主轴承和轴颈磨损过甚、轴向止推装置磨损过甚，造成径向和轴向间隙过大。

④ 曲轴弯曲。

⑤ 机油压力太低或机油变质。

3. 诊断方法

① 抖动并加大节气门试验。使发动机在低速下运转，用手微微抖动并反复加大节气门进行试验，同时仔细倾听。如响声是随着发动机转速的升高而增大，抖动节气门时在加油的瞬间响声较明显，这一般是主轴承松旷；如发动机在怠速或低速运转时响声较明显，高速时显得杂乱，则可能是曲轴弯曲；如在高速时机体有较大振动，机油压力显著降低，则一般是主轴承松旷严重、烧毁或减磨合金脱落。

② 从加机油口处听诊。打开加机油口盖，从加油处仔细倾听，同时反复变更发动机转速进行试验。如果是主轴承响，可明显听到沉重有力的金属敲击声。

③ 用听诊器具听诊。将听诊器或自制的简易听诊杆，在节气门开度不断变换的同时，接触在机体曲轴箱两侧与曲轴轴线齐平的位置上进行听诊，响声最强的部位即为发响的主轴承。

④ 断火试验。松开高压油管接头，如 1 缸断火后响声明显减弱，则为第一道主轴承响；如最末缸断火后响声明显减弱，则为最后一道主轴承响；如任意相邻两缸同时断火响声明显减弱，则为两缸之间的主轴承响。曲轴轴向窜动所产生的响声，单缸断火无变化。

⑤ 踩离合器踏板试验。踩下离合器踏板保持不动，如果响声减弱或消失，则为曲轴轴向窜动产生的响声。

⑥ 柴油机的降速试验。诊断柴油机主轴承响时，为避开着火敲击声的干扰，可采取加大供油拉杆行程后再迅速收回的方法，趁发动机降速之机，如听到坚实而沉重的“刚、刚、刚”声，则有可能为主轴承响。同时应打开加机油口盖，用听诊法和气缸断油法判断，以便于确诊。

二、连杆轴承响

1. 故障现象

怠速运转时无异响或响声较小，当发动机突然加速时，有连续明显且短促的“当当当”的敲击声，是连杆轴承异响的主要特征。轴承严重松旷时，怠速运转也能听到明显的响声，且机油压力降低。发动机温度变化时，响声不变化；发动机负荷变化时，响声随负荷增加而加剧；单缸断火，响声明显减弱或消失，但复火时又能立即出现，即具有所谓响声“上缸”现象。

2. 故障原因

① 连杆轴承盖的固定螺栓松动或折断。

② 连杆轴承减磨合金烧毁或脱落。

③ 连杆轴承或轴颈磨损过甚，造成径向间隙太大。

④ 机油压力太低或机油变质。

3. 诊断方法

① 变换转速试验。使发动机怠速运转，然后由怠速向低速，由低速向中速，再由中速向高速加大节气门进行试验，同时结合逐缸断火法和在加机油口处听诊等方法反复进行。响声随着转速的升高而增大，抖动节气门时，在加油的瞬间异响突出。响声严重时在任何转速下均可听到，甚至在怠速时也可听到清晰、明显的敲击声。

② 断火试验。在怠速、中速和高速情况下，逐缸反复进行断火试验。如某缸断火后响声明显减弱或消失，在复火的瞬间又能立即出现，则可断定为该缸连杆轴承响。

③ 听诊。如用听诊器或简易听诊杆接触在机体上听诊，往往不易听清楚。但在加机油口处直接倾听，可清楚地听到连杆轴承敲击声。

④ 检查机油压力。诊断中要注意检查机油压力。如果响声严重，又伴随有机油压力低，这往往成为区别连杆轴承响与活塞销响、活塞敲缸响的重要依据。

⑤ 负荷增大，响声加剧。

⑥ 发动机温度变化时，响声通常不变，但有时也受润滑油温度的影响。

⑦ 柴油机连杆轴承响的诊断。与汽油相比，柴油机连杆轴承的响声比较钝重，诊断时只有避开着火敲击声的干扰，才能听得清楚。如果随着供油拉杆行程的加大，响声逐渐增强，并在迅速收回供油拉杆，趁发动机降速之际，能明显听到坚实的“哐、哐、哐”的敲击声，即可初步断定为连杆轴承响。此外，也可在中、高速运转时做抖动供油拉杆试验，如这时出现坚实有力的敲击声，说明是连杆轴承响。诊断时可结合从加机油口处听诊、检查机油压力和做单缸断油试验等方法进行。

三、活塞销响

1. 故障现象

发动机在怠速、低速和从怠速向低速抖动油门时，可听到明显而又清脆的“嗒、嗒、嗒”声，好像两个钢球相碰的声音。响声严重时随转速的升高响声增大，但机油压力不降低。单缸断火时响声明显减弱或消失，复火瞬间，响声又出现或连续出现两个响声。

2. 故障原因

① 活塞销与连杆小头衬套配合松旷。

② 活塞销与活塞上的销孔配合松旷。

3. 诊断方法

① 抖动节气门试验。发动机怠速运转，然后由怠速向低速急抖油门，响声能随转速的变化而变

化。每抖一次节气门，如能听到清脆而连贯的“嗒、嗒、嗒”的响声，则有可能是活塞销响。

② 断火试验。将发动机稳定在响声较强的转速上，松开高压油管接头进行断火试验。当某缸断 火后响声明显减弱或消失，在复火的瞬间又能立即出现或连续出现两个响声，则可断定为此缸活塞销响。如果响声严重，并且转速越高，响声越大，此时在响声较大的转速下进行断火试验，往往响声不消失且变得杂乱，这一般是由于配合间隙增大到了很大程度的缘故。以上两种方法如能配合使用，响声会被听得更清楚。

③ 听诊。在微抖油门使发动机转速不断变化的情况下，用听诊器或简易听诊杆接触在发响气缸的上部或气缸盖上，可听到清脆的响声。打开加机油口，也能清楚地听到这一响声。

四、活塞敲缸响

1. 故障现象

发动机在怠速或低速运转时，在气缸的上部发出清晰而明显的“嗒、嗒、嗒”的响声，发动机中速以上运转时，这种异响便会减弱或消失。该响声冷车时明显，热车时减弱或消失；单缸断火，响声减弱或消失；响声严重时，负荷越大响声也越大，但机油压力不降低。

2. 故障原因

① 活塞与气缸壁配合间隙太大。

② 活塞与气缸壁间润滑条件太差。

3. 诊断方法

① 在不同水温下诊断。敲缸响的特点是冷车时明显，热车时减弱或消失，因此，应先在冷车时诊断。若冷车时有敲击声，热车响声消失，说明是活塞敲击响，且故障尚轻，车辆可继续运行；若发动机热起后，响声虽有减弱，但仍较明显，特别是大负荷低转速时听得非常清楚，说明响声严重，应停驶检修。

② 断火试验。把发动机置于敲击声最明显的转速下运转，松开高压油管接头进行断火试验。如某缸断火后响声减弱或消失，则为该缸敲缸响。

③ 加机油确诊。为了进一步确诊是否是活塞敲缸响，可将发动机熄火，卸下有响声气缸的喷油器，往气缸内倒少许机油，并用起动机转动曲轴数圈，使机油布满在气缸壁与活塞之间。然后装上喷油器，起动发动机，若响声短时间内减弱或消失，过一会儿又重新出现，则可确诊为是活塞敲缸响。

④ 听诊。将听诊器或简易听诊杆接触在机体上部的两侧进行听诊。一般在发响气缸的上部往往响声较弱并稍有振动，再结合断火试验，即可确定出发响的气缸来。有时听诊还可诊断出发响的原因来，如听到“嗒、嗒、嗒”好像用小锤敲水泥地的声音时，一般是气缸与活塞间隙太大造成的；如听到“刚、刚、刚”好像用小锤敲钢管的声音时，则有可能是气缸壁润滑不良造成的。

五、气门响

1. 故障现象

发动机怠速运转时发出连续不断的、有节奏的“嗒、嗒、嗒”（在气门脚处）或“啪、啪、啪”（在气门座处）的敲击声，转速增高时响声亦随之增高，温度变化和单缸断火时响声不减弱。若有数只气门响，则声音显得杂乱。气门脚响和气门落座响统称为气门响。

2. 故障原因

① 气门脚响：气门脚间隙太大；气门脚间隙调整螺钉松动或该间隙处两接触面不平；配气凸轮外形加工不准或磨损过甚，造成缓冲段效能下降，加重了挺杆对气门脚的冲击；气门脚处润滑不良。

② 气门落座响：气门杆与其导管配合间隙太大；气门头部与其座圈接触不良；气门座圈松动；气门脚间隙太大。

3. 诊断方法

气门脚响和气门落座响很类似，诊断方法也差不多，由于它们不上缸，因而采用单缸断火或单缸断油的方法无效。

① 听诊。听诊气门响时不打开加机油口盖就能在发动机周围听得清清楚楚。当发动机怠速运转时，听到如现象中所述的有节奏的响声，可稍加大节气门。如果此时响声较明显，逐渐加油时响声又随转速的提高节奏加快，可初步断定为气门脚响或气门落座响。

柴油机由于受着火敲击声的影响，其气门响不易听诊。听诊时可采用提高转速后迅速收回供油拉杆的方法，趁发动机降速时，避开着火敲击声的干扰，仔细倾听。

② 检查气门间隙。打开气门室侧盖或气门室顶盖，用厚薄规检查用手晃试气门脚间隙，间隙最大的往往是最响的气门。运转中的发动机，当用厚薄规插入气门脚间隙处致使响声减弱或消失时，即可确定是该气门响，且由间隙太大造成。若需进一步确诊是气门脚响还是气门落座响，可在气门脚间隙处滴入少许机油。如瞬间响声减弱或消失，说明是气门脚响；如响声无变化，说明是气门落座响。气门落座响如果是座圈松动造成，其响声不如气门脚响坚实，且带有破碎声。

六、气缸的漏气异响

1. 故障现象

发动机运转时可从加机油口处听到曲轴箱内发出“嘣、嘣、嘣”的漏气声，负荷、转速越高时响声越大。当收回油门或单缸断火时，响声减弱或消失。此外，随着响声的出现，可看到加机油口处脉动地向外冒烟，脉动次数与发响次数相同。

2. 故障原因

① 活塞环与气缸壁漏光度太大。

② 活塞环开口间隙太大或各环开口重合。

③ 活塞环弹力太弱，密封不良。

④ 活塞环卡死在环槽内。

⑤ 气缸壁拉伤，出现沟槽。

3. 诊断方法

① 断火试验。打开加机油口盖，提高发动机转速至响声最明显、冒烟最大处稳住。若某缸断火

后响声减弱或消失，且加机油口处的冒烟量明显减少，说明漏气异响是该缸发出。

② 加机油法。通过某缸火花塞孔，向气缸内注入少量机油，起动发动机，若响声短时间内减弱或消失，过一会儿又重新出现，则可确诊为该缸有异响。

七、正时齿轮响

1. 故障现象

响声有的有节奏，有的无节奏。在有节奏的响声中，有的属于间响，有的属于连响。转速越高，响声往往越大。使用单缸断火，响声不减弱。

2. 故障原因

① 齿轮啮合间隙过大或过小。

② 曲轴主轴承孔与凸轮轴轴承孔中心距在使用或维修中发生变化，变大或变小。

③ 齿轮的齿形不符合要求或齿面磨损过甚。

④ 齿轮转动一周，其啮合间隙松紧不一或发生根切。

⑤ 齿轮齿面碰伤、脱层或轮齿断裂。

⑥ 齿轮在曲轴或凸轮轴上松动或脱出。

⑦ 曲轴或凸轮轴轴向间隙过大。

⑧ 重新装配一对正时齿轮时，改变了原来的啮合位置。

⑨ 未成对更换齿轮。

3. 诊断方法

诊断的方法有两种：一种是变换油门开度法，另一种是听诊法。在配合使用上述两种方法的同时，要结合以下情况分别进行判断。

① 诊断中若发现响声是无节奏的，且在发动机怠速运转时发出“嘎啦、嘎啦”的响声，中速时响的更为明显，高速时响声变得杂乱并带有破碎声，响声严重时正时齿轮室盖处有振动，这有可能是齿轮啮合间隙太大造成的。

② 如果出现一种连续不断的“嗷”的响声，发动机转速越高是响声越大，并且经证实该机更换过正时齿轮，则有可能是齿轮啮合过紧的缘故。

③ 如果出现有节奏的“哽、哽、哽”的响声，发动机转速越高时响声越大，则可能是齿轮啮合间隙不均造成。若响声为连响，则故障出在曲轴正时齿轮上；若响声为间隔响，则故障出在凸轮轴正时齿轮上。

④ 若响声是有节奏的，发动机怠速运转时能听到“嗒啦、嗒啦”的声音，中速以上时又变为紧凑的“嗒、嗒、嗒”的响声，这往往是金属齿轮齿面碰伤以后出现的响声，如果故障在曲轴正时齿轮上为连响，在凸轮轴正时齿轮上为间响。

⑤ 若在发动机怠速运转时听到“咯啦、咯啦”的撞击声，加大气节门开度时，变为较杂乱的“哇啦啦”的声音，甚至还带点“咯棱、咯棱”的撞击声，正时齿轮室盖处又伴随有振动，通常，这是一对金属正时齿轮发生根切造成的。

八、液压挺杆响

1. 故障现象

① 发动机怠速运转时发出有节奏的金属敲击声，中速以上响声减弱或消失。

② 用听诊器察听，凸轮轴附近响声明显，断火试验，响声无变化。

2. 故障原因

① 挺杆与导孔配合面磨损严重。

② 挺杆液压偶件磨损。

③ 润滑油供油不足。

3. 故障诊断与排除

改变发动机转速并用听诊器察听响声的变化。怠速时发动机顶部响声明显，中速以上响声减弱或消失，断火试验响声无变化，即为液压挺杆响，具体部位可用听诊器根据响声变化来判断。在刚起动时液压挺杆偶尔有不大的响声是正常的(因润滑油未充分进入液压挺杆所致)，发动机转速达到2500r/min后继续运转 2min，若挺杆仍有响声，应先检查调整机油压力。若机油压力正常，则应更换液压挺杆。

九、点火敲击响（火头响）

1. 故障现象

汽油机空转急加速或负荷较大时，发出尖锐、清脆的“嘎啦嘎啦”的金属敲击响，好像几个钢球撞击的声音，随转速升高而逐渐消失。

2. 故障原因

主要原因为混合气过稀、汽油质量差、辛烷值太低、点火时间过早、压缩比过高、燃烧室积炭过多、发动机过热、负荷过大等。

3. 故障诊断

路试是诊断点火敲击响常用的可靠方法。热车后以最高档最低稳定车速行驶，然后将加速踏板急速踩到底，如在急加速中发出“嘎啦嘎啦”的强烈响声并长时间不消失，而当稍抬加速踏板时响声又会立即减弱或消失，再加速时又重新出现，即可确诊为点火敲击响。

故障范例　丰田汉兰达发动机气门异响

1. 故障现象

该车进水造成发动机曲轴抱死，大修后发动机气门异响。

2. 故障原因

可能的故障原因有如下几点。

① 气门间隙过大，气门间隙处两接触面不平。

② 凸轮外形加工不准或磨损过大，加重了液压挺杆对气门的冲击。

③ 润滑不良。

④ 液压挺杆内部有空气。

⑤ 气门杆与其导管配合间隙过大。

⑥ 气门头部与气门座圈接触不良，气门座圈松动。

3. 故障诊断与排除

检查机油量正常。发动机气门异响特征：怠速时发动机发出连续不断地有节奏的“啪、啪”敲击声；转速增高时响声也随之升高，温度变化和单缸断火时响声不会减弱；数支气门响，声音明显杂乱。拆下凸轮轴，取出所有的液压挺杆，排除液压挺杆内的空气，装复后试车，故障排除。

4. 总结

出现故障的原因为大修时拆下液压挺杆悬空摆放，未浸泡在机油里，空气进入了液压挺杆里。

① 液压挺杆工作情况的检测。起动发动机至正常工作温度，将发动机转速提高到 2500r / min 并运转约 2min。若液压挺杆处一直有异响，则应熄火停机检查机油的数量和质量，若机油量不足应补充，若机油过脏、黏度不合要求应更换。拆下气门室罩，检查所有凸轮尖向上（即气门处在关闭状态）时液压挺杆的自由行程。用木棒压下挺杆，用厚薄规测量气门打开之前液压挺杆的自由行程。

② 液压挺杆与凸轮接触面的检查。该接触面（即液压挺杆的端面）如有轻微的凹坑、磨痕、麻点等，可将其在磨床上磨平。若上述现象较严重，则应更换新的液压挺杆。

③ 液压挺杆体圆柱工作面的检查。当圆柱工作面磨损严重或出现沟槽时，应更换新液压挺杆。检查时，还应注意液压挺杆体在其导孔内能否上下滑动自如，有无卡滞现象。如有上述情况也应更换新的液压挺杆。

④ 液压挺杆体与导孔配合间隙的检测。用外径千分尺测量液压挺杆体外径，用内径千分尺测量液压导孔内径，两者数值之差即为其配合间隙，其极限值应不超过 0.1mm。间隙过大，应更换液压挺杆。

⑤ 液压挺杆柱塞与柱塞套密封性的检查。先将清洗后的液压挺杆浸泡在机油或柴油中，用力压缩柱塞若干次，以排出腔体内的空气。将排净空气后的液压挺杆放置在泄漏回降试验台上，在手柄上施加 196N 的力，先使柱塞套下降 2mm，然后在再测它下降 1mm 所需的时间，此值应在 7～10s。若小于 7s，说明柱塞与柱塞套配合间隙过大；若大于 10s，说明柱塞有卡滞现象，泄漏回降试验不符合标准，应更换新的液压挺杆。

液压挺杆检修时应注意：液压挺杆不可互换，应按原位装回。液压挺杆装复前应排尽空气（方法与泄漏回降试验之前的操作相同），否则会引起液压挺杆异响。此外，发动机在使用中，应加注规定牌号的优质润滑油，并及时清洁或更换机油滤清器滤芯，保持润滑系正常的油压，以使液压挺杆正常工作和减少磨损，延长其使用寿命。

学习任务2 底盘异响的故障诊断

【知识目标】知晓汽车底盘主要异响的故障现象、原因和诊断方法。

【能力目标】1. 不断积累底盘异响诊断的经验，提高异响诊断技术水平。

2. 能以小组为单位，完成底盘主要异响的故障诊断。

汽车底盘由传动系统、转向系统、制动系统和行驶系统等组成。汽车能否安全行驶，与底盘各部分的技术状况有密切关系。汽车底盘的技术状况关系到整车行驶的操纵稳定性和安全性，同时还影响发动机的动力传递和燃油消耗。底盘的异响直接反映了底盘各部的技术状况，因此底盘异响的故障诊断也是汽车故障诊断的重点内容之一。

一、故障现象

在汽车行驶过程中，底盘有不正常的声音（异响）出现。

二、故障原因

底盘紧固件出现松动；配合件磨损；零件变形、断裂、润滑不良等造成的零部件损坏；装配调整、修理或使用不当等。

三、诊断流程

传动系统是底盘的主要系统，不仅要传递发动机的动力和扭矩，还要经常受到复杂的、变化极大的冲击载荷，是经常出现异响的系统之一。传动系统的磨损、变形、破裂以及松动和平衡不良等，均可导致声响。传动系统产生声响的部位主要有离合器、变速器、万向节传动轴和驱动桥等。后驱传动系统异响的综合诊断流程如图 6-4 所示。

四、故障诊断

汽车停驶时，发动机运转无声响，而在汽车行驶时发响，一般为汽车底盘或车身部位发出的异响。先判定异响发生的部位，再分析、检查该部位的哪些零部件会出现松动、磨损或损坏等。

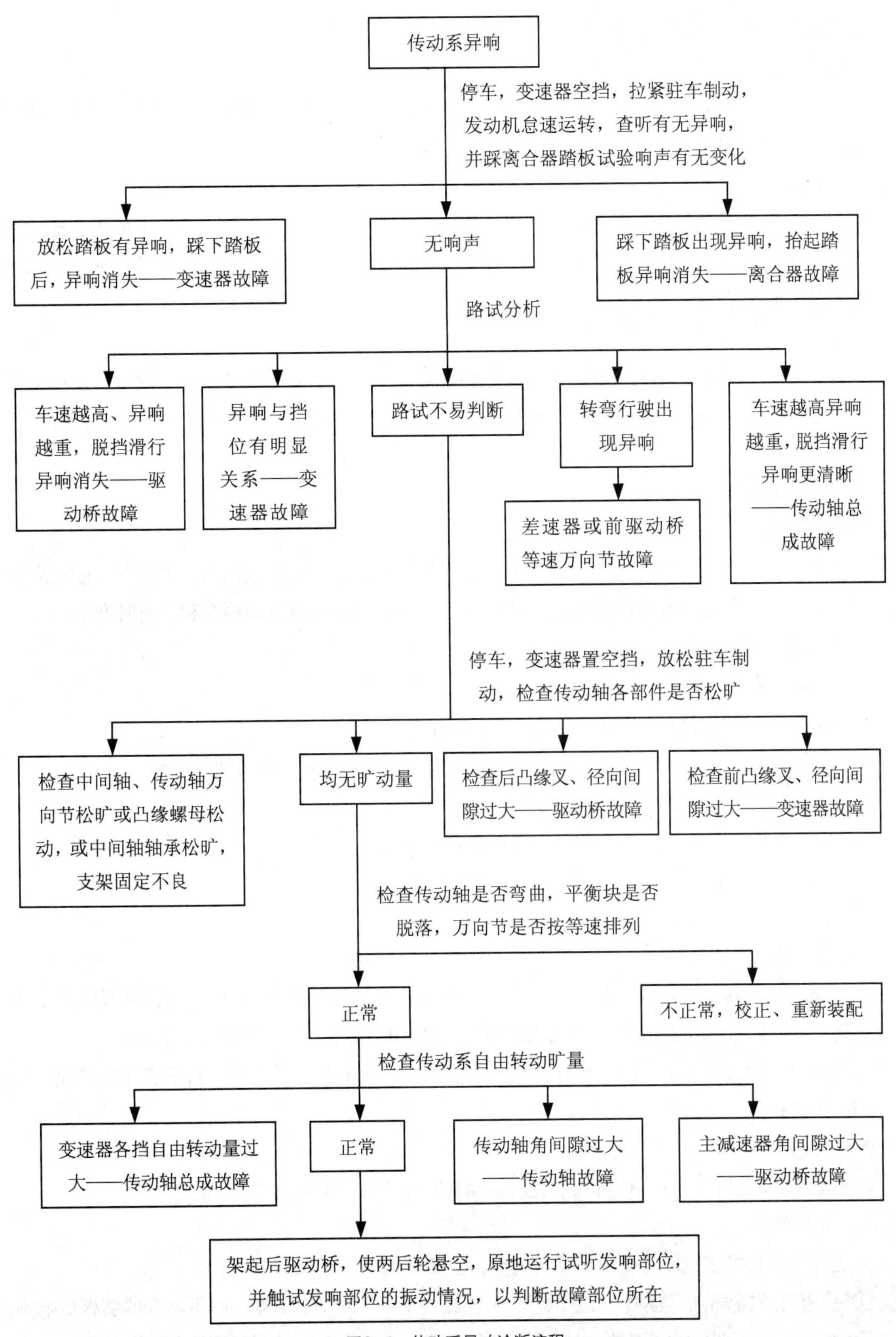

图6-4 传动系异响诊断流程

1. 前轮驱动传动轴的异响诊断

（1）故障现象

转向、加速、爬坡时有连续的“咔哒”声或金属敲击声，当运行工况稳定时异响消失；或只在转向时有“咯噔、咯噔”异响，直线行驶时异响消失。

（2）故障原因

传动轴内侧或外侧等速万向节因防尘套破裂、密封不严、使用不同的润滑脂等原因，造成润滑脂缺失，导致等速万向节润滑不良而磨损。值得注意的是，磨损比较严重时，即使更换了新的防尘套和润滑脂，仍然会发生异响。

（3）故障诊断与排除

将车辆举升后着车，挂入1挡，左右反复转动转向盘并短时轻踩制动。在车辆下方就可听到响声是从传动轴内侧或外侧等速万向节处发出的。一旦确认是等速万向节异响，就只有将其更换，才能排除异响故障。

2. 离合器异响

（1）故障现象

在汽车行驶过程中，踩下离合器踏板时发出异响，放松踏板时异响消失，或踩下、放松离合器踏板时都有异响。离合器异响往往在发动机起动后、汽车起步前离合器接合和分离时产生。

（2）故障原因

① 分离轴承损坏或润滑不良。

② 踏板回位弹簧过软、折断，离合器踏板无自由行程。

③ 分离轴承套筒与导管脏污，其回位弹簧过软、折断，使分离轴承回位不佳。

④ 分离叉或其支架销、孔磨损松旷。

⑤ 从动盘摩擦片铆钉松动、外露或摩擦片破裂、减振弹簧折断等。

⑥ 离合器盖与压盘配合松动，从动盘花键配合松旷。

⑦ 双片离合器中间压盘传动销、孔磨损松旷。

（3）故障诊断与排除

发动机怠速运转，拉紧驻车制动，变速器挂空挡，慢慢踩下离合器踏板，倾听响声变化；再缓缓放松离合器踏板，倾听响声变化。如此反复多次，均出现不正常响声，即为离合器异响。

检查外置式离合器分泵、分泵推杆伸出长度正常或离合器拉索正常后，拆下变速器总成，检修离合器相关零件。

3. 变速器异响

以后驱车为例进行讲解，对前驱车变速器异响的诊断可参考进行。

（1）故障现象

变速器异响是指变速器内发出不正常响声，主要表现为以下几点。

① 变速器空挡异响。发动机怠速运转，变速器处于空挡时即有异响，踩下离合器踏板后响声消失。有的空挡异响不明显，但在汽车起步、离合器处于半接合状态时有强烈的金属摩擦声。

② 直接挡工作无异响，其他挡均有异响。

③ 低速挡有异响，高速挡时响声减弱或消失。汽车在 1、2 挡及倒挡行驶时异响明显，高速挡（直接挡或超速挡）行驶时，响声减弱或消失。

④ 变速器个别挡有异响。汽车行驶时，只在某一挡位有异响。

⑤ 变速器各挡均有异响。汽车以各挡行驶时，变速器均有异响，车速越高，响声越大。

（2）变速器异响部位

变速器异响较复杂，异响部位较多，发出的响声也不同。

① 齿轮啮合异响。一般是"刚啷、刚啷"的相互撞击声，与道路条件有关。当车速相对稳定时，响声减弱或消失；在变速器温度升高、润滑油较稀时响声较为严重。

② 轴承异响。滚动轴承疲劳剥落破损，磨蚀松旷及润滑不良等原因，均会产生"哗啦啦"的响声，同时还会影响到齿轮的正常啮合，齿轮异响随之产生，其响声随车速改变而改变。

③ 变速叉凹槽异响。在汽车运行中时有时无，尤其在不平路面行驶时，操纵杆摆动会发出一种较为沉闷、无节奏的声音，握住操纵手柄响声即可消失。

④ 其他异响。金属干摩擦声及轮齿折断、变速器内异物所造成的异响。

（3）故障原因

① 新更换的齿轮副不匹配或单独更换了一个齿轮，破坏了原来的配合。

② 轮齿磨损过度，齿侧间隙变大，导致齿面撞击声响。

③ 齿轮齿面损伤或齿轮断裂、个别齿折断，造成较为强烈的金属敲击声响。

④ 同步器的严重磨损、锁环滑块槽的严重磨损及环齿折断均会产生不正常响声。

⑤ 齿轮油不足或变质，将导致各运动副润滑不良，出现金属干摩擦声响。

⑥ 各轴弯曲变形，同轴度、垂直度误差过大，影响了齿轮的正常啮合和轴承的正常运转。

⑦ 滑移齿轮齿槽与花键齿磨损严重、配合松旷，导致主、从动齿轮相互撞击，产生异响。

⑧ 变速器壳体磨损、变形及总成定位不良，破坏了各齿轮副、轴承及花键齿的配合精度，是导致变速器异响的重要原因。

⑨ 变速操纵机构中，变速杆及变速叉变形、松动及过度磨损均会造成异响。

（4）故障诊断与排除

变速器异响与挡位、齿轮副转速、负荷等因素均有关系，挡位不同，齿轮副转速不同，参加工作和承受载荷的零件也不同，因而异响部位也不同。

① 在汽车行驶中，若听到变速器部位有金属干摩擦声，触摸变速器外壳感到烫手，则为润滑油不足或变质，应按规定添加或更换变速器润滑油。

② 变速器空挡异响的故障诊断。变速器空挡时，承受负荷的仅有第一轴常啮合齿轮及其轴承。

a. 发动机怠速运转，变速器置空挡时有异响，拉紧驻车制动后响声加重，踩下离合器踏板响声即消失。行驶中响声并不明显，用听诊器或金属棒触听变速器前端，异响较其他部位强烈，则为第一轴后轴承及其承孔磨损松旷。

b. 在上述工况下，若变速器有不均匀的噪声，拉紧驻车制动后响声更大（对驻车制动位于变速器后端的车辆），汽车行驶中声响也清晰，多为常啮合齿轮啮合不良。变速器轴同轴度、垂直度误差过大，将导致齿轮啮合不良，产生异响，且在非直接挡行驶时，响声增大。

c. 发动机怠速运转，变速器有明显噪声，转速提高，噪声增大并转为齿轮撞击声。可先轻轻推拉变速杆，若有明显振动感，可旋松变速器盖固定螺栓，将盖微微移动，若移至某种程度时响声减轻或消失，说明变速器盖定位失准，应重新定位、安装。若响声不变，则应检查变速叉有无松动、变形，若有则进行校正和紧固。

③ 直接挡工作无异响，其他挡均有异响的故障诊断。普通变速器在直接挡工作时，中间轴和第二轴前轴承并不承受负荷，而在其他挡工作时，二者均有负荷。其诊断过程如下。

a. 若在任一非直接挡工作时，变速器均有连续的金属敲击声，并伴有变速杆的前后振摆，说明第二轴前滚针轴承损坏。

b. 在任一非直接挡工作时，均有连续的沉闷噪声，且在毗邻直接挡的低速挡噪声尤重，多为中间轴前或后轴承损坏。

c. 若以任一非直接挡行驶时变速器突然出现强烈的"当当"的金属敲击声，则多为第一轴常啮合齿轮副个别齿折断。

d. 出现上述情况后可拆下变速器盖予以验证。若第二轴前端径向间隙过大，说明滚针轴承不良；中间轴径向间隙过大，说明其两端轴承不良；啮合齿轮损伤可直接目测。

④ 低速挡有异响，高速挡时响声减弱或消失的故障诊断。变速器在 1、2 挡和倒挡传递扭矩较大，且 1、2 挡齿轮又接近二轴后轴承，因此在低挡时轴承负荷比高挡时大得多，若有损坏则特别易在 1、2 挡时表现出来。

a. 架起驱动桥，起动发动机，使变速器在 1、2 挡或倒挡运转。察听异响并辅之以听诊器或金属棒听诊，可确诊异响部位在第二轴后轴承及倒挡齿轮处。

b. 停车并将变速器置于空挡，放松驻车制动。径向晃动第二轴凸缘，若其径向间隙过大，说明第二轴后轴承松旷或损坏。

⑤ 变速器个别挡异响的故障诊断。变速器个别挡异响多为在异响挡位工作时，承受负荷的齿轮、轴承磨损或损坏所致。

a. 若某挡有异响，可能是该挡齿轮啮合不良或齿面剥落损伤、断齿等，可拆下变速器盖予以验证。

b. 更换某挡齿轮后该挡产生异响，则为单独更换了一个齿轮，破坏了原来的配合所致。

⑥ 变速器各挡均有异响的故障诊断。变速器各挡均有异响，多为变速器壳严重磨损、变形所致。

a. 变速器在各挡行驶均有连续而沉闷的异响，且挂挡吃力，变速器温度过高。其原因是第二轴弯曲或壳体的轴孔中心距偏小而使齿轮啮合间隙过小。

b. 汽车在各挡行驶时，变速器均有杂乱噪声，车速越高，噪声越大，多为更换中间轴或第二轴后轴承后使齿轮啮合位置改变所致。若二轴与各滑动齿轮花键配合松旷，则在高速挡行车时响声明显，特别是突然踩下加速踏板时，响声更为清晰。

⑦ 汽车运行中时有时无，尤其在不平路面上行驶时，操纵杆摆动会发出一种较沉闷、无节奏的响声，而握住手柄时响声即消失，一般为变速叉凹槽磨损或操纵杆下端工作面磨损所致，可焊补修

复或更换。

⑧ 若上述检查均正常，则应检查变速器螺栓螺母是否松动，变速器内有无异物等。

4. 后轮驱动传动轴的异响诊断

（1）故障现象

起步、加速、换挡时有连续的“咔哒”声或金属敲击声，当运行工况稳定时异响消失。

（2）故障原因

万向节磨损或损坏。

（3）故障诊断与排除

① 拆卸传动轴。拆卸十字轴时，应在传动轴和万向节上做好相应的装配标记，如图 6-5 所示。

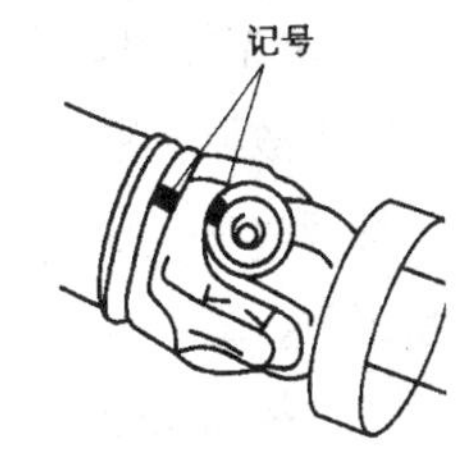

图6-5 万向节装配标记

② 检查传动轴的弯曲度。如图 6-6 所示，如果检测结果大于最大跳动值，应更换传动轴。

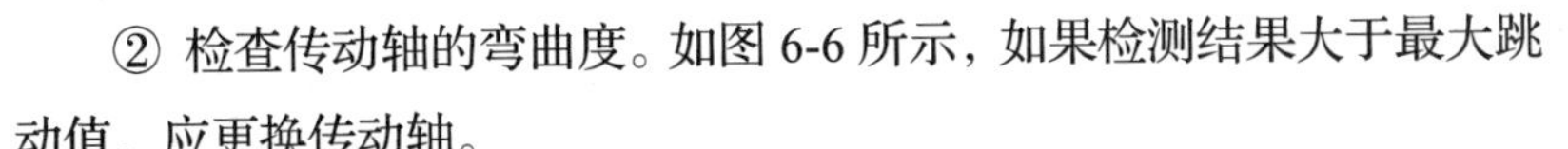

③ 检查十字轴承。检查十字轴承的松旷程度和轴向间隙，如图 6-7 所示。轴承轴向间隙：实心型为 0.05mm，其他为 0.01mm。轴颈表面若有严重损伤及金属剥落、明显凹陷或滚针压痕深度大于 0.10mm，均应更换，轴颈表面有轻微剥落，可用油石打光剥落表面后继续使用。

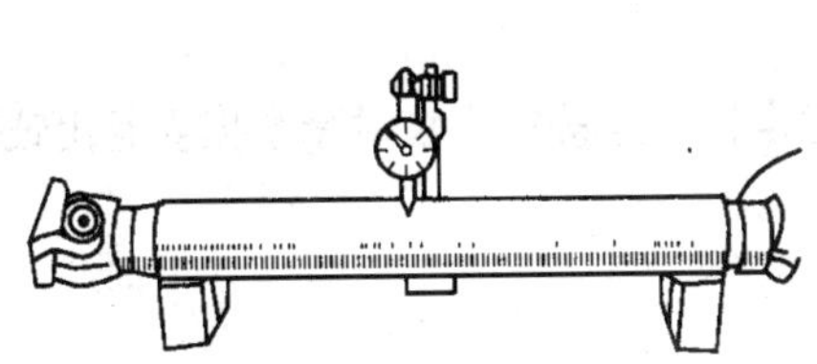
图6-6 传动轴弯曲度检查

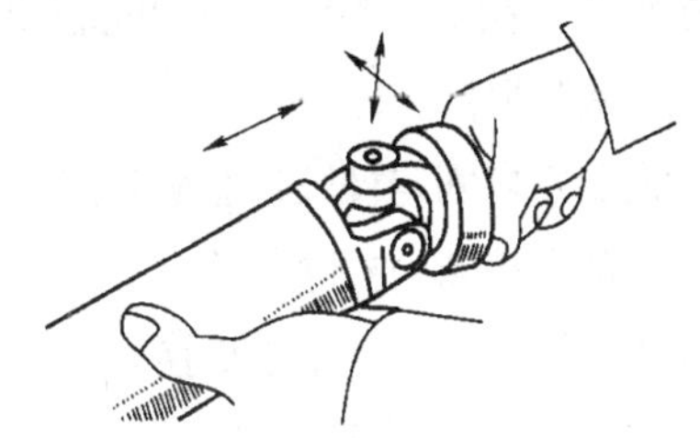
图6-7 十字轴承的检查

5. 后驱动桥异响

（1）故障现象

行驶时后桥有异响，但脱挡滑行时异响减弱或消失；行驶时后桥有异响，脱挡滑行时异响不消失；直线行驶时无异响，但转弯时后桥发出异响；上坡时后桥有异响，或下坡时后桥有异响，或上下坡后桥都有异响；后车轮有运转噪声或沉重的响声。

（2）故障原因

缺油，齿轮的齿牙破碎、剥落；齿轮的配合间隙不当、啮合不良；轴承松旷。

（3）故障诊断与排除

拆卸后桥，检查齿牙表面的磨损情况和轴承的状况，更换磨损的齿轮、调整垫片和松旷的轴承，按标准和规范装配调整齿轮的配合间隙、轴承预紧度。

6. 减振器总成的异响诊断

（1）故障现象

车辆行驶不平路面上，颠簸时出现撞击声。

（2）故障原因

减振器漏油造成功能不良；安装螺栓松动；橡胶衬套磨损或疲劳损坏。

（3）故障诊断与排除

采用目视检查漏油法和模拟颠簸法，更换漏油的减振器和磨损或疲劳损坏的橡胶衬套，按规定力矩紧固螺栓。

7. 悬架控制臂的异响诊断

（1）故障现象

悬架控制臂异响的故障现象较多，主要表现为车辆行驶在不平路面上，低频颠簸时出现“吱呀”的摩擦声，高频颠簸时出现撞击声。个别情况还与车轮、转动转向盘有关系等。

（2）故障原因

外端球铰或内端橡胶衬套磨损、疲劳损坏。

（3）故障诊断与排除

试车确认具体故障零部件，更换。

8. 横向稳定杆的异响诊断

（1）故障现象

车辆行驶在不平路面时出现间断的“咯噔”声。

（2）故障原因

横向稳定杆固定橡胶衬套磨损或老化破裂，横向稳定杆端连接杆橡胶衬套磨损或老化破裂。

（3）故障诊断与排除

检查橡胶衬套，不正常更换。

9. 轮毂轴承的噪声诊断

（1）故障现象

车辆行驶中产生“呜呜”的噪声，其频率随车速增加而增大。

（2）故障原因

轮毂轴承润滑不良、磨损或过度预紧力过大。

（3）故障诊断与排除

润滑轮毂轴承并按标准调整预紧力。对于磨损的轮毂轴承则必须更换。

10. 轮胎的噪声诊断

（1）故障现象

车辆行驶中产生“呜呜”的噪声，其频率随车速增加而增大。

（2）故障原因

轮胎异常磨损（呈羽片状）。

（3）故障诊断与排除

更换轮胎。

11. 制动器的噪声诊断

（1）故障现象

制动时出现“吱吱”的噪声。

（2）故障原因

制动衬块磨损至极限、制动衬块与制动盘之间进入砂砾、使用劣质的制动衬块。

（3）故障诊断与排除

经检查后发现，制动衬块被损坏，更换制动衬块，故障排除。

五、任务工单

工作任务	传动系异响的故障诊断	学时	1	班级	
姓名		小组		日期	
设备	后驱整车、听诊棒、常用维修工具、汽车维修手册等			教学地点	汽车整车实训车间
任务目的	理论与实践相结合，不断积累异响诊断的经验，能以小组为单位，在保证安全的前提下，完成传动系异响的诊断				

（一）资讯

1. 车辆信息

车型		生产年代		制造厂	
车辆识别码			发动机型号		

2. 故障描述

3. 相关问题

（1）离合器、变速器异响的主要特征是什么?

（2）传动轴、差速器、主减速器异响的主要特征是什么?

（3）前驱半轴球笼异响的主要特征是什么?

（二）决策与计划

请根据诊断任务要求，核对所需要的设备、工具，并对小组成员进行合理分工，制定详细的工作计划。

1. 核对设备、工具
2. 小组成员分工
3. 制定诊断计划

（三）实施

1. 故障现象确认
2. 故障原因分析

3. 诊断

序号	检查项目	检查方法	检查结果	备注
1	底盘各零件连接是否松动、变形；是否振动；是否漏油；有无异味等	基本检查法、经验检查法		
2	离合器			
3	变速器			
4	传动轴	塞住两前轮，架起后驱动桥，使两后轮悬空，原地运行试听发响部位。检查部位：		安全第一
5	差速器	路试或塞住两前轮，架起后驱动桥，塞住一侧车轮，原地运行试听有无异响		安全第一
6	主减速器			

4. 故障排除

故障点：______________________________。

处理措施：______________________________。

（四）检验

进行自检与互检、过程检验、竣工检验。

（五）考核与评估

考核项目	评分标准	分数	学生自评	小组互评	备注
团队合作	和谐	5			
活动参与	积极参与	5			
维修手册使用	正确使用	5			
任务方案	合理	10			
工具、设备使用	选用正确，使用正确	15			
5S	整理、整顿、清扫、清洁、素养	10			
工作安全	遵守安全操作规程	10			
操作过程	规范、合理、测量数值正确	20			
任务完成情况		10			
工作纪律	严格遵守	5			
工单填写	如实、规范	5			
合计		100			
教师评价（总评）					

注：如果违反操作安全规程，造成人身伤害或设备严重损坏，本任务考核0分

半轴球笼异响的故障诊断

1. 故障现象

一辆97款本田0DYSSEY MPV车，直线行驶车况正常，但转弯时前桥出现金属挤压的破碎声。

2. 故障诊断与排除

汽车底盘异响一般是底盘构件松动或磨损造成的。由于试车确认异响是从左前轮发出，应对底盘左前部分做详细检查。

① 将车辆举升检查左前悬架、转向节、车轮、制动器、传动轴等是否有松动或磨损，没发现问题，但发现左前传动轴外侧球笼防尘套很新，说明该部位维修过。

② 将车辆举升后着车，挂挡，左右反复转动方向盘并短时轻采制动。可听到响声是从左前传动轴外侧球笼处发出的。

根据检测结果可断定该故障是由于左前传动轴外侧球笼已磨损造成的。

更换左前传动轴外侧球笼。试车，确认故障已排除。

一、判断题

1. 汽车异响主要是指零件运动所产生的不正常的摩擦、碰撞、气流扰动声音以及燃烧和电磁噪声等。(　　)

2. 汽车异响标志某一机构的技术状况已经发生变化甚至已经恶化。(　　)

3. 零件失效的早期症状之一就是出现异响和振动。(　　)

4. 汽车的声响是由零件或总成的振动而发生的。(　　)

5. 一般情况下，发动机的机械异响随着发动机转速升高而加剧。(　　)

6. 液压挺杆拆下后应浸泡在机油里。(　　)

7. 只在转向时有“咯噔、咯噔”异响，直线行驶时异响消失，一般为前轮驱动传动轴等速万向节响。(　　)

8. 踩下离合器踏板时发出异响，放松踏板时异响消失；踩下、放松离合器踏板时都有异响，为变速器异响。(　　)

9. 发动机怠速运转，变速器处于空挡时即有异响，踩下离合器踏板后响声消失，为变速器一轴响。(　　)

10. 起步、加速、换挡时有连续的“咔哒”声或金属敲击声，当运行工况稳定时异响消失，为后轮驱动的传动轴异响。(　　)

二、单项选择题

1. 发动机突然加速时，有连续明显的轻而短促的“当当”响；温度变化时响声不变；负荷变化时响声变化；有上缸现象。这种现象是(　　)。

A. 气门敲击声　　B. 连杆轴承敲击声

C. 曲轴主轴承敲击声　　D. 活塞敲击声

2. 异响与断火（或断油）有关这种现象说明，异响在(　　)。

A. 配气机构　　B. 曲柄连杆机构　　C. 皮带或齿轮传动机构

3. 由怠速急加速时响声明显，一般为(　　)响。

A. 连杆轴承或曲轴轴承　　B. 活塞销与连杆衬套　　C. 配气机构

4. 在发动机冷起动时，响声很明显，而温度一旦升高，响声即减弱或消失，一般是(　　)。

A. 轴承响　　B. 连杆敲缸响　　C. 活塞敲缸响

5. 发动机怠速运转时在缸体上部发出连续不断的、有节奏的“嗒、嗒、嗒”或“啪、啪、啪”的异响，转速增高时响声亦随之增高，温度变化和单缸断火时响声不减弱，一般为(　　)。

A. 气门响　　B. 活塞销响　　C. 液压挺杆响

6. 发动机怠速运转时发出有节奏的金属敲击声，中速以上响声减弱或消失；用听诊器察听，凸轮轴附近响声明显，断火试验，响声无变化，一般为(　　)。

A. 气门响　　B. 活塞销响　　C. 液压挺杆响

三、简答题

1. 汽车出现异响的主要原因是什么?

2. 发动机异响的主要类型有哪些?

3. 诊断发动机机械异响故障的方法有哪些?

4. 悬架控制臂异响的故障原因?

四、论述题

1. 简述发动机异响的影响因素。

2. 简述曲轴主轴承响故障现象和故障原因。

3. 简述后驱后桥异响的故障原因和诊断排除方法。

学习情境七

汽车检测线

【知识目标】1. 了解检测线类型、检测项目及检测设备。

2. 熟悉检测线检测流程。

【能力目标】正确分析检测报告单。

汽车整车的技术状况，关系到车辆行驶的动力性、经济性、安全性、操纵稳定性、行驶平顺性、排气净化性和乘坐舒适性等使用性能，是整车检测与诊断的重要内容之一。

汽车整车技术状况的变化，主要表现在故障增多、性能下降和损耗增加。影响汽车整车技术状况的诊断参数主要是与汽车动力性、经济性、排气净化性、安全性、操纵稳定性等有关的诊断参数，对汽车整车技术状况和性能进行检测时，应充分利用整车检测线。

整车检测线是指由若干检测设备按一定的顺序排列组合后形成的检测系统。按国家有关标准，在室内对机动车进行不解体检测，诊断出车辆的各种参数和可能出现的故障，为全面准确评价汽车的使用性能和技术状况提供可靠依据。目前，整车检测线主要有安全环保检测线和综合性能检测线。

一、安全环保检测线

1. 安全环保检测线作用

安全环保检测线按照国家规定的车检法规，定期检测车辆中与安全和环保有关的项目，以保证汽车安全行驶，并将污染降低到允许的范围。检测结果一般只显示“合格”和“不合格”，检测速度快，效率高。

安全环保检测主要检测内容：一是检测与行车安全有关的项目，如灯光、制动、侧滑等；二是检测与环保相关的项目，如汽车尾气排放和噪声等。

2. 安全环保检测项目与使用设备

按照国家标准《机动车运行安全技术条件》（GB 7258—2004）的要求，安全环保性能检测的主要检测项目如下。

（1）外观检查

属人工检查项目，可大致分成车上和车底。

① 车辆外表，如牌照是否符合规定等。

② 各种灯光、后视镜、刮水器、喇叭、仪表等设备是否齐全可靠。

③ 驾驶室及车厢的密封情况，门窗的开闭、门窗玻璃升降是否正常。

④ 转向盘、离合器、制动踏板的自由行程是否符合要求。

⑤ 油、水、电、气系统的泄漏情况。

⑥ 转向系、制动系和传动系各机件是否连接牢固、转动灵活。

⑦ 前后桥、传动轴、车架等装置是否有明显的断裂、损伤、变形。

⑧ 排气管、消声器、燃油箱、蓄电池、减振器、冷却风扇等的连接是否可靠等。

（2）前轮侧滑量

使用侧滑试验台检查前轮侧滑量。

（3）轴重测量

使用轴重仪测量轴重。有时将轴重仪与制动试验台做在一起。

（4）制动检查

使用制动试验台检测各轮制动力。

（5）车速表校验

在车速表试验台上检查车速表指示误差校验车速表。

（6）噪声测量

使用声级计测量车内噪声和喇叭声级。

（7）前照灯检验

使用前照灯检验仪检测前照灯的发光强度和照射位置。

（8）排气污染物检测

汽油机使用气体分析仪检测汽车排放废气中的 CO、HC、CO_2、O_2 及 NO_x 的含量，柴油机使用烟度计检查排气烟度。

3. 安全环保检测工位布置

安全环保检测线的设备布局和检测工位可灵活设置。一般的检测线有 3～5 个工位，可将检测项目根据需要进行不同编排顺序，也可将几个检测项目在一个工位同时检测，但应使各工位检测所用时间大致相同。另外，有些检测项目之间有先后顺序要求，如称轴重一定要在测制动之前进行。由于检测排气、烟度和校验车速表时要排出较多的废气，同时噪声较大，所以这些项目的检测尽量不安排在检测线的中间。

目前我国安全环保检测线的布局一般有：车体上部的外观检查工位，称为 L 工位（Lamps and Safety Device Inspection）；侧滑制动车速表工位，称为 ABS 工位（A—Alignment，侧滑试验台；B—Brake tester，制动试验台；S—Speedometer，车速表试验台）；灯光尾气工位，称为 HX 工位（H—Headlight，前照灯检验仪；X—Exhaust-gas tester，废气分析仪）；车底检查工位，称为 P 工位（Pit Inspection）。车底检查要设置地沟。

四工位安全环保检测线设备布置图如图 7-1 所示。第一工位为车辆申报及 L 工位，第二工位为 ABS 工位及噪声检查工位，第三工位为 HX 工位，第四工位为 P 工位及结果打印工位。

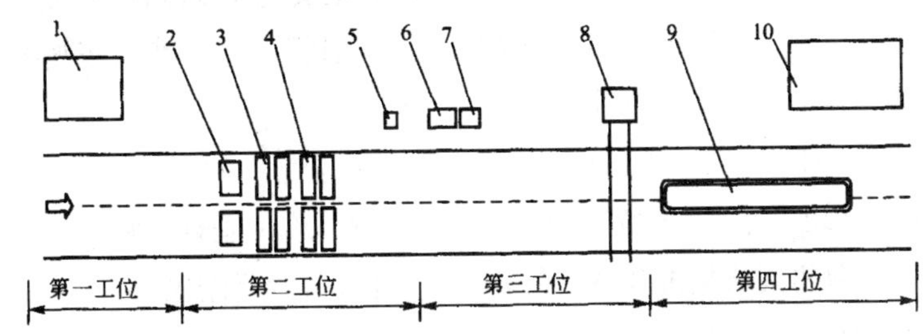

图7-1　四工位安全环保检测线设备布置图

1—入口计算机房；2—侧滑试验台；3—制动试验台；4—车速表试验台；5—声级计；6—废气分析仪；7—烟度计；8—前照灯检验仪；9—地沟；10—主控计算机房

安全环保检测线不论是第几工位的，也不管工位顺序如何编排，其检测项目是固定的，因而均布置成直线通道式，以利于流水作业，提高检测效率。

4. 安全环保检测工艺流程

以四工位安全环保检测线为例，介绍检测线的工艺流程，如图 7-2 所示。

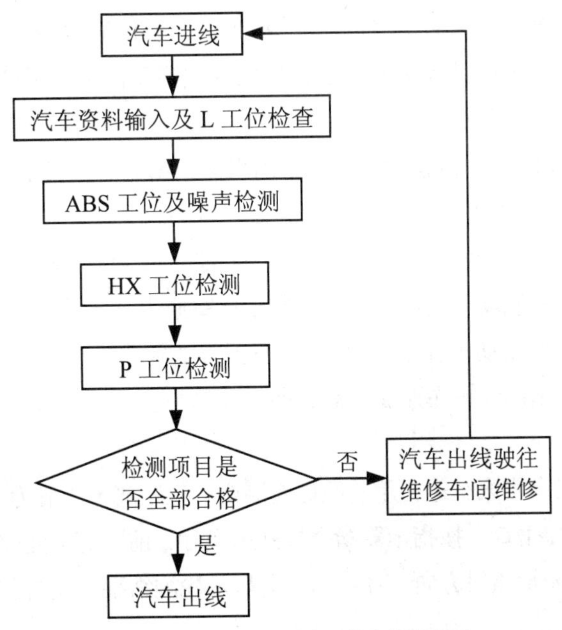

图7-2　安全环保检测线工艺路线流程图

（1）汽车资料输入及 L 工位

进线指示灯为绿灯时，受检车辆可驶入检测线停在第一工位上。此时，进线指示灯转为红色。

由登录员根据行车证和报检单，将该车辆有关资料输入入口计算机。这些资料包括车牌号、发动机号、底盘号、厂牌型号、车主、燃料类别、灯制、驱动形式、车辆状况（新车或在用）、检验类型（初检或年检）、检验次数等。由检查人员按规定项目进行车辆上部外观检查，此时，驾驶员应按照前上方工位检验程序指示器的指示操作，配合检查人员检查。检查结果由登录员输入计算机。这些资料将传给主控计算机，只要有一项不合格，主控计算机即判定安全装置检查不合格，并将结果显示在检验程序指示器上。当第二工位无车时，指示器会显示“前进”二字。当汽车驶离时遮挡光电开关，进线指示灯转为绿色，通知下一辆汽车进入。

（2）ABS 工位及噪声检查工位

① 让汽车沿地面标线，低速通过侧滑试验台。通过时汽车应垂直于侧滑板，不可转动转向盘。通过后，同样由主控计算机判断是否合格，在第二工位指示器显示结果。

② 将汽车驶上轴重计或轮重仪测量轴重。

③ 将前轮驶上制动试验台测量前轴制动力。按工位指示器的提示，将制动踏板踩到底，可测得左右车轮的最大制动力。若不合格，允许再测一次。

④ 将后轮驶上制动试验台，按指示器提示踩住制动踏板。指示器会指示后制动检测结果。若不合格，允许再测一次。

⑤ 拉紧驻车制动器，检测左右车轮最大制动力（只检测与驻车制动器相连的车轴）。若不合格，允许再测一次。

⑥ 将与车速表相连的车轮开上车速表试验台，驾驶员手持测试开关。变速杆置于最高挡位，按照检测程序指示器的指令，慢踩加速踏板，均匀地将汽车加速至 40km/h（汽车驾驶室内车速表指示值）时按下测试按钮。主控计算机判断是否合格后在指示器上显示结果。若不合格，允许再测一次。

⑦ 按提示要求按喇叭约 2s，或按要求测量车内噪声，测完后，指示器会显示检测结果。当指示器提示“前进”时，可将汽车开入下一工位。

提示：汽车的驱动轮的位置及驻车制动器安装位置不同，检测程序也不一样。

a. 后驱动、后驻车。前制动→后制动→驻车制动→车速表。

b. 前制动、前驻车。前制动→驻车制动→车速表→后制动。

c. 前驱动、后驻车。前制动→车速表→后制动→驻车制动。

（3）HX 工位

① 按引导指示器的指令将汽车停在距前照灯检测仪一定距离（一般为 3m）的停车线上，注意应与前照灯检测仪导轨保持垂直。按指示器指令打开远光灯，前照灯检测仪会自动驶出，分别检测左右远光灯的发光强度和光轴照射方向，在指示器上显示检测结果。左右前照灯中有一项不合格，前照灯的综合判定即为不合格。

② 检测汽油机时，按引导指示器的指令将排气分析仪的探头插入怠速运转的汽车排气管中，抽取气样，几秒钟后指示器即可显示检测结果。

检测柴油机时，按引导指示器的指令将烟度计的探头插入汽车排气管规定深度，再按指令在怠速状态下，将加速踏板迅速踩到底，做 4 次自由加速。计算机以后 3 次检测数据的平均值作为烟度检测值。判定后在指示器上显示检测结果。

检测完成后，当指示器提示“前进”时，可将汽车开入下一工位。

（4）P 工位

此工位以人工方式检查车底情况。检测人员在地沟内检查部件连接是否牢固、有无变形、断裂，水、电、油、气是否泄漏等，并通过对讲机或特制键盘等设备，将检测结果传送给主控计算机。主控计算机判定结果时，只要有一项不合格，即判定车底检查不合格，并通过工位检验程序指示器显示判定结果。

全部检测完毕后，主控计算机会根据前面各项检测结果进行综合判定。只有各项检查均合格，整车检测的总评价才判为合格，只要有一项不合格，则总评价判为不合格。然后将数据存储后打印出检测清单。驾驶员拿到检测结果报告单后，立即将汽车驶出检测线，全线检测结束。

检测不合格的汽车需送修理厂修理，然后再进行复检。

二、综合性能检测线

1．综合性能检测线作用

综合性能检测线既能担负车辆动力性、经济性、可靠性和安全环保性能等方面的检测，又能担负车辆维修质量的检测以及在用车辆技术状况的检测评定，还能承担科研、教学方面的性能试验和参数测试，检测项目广且有深度，能为汽车使用、维修、科研、教学、设计、制造等部门提供可靠技术依据。

综合性能检测线的检测内容主要有车辆的制动、侧滑、灯光、转向、前轮定位、车速、车轮动平衡、底盘输出功率、燃料消耗、发动机功率和点火系状况以及异响、变形、噪声、废气排放等。

2．工位布置

综合性能检测线一般设置两条检测线，一条为安全环保检测线，主要承担车管部门对车辆年审的任务。另一条为综合检测线，主要承担对车辆技术状况的检测诊断。

综合检测线布置示意图如图 7-3 所示，它由外观检查及车轮定位工位、制动工位和底盘测功工位组成，能对车辆技术状况进行全面检测诊断，必要时也能对车辆进行安全环保检测。

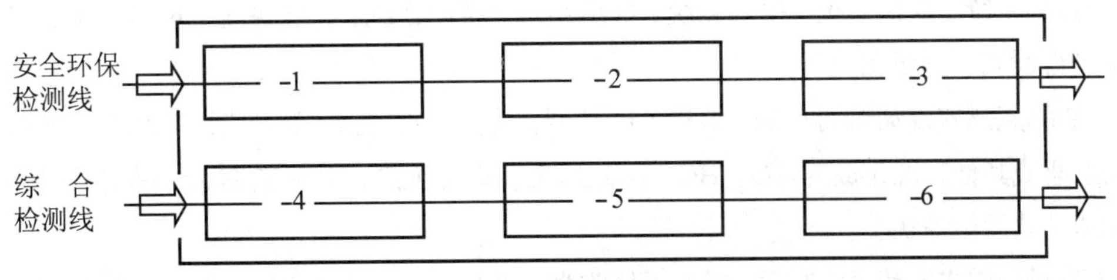

图7-3　综合检测线布置示意图

1—外观检查工位；2—侧滑制动车速表工位；3—灯光尾气工位；4—外观检查及车轮定位工位；5—制动工位；6—底盘测功工位

图 7-3 所示的综合检测线是一种接近全能的综合检测线。它由发动机测试及车轮平衡工位、底盘测功工位、车轮定位及车底检查工位组成，除制动性能不能检测外，安全环保检测线上的其他检测项目均能在该线上检测。

3. 综合检测线工位和检测项目

以图 7-4 所示的综合检测线为例，介绍综合检测线的工位和检测项目如下。

（1）外观检查及车轮定位工位

该工位包括车上、车底外观检查和车轮定位检查，主要检查项目如下。

① 车上、车底外观检查项目同于全自动安全环保检测线。

② 就车检测车轮不平衡量并平衡之。

③ 对转向节枢轴等安全机件进行探伤。

④ 检测前轮侧滑量。

⑤ 检测前轮最大转向角、主销后倾角、主销内倾角，并视需要检测前轮前束值和前轮外倾值。

⑥ 检测后轮前束值和后轮外倾角。

⑦ 检测转向盘自由转动量。

⑧ 检测转向盘转向力。

⑨ 检测传动系游动角度。

⑩ 检测悬架、转向系和轮毂轴承的间隙。

（2）制动工位

制动工位主要检测项目如下。

① 检测各轴轴重。

② 检测各轮制动拖滞力和制动力，按制动曲线分析制动过程。

③ 检测驻车制动力。

（3）底盘测功工位

本工位能模拟汽车道路行驶，因而可组织较多的检测设备同时或交叉地对汽车发动机、底盘、电器设备和车身等进行动态综合检测诊断。底盘测功工位主要检测项目如下。

① 检测驱动车轮的输出功率或驱动力，模拟车辆各种行驶速度行驶，进行加速性能、等速性能和滑行性能等性能试验，检测百公里耗油量和经济车速等。

② 对点火系统、供油系统、冷却系统、润滑系统、传动系统、行驶系统、电器设备、车身等的技术状况进行检测、分析和判断。

③ 对装配点燃式发动机的车辆，根据不同类型，进行怠速试验、双怠速试验和加速模拟工况试验。根据怠速或其他工况排放的 CO、HC、NO_x、CO_2 和 O_2 浓度，分析空燃比、燃烧状况、气缸密封性状况和排放污染等状况。

④ 对装配压燃式发动机的车辆，根据不同类型，进行自由加速排气可见污染物试验、自由加速烟度试验，分析空燃比、燃烧状况、气缸密封性状况和排放污染等状况。

⑤ 检测、分析并判断发动机和传动系异响。

⑥ 检测各总成温度和发动机排气温度。

在综合检测线上，允许对车辆做必要的调试。如调试时间太长，应出线在维修车间内进行。

当在综合检测线上进行安全环保检测时，应按安全环保检测线规定项目进行。

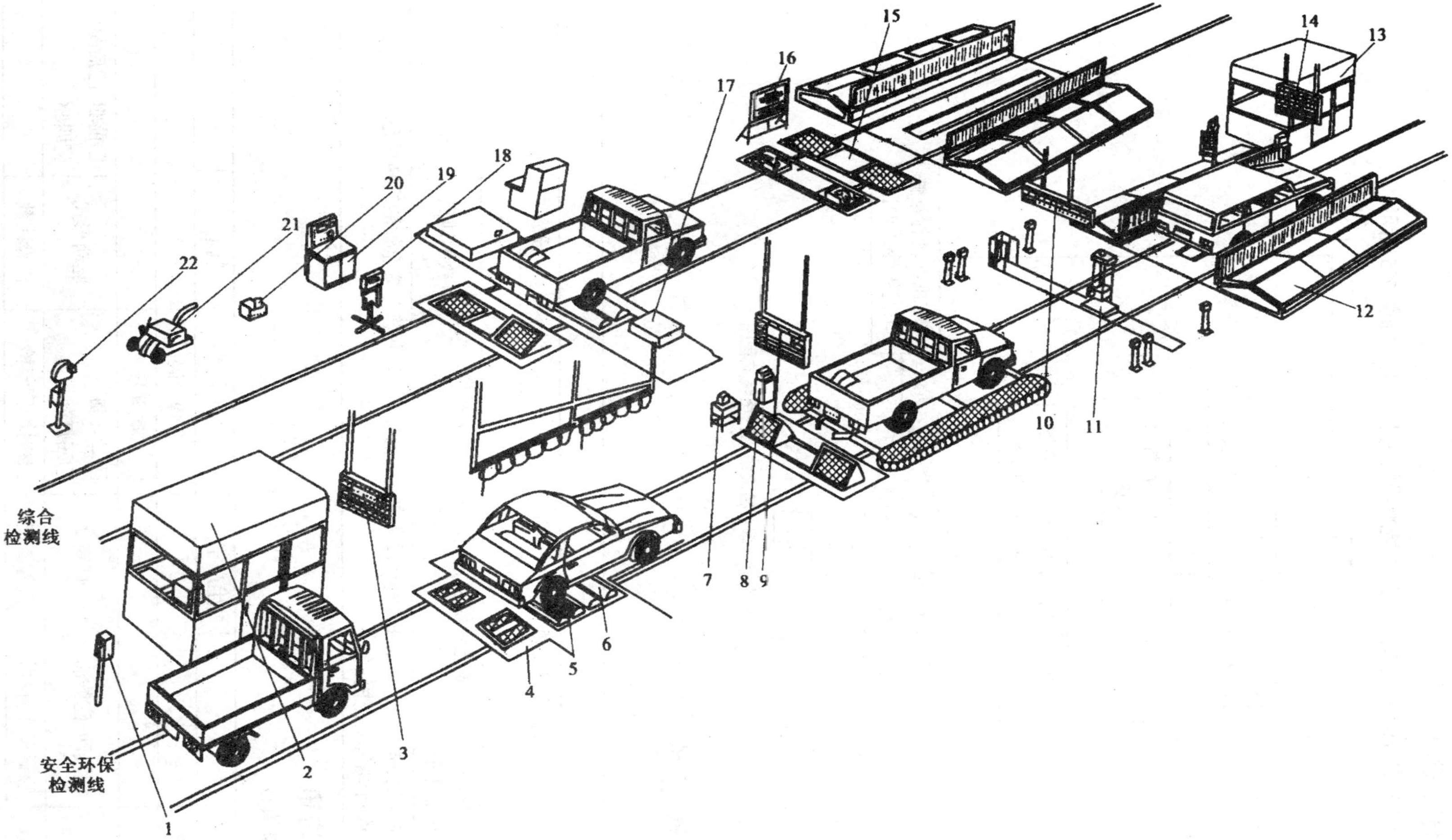

图7-4　综合检测线

1—进线指示灯；2—进线控制室；3—L工位检验程序指示器；4、15—侧滑试验台；5—制动试验台；6—车速表试验台；7—烟度计；8—排气分析仪；9—ABS工位检验程序指示器；10—HX工位检验程序指示器；11—前照灯检测仪；12—地沟系统；13—主控制室；14—工位检验程序指示器；16—前轮定位检测仪；17—底盘测功工位；18、19—发动机综合性能分析仪；20—机油清净性分析仪；21—就车式车轮平衡机；22—轮胎自动充气机

4. 综合检测线检测工艺流程

以图 7-4 所示综合检测线为例，介绍检测线的工艺流程，如图 7-5 所示。

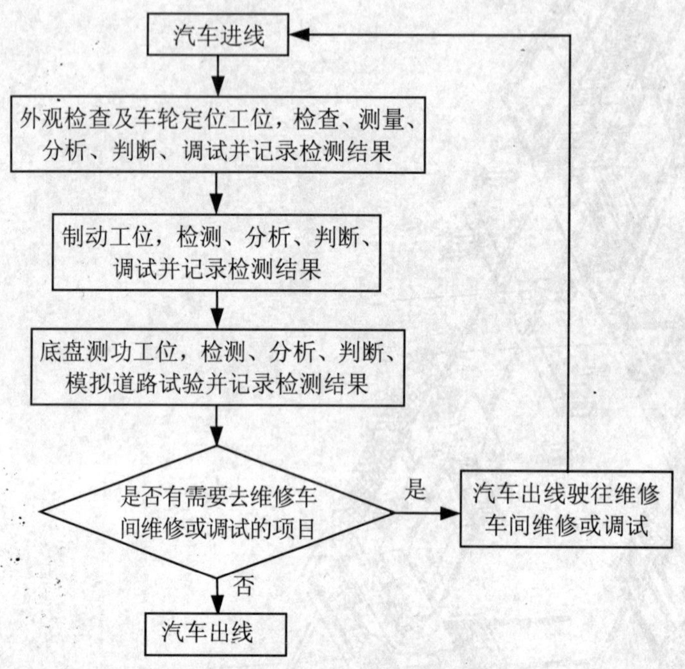

图7-5 综合检测线工艺路线流程图

三、任务工单

工作任务	整车的诊断与检测	学时	2	班级	
姓名		小组		日期	
设备	君威轿车、汽车安全性能检测线、汽车排气分析仪、汽车维修手册等			教学地点	汽车整车实训车间
任务目的	制定工作计划，在保证人身和设备安全的前提下，利用汽车安全性能检测线完成汽车整车的诊断与检测工作任务				

（一）资讯

1. 车辆信息

车型		生产年代		制造厂	
车辆识别码			车牌号码		
发动机号			底盘号		
燃料类别	□汽油 □柴油	灯制	□二灯制 □四灯制	驱动形式	□前驱 □后驱 □四驱
车辆状况	□新车 □在用	检验类型	□初检 □年检	检验次数	

2. 车辆在什么情况下需要进行汽车安全与环保性能检测？

3. 汽车安全环保检测项目有哪些？

（二）决策与计划

请根据整车的诊断与检测任务要求，确定所需要的检测仪器、工具，并对小组成员进行合理分工，制定详细的工作计划。

1. 需要的检测仪器、工具
2. 小组成员分工
3. 工作计划

（三）实施

1. 资料输入及上部外观检查工位

序号	检查项目		检查结果	备注
1	资料输入	资料输入正确、无遗漏	□正常 □异常	
2	外观检查	轮胎、轮胎螺栓是否正常	□正常 □异常	
3		灯光是否齐全、工作正常、连接可靠和符合规定	□正常 □异常	
4		安全装置是否齐全、工作正常、连接可靠和符合规定	□正常 □异常	
5		防护装置是否齐全、工作正常、连接可靠和符合规定	□正常 □异常	
6		操纵装置是否齐全、工作正常、连接可靠和符合规定	□正常 □异常	
7		仪表是否齐全、工作正常、连接可靠和符合规定	□正常 □异常	
8		车身是否完好、连接可靠和符合规定	□正常 □异常	

2. 车速表尾气工位

（1）车速表检测

车速表指示值（km/h）	实际车速（km/h）	车速表指示误差（%）	检查结果分析	备注

（2）汽油车尾气检测

怠速		高怠速		检查结果分析	备注
CO（%）	HC（10^{-6}）	CO（%）	HC（10^{-6}）		

3. 制动工位

制动初速度	制动拖滞力	制动力	驻车制动力	检查结果分析	备注

4. 灯光声级侧滑工位

前照灯发光强度（cd）	喇叭噪声级（dB）	侧滑量（m/km）	检查结果分析	备注

5. 底盘检查工位

序号	检查项目	检查结果	备注
1	底盘各装置连接是否可靠、有无弯扭断裂、松旷	□正常 □异常	
2	发动机及其连接是否可靠、有无弯扭断裂、松旷	□正常 □异常	
3	车底有无漏油、漏水、漏气、漏电	□正常 □异常	

6. 整车性能检测结果：□合格 □不合格

（四）检验

进行自检与互检、过程检验、竣工检验。

（五）考核与评估

考核项目	评分标准	分数	学生自评	小组互评	备注
团队合作	和谐	5			
活动参与	积极参与	5			
维修手册使用	正确使用	5			
任务方案	合理	10			
工具、设备使用	选用正确，使用正确	15			
5S	整理、整顿、清扫、清洁、素养	10			
工作安全	遵守安全操作规程	10			
操作过程	规范、合理、测量数值正确	20			
任务完成情况		10			
工作纪律	严格遵守	5			
工单填写	如实、规范	5			
合计		100			
教师评价（总评）					

注：如果违反操作安全规程，造成人身伤害或设备严重损坏，本任务考核0分。

故障范例　尾气排放超标故障诊断与排除

1. 故障现象

一辆配有三元催化转换器的捷达轿车，年检之前，用户要求修理厂测量该车尾气是否合格。经修理技术人员测量显示：CO 为 0.8%，HC 为 250×10^{-6}，与标准值（其 CO 值应低于 0.5%，HC 值应低于 100×10^{-6}）比较相差较大，说明该车尾气排放严重超标。

2. 故障诊断与排除

根据故障现象，技术人员首先检查火花塞，发现火花塞间隙稍微偏大，更换新火花塞后，尾气排放情况略有好转，但没有得到明显改善。用大众系列故障诊断仪 V. A. 61552 对发动机电控系统进行检查，发现只有 1 个故障码（氧传感器），按故障码的提示，检查了氧传感器至发动机电脑间的连接线路，未发现短路或断路情况。更换氧传感器后试车，继续检测尾气，尾气排放指标依然偏高。再用故障诊断仪继续检查，发现发动机电控系统无故障码显示。

用燃油压力表测量喷射系统的压力，发动机怠速为 250kPa，急加速时为 300kPa，关闭点火开关 10min 后，系统压力保持在 200kPa，说明燃油压力正常。将喷油器拆下并用喷油器清洗仪进行了清洗，喷油器雾化良好，又测量了其电阻值，符合标准，进一步检查喷油器的连接线路，也无断路或短路的情况。

继续检查点火系统，用数字万用表测量点火线圈、高压线的电阻均正常。进一步测量氧传感器的电压信号、进气压力传感器的各种数据也正常。更换三元催化转换器后试车，尾气排放依然超标。又检查了发动机的点火正时，点火正时也正常。于是怀疑汽油质量是否有问题，但清洗油箱及管路并更换合格汽油后，情况丝毫不见好转。

电控系统没有发现什么问题，是不是机械系统有问题呢？于是把排气歧管拆下进行检查，并与新的排气歧管相比较，发现该车的氧传感器的排气取样孔比正常的排气取样孔要偏小，说明该车尾气排放超标的原因就在于此。

故障排除：换上合格的排气歧管后，对尾气排放进行检测，各项指标显著降低，均在标准值范围内。

3. 故障分析

从气缸内排出的废气处于高速流动的状态，在氧传感器取样孔处形成涡流，由于氧传感器取样孔偏小，导致排出的废气不能及时在此更新，使氧传感器不能准确地向发动机电脑反馈同步信号，造成发动机电脑不能根据实际工况对喷油脉宽进行正确修正，使燃油燃烧不完全，混合气过浓，最终出现发动机工作异常、尾气排放严重超标的故障。

一、填空题

1. 底盘测功试验台一般由________、________、________、________4 部分组成。
2. 在转向轮定位中，汽车前轮的侧滑量主要受________及________的影响。
3. 制动试验台按试验台测量原理不同，可分为式和式两类。
4. 传动系滑行距离可在惯性式________上进行检测，也可用________在道路试验中进行。
5. 单轴测力式滚筒制动试验台由框架、________、________、________、举升装置和________装置等组成。

6. 车速表允许误差范围为________，即当实际车速为 40km/h 时，汽车车速表指示值应为________。

7. 汽车排气的污染物，主要是________、________、________、硫化物（主要是 SO_2）、碳烟及其他一些有害物质。

8. 汽油车怠速污染物的检测应在怠速工况下，采用________，按规定程序检测________和________的浓度值。

二、判断题

1. 无论使用何种型号的前照灯检测仪，检测时，检测仪放在距前照灯前方 3m 处。（　）
2. 汽车底盘测功试验台可以测试汽车驱动轮输出功率。（　）
3. 在底盘测功试验台上，当发动机发出最大转矩，挂直接挡，可测得驱动车轮的最大驱动力。（　）
4. 走合期间的新车和大修车不宜进行底盘测功。（　）
5. 检测汽车侧滑量时，汽车应高速从侧滑板驶向侧滑试验台，使前轮平稳通过滑动板。（　）
6. 气压制动系统必须装有限压装置，确保储气筒内气压不超过允许的最高气压。（　）
7. 在测力式滚筒制动试验台上检测汽车制动性能时，轮胎气压的大小不影响检测结果。（　）
8. 汽车各车轮的阻滞力不得大于该轴轴荷的 5%。（　）
9. 驻车制动力的总和应不小于该车在测试状态下整车质量的 20%。（　）
10. 汽车前照灯的检验指标为光束照射位置的偏移值和发光强度。（　）

三、选择题

1. 汽车底盘测功试验台中，（　）相当于连续移动的路面。

A. 滚筒装置　B. 功率吸收装置　C. 测量装置

2. 机动车转向轮的横向侧滑量用侧滑仪检测时，其值不得超过（　）。

A. 5m/km　B. 10m/km　C. 15m/km

3.《机动车运行安全技术条件》规定，机动车可以用（　）、制动减速度和制动力检测制动性能。

A. 制动距离　B. 制动时间　C. 制动踏板力

4. 以下不可以单独作为检测机动车辆制动性能的指标是（　）。

A. 制动距离　B. 制动时间　C. 制动减速度

5. 用测力式制动试验台检测制动力时，汽车轮胎气压应充气至（　）气压。

A. 高于规定　B. 低于规定　C. 规定

6. 用悬架检测台检测悬架特性时，车辆空载，（　）。

A. 乘核定人数　B. 仅乘驾驶员　C. 不乘人

7. 所谓高怠速是指发动机（　）。

A. 额定转速　B. 70%额定转速　C. 50%额定转速

8. 柴油车检测排气污染时，应采用（　）。

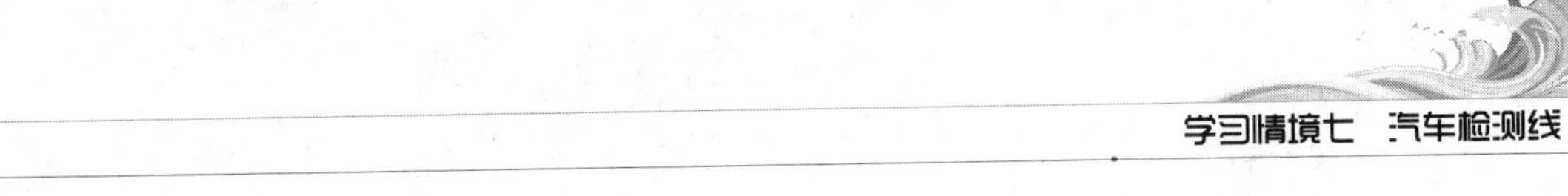

A. 不分光红外线分析仪　　B. 滤纸式烟度计　　C. 声级计

9. 采用滤纸式烟度计检测柴油机烟度时，应将取样探头固定于排气管内，插入深度等于（　　），并使其轴线与排气管轴线平行。

A. 200mm　　B. 300mm　　C. 500mm

10.《机动车运行安全技术条件》规定，汽车前照灯的检验指标为（　　）。

A. 光束照射位置　　B. 发光强度　　C. 光束照射位置和发光强度

四、问答题

1. 汽车排气污染物的主要成分有哪些?
2. 汽车前照灯诊断的参数主要有哪些?
3. 汽车自动跑偏的主要原因有哪些?

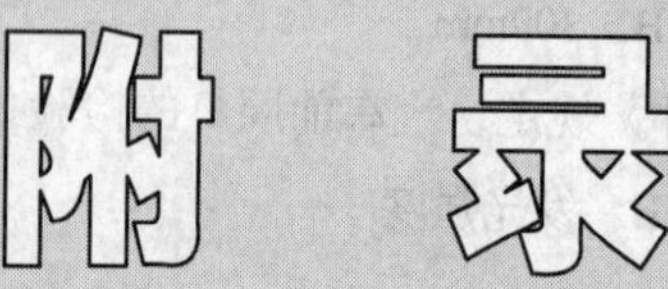

附录 1 君威车继电器、保险丝

1. 发动机舱机罩下保险系及接线（附件接线）盒

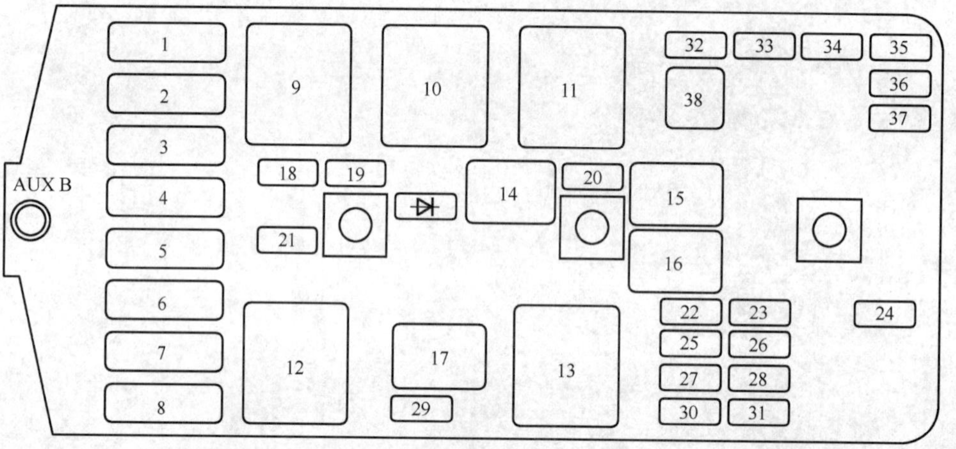

AUX B

15328630

大容量保险丝（片）
1- 防抱死刹车系统（60A）
2- 起动（40A）
3-3 号电池（60A）
4-2 号电池（60A）
5- 点火器 1（30A）
6- 冷却扇 1（40A）
7-1 号电池（60A）
8- 点火器 2（60A）

小型继电器
9- 冷却扇 2
10- 冷却扇 3
11- 起动
12- 冷却扇 1
13- 主点火器

微型继电器
14- 空调离合器
15- 喇叭
16- 防雾灯
17- 燃油泵

低容量保险丝（片）
18- 发电机（10A）
19- 发动机控制模块 2（10A）
20- 空调离合器（10A）
21- 冷却扇 2（15A）
22- 电点火器（15A）
23- 变速箱（10A）
24- 喇叭（15A）
25- 燃油喷射器（15A）
26- 氧气传感器（10A）
27- 发动机控制模块 1（10A）
28- 防雾灯（15A）
29- 尾箱开启键（7.5A）
30- 停车灯（20A）
31- 燃油泵（15A）
32- 备用 35- 备用
33- 备用 36- 备用
34- 备用 37- 备用

二极管
- 空调离合器
38- 保险丝（片）拔取器

美国印制
PRINTED IN USA MAC
805225

2. 仪表板台右侧保险系（中心）盒

保险丝使用参考表

车大灯 20A

电动座椅 30A

后窗除霜 30A

电动天窗 电动车窗 GS 30A

高速鼓风机 30A

电路断路器

10 9	8 7	6 5	4 3	2 1	
	收音机 车载电话 GS 10A	引出线 10A	车身控制模块 10A	刮雨器 25A	J
仪表板暗光调节 7.5A	尾灯、牌照灯 15A	前位信号灯 10A			H
				后座点烟器 15A	G
电动后视镜 2A	车门锁 20A	制动灯 防盗钥匙 15A	危险警示、后雾灯 15A		F
	电池动力母线 自动保护 15A	点烟器 引出线 20A	车身控制模块 时钟 GS 10A	收音机、冷暖风空调、遥控频率放大器、数据接口仪表板 15A	E
动力传动泵控制模块 车身控制模块 车盖下继电器 10A	车大灯 自动控制模块 倒车雷达 GS 10A	组合仪表 平视显示系统 GS 10A	安全气囊 10A	转向信号灯、角灯 GS 10A	D
			制动、变速/停车联锁 10A	防抱制动系统 10A	C
车轮复位 开关			冷暖风空调 10A	导航控制 GS 10A	B
防盗钥匙自动排挡电磁阀 GL_&GS 10A	点火位 0；组合仪表板，动力传动系控制模块和车身控制模块 10A	加热外后视镜 10A	曲轴信号、车身控制模块、组合仪表板 10A		A

详线说明请参看车主手册　10297777

3. 仪表板右侧保险丝中心仰视图

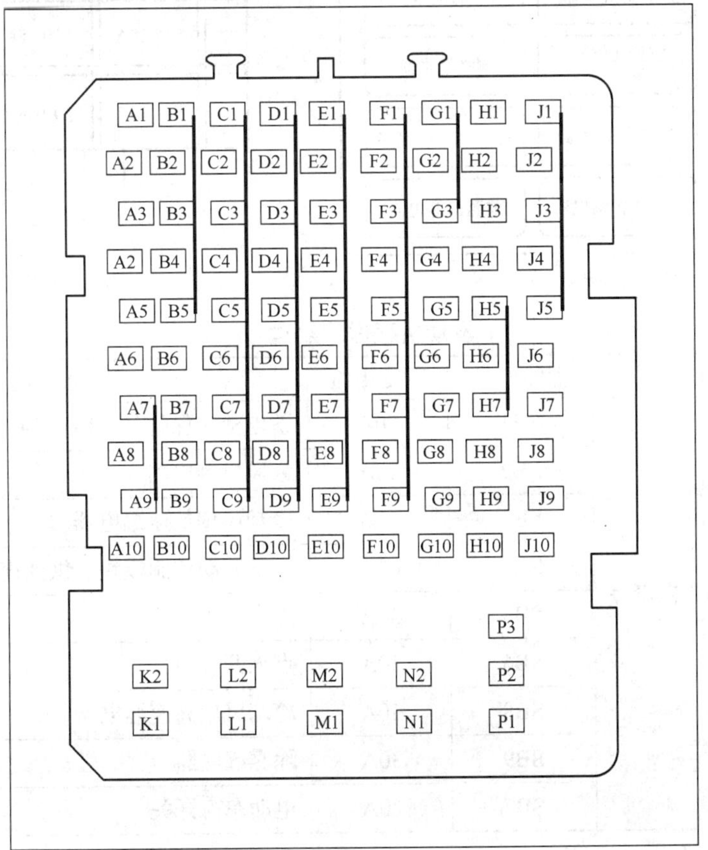

附录 2　凯越车继电器、保险丝

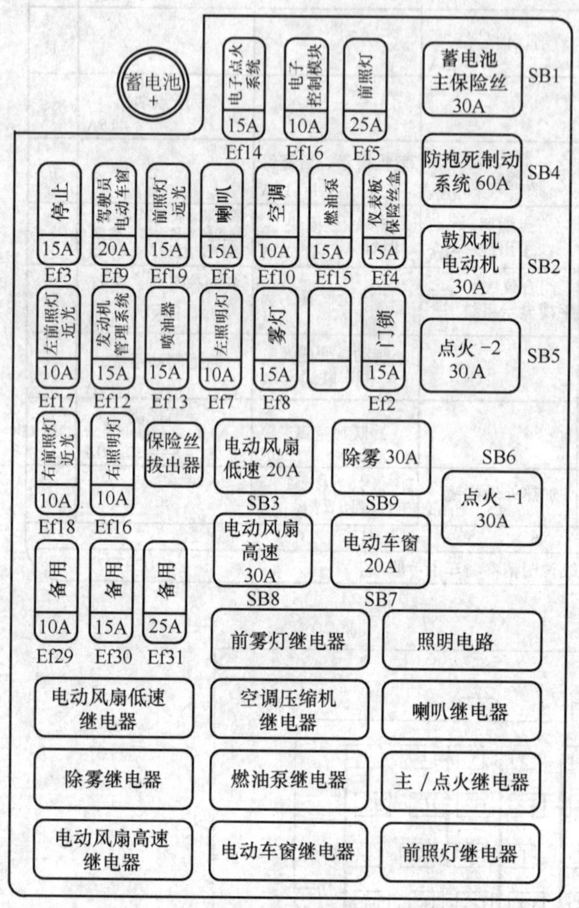

发动机室保险丝盒

F24 10A	F16 25A	F8 10A
F23 10A	F15 10A	F7 15A
F22 15A	F14 10A	F6 15A
F21 10A	F13 10A	F5 10A
F20	F12 10A	F4 15A
F19 10A	F11 15A	F3 15A
F18 20A	F10 15A	F2 15A
F17 15A	F9 10A	F1 10A

仪表板保险丝盒

发动机室保险丝盒

电　源	分　类	保险丝号	额定电流	用　途
30 蓄电池（+）	SB（慢熔保险丝）	SB1	30A	蓄电池主保险丝（F1～F4　F9～F12）
		SB2	30A	鼓风机继电器
		SB3	20A	冷却风扇低速继电器
		SB4	60A	电子制动控制模块、供油连接器
		SB5	30A	点火开关-2
		SB6	30A	点火开关-1
		SB8	30A	冷却风扇高速继电器
		SB9	30A	除雾继电器
点火 2（15A）		SB7	20A	电动车窗开关

续表

电　源	分　类	保险丝号	额定电流	用　途
点火 1（15）		Ef14	15A	燃油连接器、发动机控制模块、线性排气再循环阀电子点火系统
30 蓄电池（+）		Ef16	10A	发动机控制模块、主继电器
		Ef5	25A	前照灯继电器、照明继电器
		Ef3	15A	制动开关
点火 2（15A）		Ef9	20A	电动车窗开关
56 灯		Ef19	15A	前照灯远光
30 蓄电池（+）		Ef1	15A	喇叭继电器、蜂鸣器、发动机罩接触开关
		Ef10	10A	空调压缩机继电器
点火 1(15)		Ef15	15A	燃油泵
30 蓄电池(+)		Ef4	15A	仪表组、钥匙未拔提醒开关、折叠后视镜装置、阅读灯、乘客室照明灯、行李箱开启照明灯、行李箱开启开关
56 灯		Ef17	10A	前照灯近光
点火 1(15)		Ef12	15A	蒸发排放炭罐吹洗电磁阀、氧传感器、冷却风扇继电器
30 蓄电池(+)		Ef13	15A	喷油器、排气再循环、电动排气再循环
照明（58）		Ef7	10A	牌照灯、蜂鸣器铃、尾灯、前照灯
30 蓄电池(+)		Ef8	15A	雾灯继电器
点火 2（15A）		—	—	—
30 蓄电池(+)		Ef2	15A	中央门锁装置
56 灯		Ef18	10A	前照灯近光
照明（58)		Ef6	10A	照明电路、前照灯、尾灯
备用		Ef29	10A	未用
		Ef30	15A	未用
		Ef31	25A	未用

仪表板保险丝盒

电　源	分　类	保险丝号	容　量	用　途
点火 1（15）	片式保险丝	F24	10A	传感和诊断模块
		F23	10A	变速器控制模块、发动机控制模块、发电机、可变进气道系统、车速传感器
		F22	15A	危险警告灯开关
		F21	10A	仪表组、蜂鸣器铃、制动开关、空调控制开关
—		F20	—	—

续表

电　源	分　类	保险丝号	容　量	用　途
点火 2(15A)		F19	10A	空调压缩机继电器、除雾继电器、电动车窗继电器、前照灯继电器
		F18	20A	鼓风机继电器、空调控制开关、全自动温度控制
		F17	15A	电动后视镜开关、折叠后视镜、天窗模块
点火 1（15）		F16	25A	刮水器电动机、刮水器开关
—		F15	—	—
点火 1（15）		F14	10A	电子制动控制模块、供油连接器
		F13	10A	阻断器、防盗控制单元、雨水传感器装置
30 蓄电池（+）		F12	10A	变速器控制模块
		F11	15A	危险警告灯开关
		F10	15A	防盗控制单元
		F9	10A	数据链接插头
附件（15C）		F8	10A	音响、时钟
		F7	—	—
		F6	15A	点烟器
点火 1（15）		F5	10A	倒车灯开关、驻车空挡位置开关
30 蓄电池（+）		F4	15A	后除雾继电器
		F3	15A	时钟、全自动温度控制、空调控制开关
		F2	15A	音响
		F1	10A	阻断器

附录 3　通用汽车电路符号

电气符号

符　号	说　明	符　号	说　明
106629	对静电放电敏感（ESD）图标。本图标用于提醒技术人员，该系统含有对静电放电敏感的部件，在维修前需要特别注意。	106637	局部部件。当部件采用虚线框表示时，部件或导线均未完全表示
106630	附加充气式保护装置（SIR）或附加保护系统（SRS）图标。本图标用于提醒技术人员，该系统	106641	完整部件。当部件采用实线框表示时，所

续表

符　　号	说　　明	符　　号	说　　明
	含有附加充气式保护装置（SIR）/附加保护装置系统（SRS）部件，在维修前需要特别注意。参见“告诫和备注”中的“辅助充气保护装置维修注意事项”		示部件或导线表示完整
106632	车载诊断（OBDII）图标。本图标用于提醒技术人员，该电路对ODBII排放控制电路的操作十分重要。任一电路如果出现故障将导致故障指示灯（MIL）启亮，该电路就属于OBDII电路	106643	保险丝
106633	重要注意事项图标。本图标用于提醒技术人员还有其他附加系统维修的信息	106642	断路器
常电源 钥匙在RLN位置时供电 钥匙在START位置时供电 附件在ACC、RLN位置时供电 钥匙在RLN、START位置或检测时供电 钥匙在RAP位置时供电 805008	电压指示器框。示意图上的这些框格用于指示何时保险丝上有电压	106644	可熔断连接
12 106645	部件上连接的连接器	P100 106650	贯穿式密封圈
12 106646	带引出线的连接器	G100 106651	底盘接地
106647	带螺栓或螺钉连接孔的端子	106652	壳体接地
12 C100 106648	直列线束连接器	106653	单丝灯泡

续表

符号	说明	符号	说明
S100 106649	接头	106654	双丝灯炮
106655	发光二极管	106659	可变电阻器
106656	电容器	106661	位置传感器
106657	蓄电池	106662	输入/输出电阻器
106660	可变蓄电池	106663	输入/输出开关
106658	电阻器	106664	二极管
106665	晶体	106670	天线
106666	加热芯	106671	屏蔽
M 106667	电动机	106672	开关
106668	电磁阀	106673	单极单掷继电器
106669	线圈	106674	单极双掷继电器

附录 4　通用汽车车辆分区表

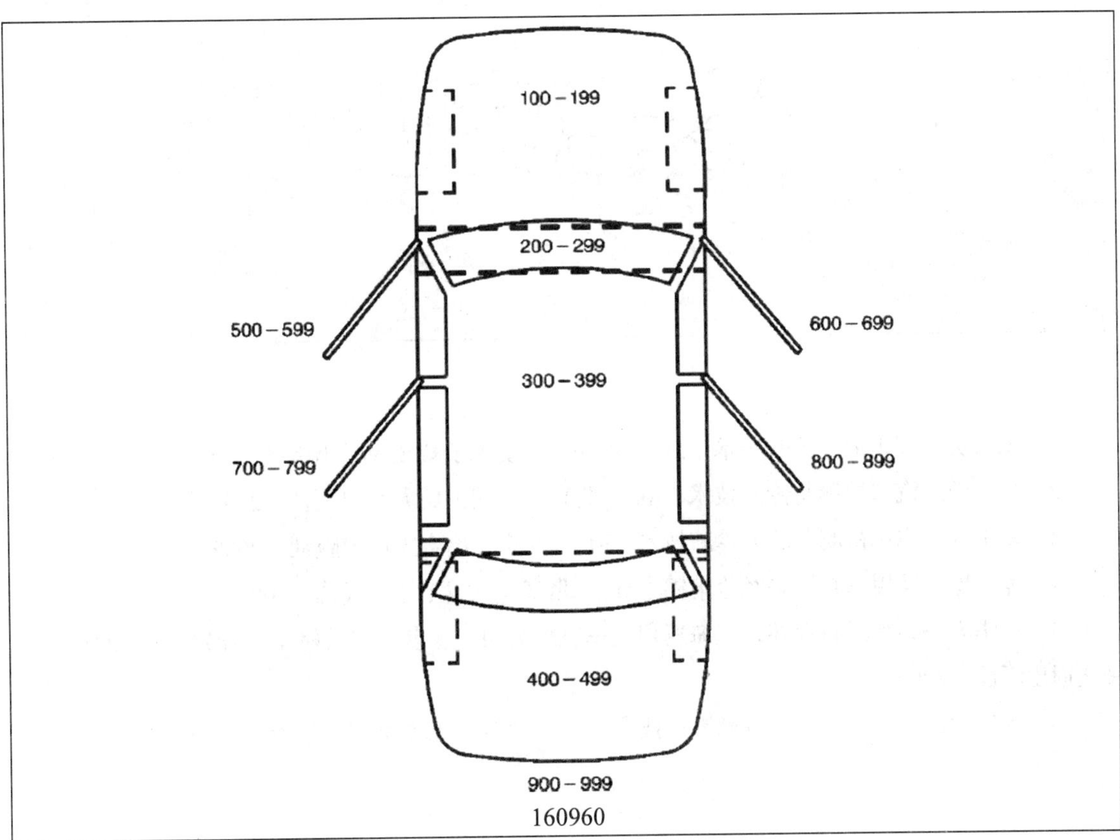

车辆分区表

调出图号码	区位说明
100-199	发动机室（全部在仪表板前部） 注释：001-099 为发动机室附加号（仅在使用所有 100-199 时使用）
200-299	位于仪表板区域内
300-399	乘客室（从仪表板到后车轮罩）
400-499	行李厢（从后车轮罩到车辆后部）
500-599	位于左前车门内
600-699	位于右前车门内
700-799	位于左后车门内
800-899	位于右后车门内
900-999	位于行李厢盖或储物仓盖

注：单号在左侧，双号在右侧。

参考文献

[1] 王秀贞. 汽车故障诊断技术 [M]. 西安：西安电子科技大学出版社，2007.

[2] 吴兴敏. 汽车检测与诊断技术 [M]. 北京：中国人民大学出版社，2008.

[3] 李玉柱. 汽车检测与故障诊断技术 [M]. 北京：冶金工业出版社，2009.

[4] 谭本忠. 通用车系维修经验集锦 [M]. 北京：机械工业出版社，2007.

[5] 中华人民共和国教育部，上海通用汽车有限公司. 底盘实训教材（下册）[M]. 北京：人民交通出版社，2009.

[6] 张广辉，张宏坤. 汽车故障诊断技术 [M]. 北京：高等教育出版社，2004.